तुलनात्मक अध्ययन
स्वरूप और समस्याएँ

तुलनात्मक अध्ययन स्वरूप और समस्याएँ

संपादक

भ. ह. राजूरकर

राजमल बोरा

वाणी प्रकाशन

प्रकाशन के उत्कृष्टतम 62 वर्ष

vaniprakashan.com

सजिल्द प्रथम संस्करण : 1990
सजिल्द द्वितीय संस्करण : 2004
सजिल्द तृतीय संस्करण : 2013
सजिल्द चतुर्थ संस्करण : 2025

वाणी प्रकाशन

4695, 21-ए, दरियागंज, नयी दिल्ली-110 002

फ़ोन : + 91 11 23273167, 23275710

शाखाएँ

अशोक राजपथ, पटना-800 004, बिहार

कॉफ़ी हाउस कैम्पस, महात्मा गांधी मार्ग, प्रयागराज-211 001, उत्तर प्रदेश

महात्मा गांधी अन्तरराष्ट्रीय हिन्दी विश्वविद्यालय, वर्धा-442 001, महाराष्ट्र

sales@vaniprakashan.in
vaniprakashan@gmail.com

Tulnatmak Adhyayan : Swaroop Aur Samasyayen
Edited by B.H. Rajoorkar, Rajmal Bora

ISBN : 978-81-8143-144-8
Criticism

मूल्य : ₹ 395

जी.एस. ऑफ़सेट, दिल्ली-110 095 में मुद्रित

वाणी प्रकाशन का लोगो मक़बूल फ़िदा हुसैन की कूची से

आमुख

हिंदी विभाग, मराठवाड़ा विश्वविद्यालय एवं महाराष्ट्र राज्य हिंदी साहित्य अकादमी के संयुक्त तत्त्वावधन में तुलनात्मक अध्ययन संगोष्ठी का आयोजन 16, 17 तथा 18 मार्च, 1989 ई. को हुआ। इस संगोष्ठी में बाहर से आनेवाले विद्वानों में प्रमुख नाम हैं–डॉ. प्रेमशंकर (सागर), डॉ. विजेंद्रनारायण सिंह (हैदराबाद), डॉ. सुंदरलाल कथूरिया (दिल्ली), डॉ. नवलकिशोर (उदयपुर), डॉ. चंद्रकांत बांदिवडेकर (मुंबई), डॉ. जयप्रकाश (चंडीगढ़), डॉ. बी. सत्यनारायण (मैसूर), डॉ. टी. मोहनसिंह (हैदराबाद), डॉ. केशव फाळके (मुंबई) और डॉ. दयाशंकर शुक्ल (बड़ौदा)। इनके अतिरिक्त मराठवाड़ा विश्वविद्यालय के हिंदी विभाग एवं विभाग से संबद्ध सदस्यगण इस संगोष्ठी में सम्मिलित हुए। विशेष बात यह कि यह संगोष्ठी हिंदी विभाग मात्र तक सीमित नहीं रही। इसमें विश्वविद्यालय के मराठी विभाग, अंग्रेजी विभाग, नाट्यशास्त्र विभाग, अर्थशास्त्र विभाग, समाजशास्त्र विभाग, राजनीतिशास्त्र विभाग तथा पत्रकारिता विभाग के सदस्य भी न केवल उपस्थित रहे अपितु उन्होंने अपने-अपने आलेख पढ़े और चर्चाओं में भाग लिया। इस तरह हमारी यह संगोष्ठी विभाग मात्र की संगोष्ठी नहीं रही अपितु उसने विश्वविद्यालय की संगोष्ठी का रूप ले लिया। 'तुलनात्मक अध्ययन' को केवल भाषा और साहित्य तक सीमित न मानकर अन्य मानविकी विषयों से इस अध्ययन को जोड़ा गया। इस तरह तुलनात्मक अध्ययन के बृहत् आयामों पर संगोष्ठी में विचार हुआ है।

संगोष्ठी में पढ़े गये आलेखों के विषयों में विविधता थी। परिमाण तथा गुण दोनों में ही आलेख उत्कृष्ट रहे। संपादित करते समय इन्हें दो भागों में विभाजित करना पड़ा है। वे हैं :–

1. तुलनात्मक अध्ययन (स्वरूप और समस्याएँ)
2. तुलनात्मक अध्ययन (भारतीय भाषाएँ और साहित्य)

प्रथम भाग में विशेष रूप से तुलनात्मक अध्ययन के सैद्धांतिक स्वरूप एवं उक्त अध्ययन की समस्याओं से संबंधित आलेख हैं। इससे हमें साहित्य की

सार्वभौमिक संकल्पना का बोध होता है। साहित्य के अतिरिक्त मानविकी शाखा के अन्य विषयों से संबद्ध आलेख भी सैद्धांतिक स्वरूप के होने के नाते इन्हें भी इसी भाग में सम्मिलित किया गया है।

दूसरे भाग में हिंदी, उर्दू, मराठी, गुजराती, तेलुगु, कन्नड़ आदि भारतीय भाषाओं के साहित्य के तुलनात्मक अध्ययन से संबंधित व्यावहारिक आलेख हैं। इनके आधार पर भारतीय भाषाओं के साहित्यिक स्वरूप का बोध होता है और उनके स्वरूप को समझने में सहायता मिलती है।

हम सभी आलेख लेखकों के प्रति विभाग की ओर से एवं महाराष्ट्र राज्य साहित्य अकादमी की ओर से आभार व्यक्त करते हैं। उनके सामयिक सहयोग के कारण संगोष्ठी सफल हुई है और उन्हें पुस्तकों के रूप में उचित आकार भी दिया है।

और अंत में प्रकाशक बंधु श्री अरुण महेश्वरी (वाणी प्रकाशन, दिल्ली) के प्रति भी हम आभार व्यक्त करते हैं क्योंकि उन्होंने हमारी योजना को मूर्त रूप देने में तत्परता से कार्य किया और समय के भीतर पुस्तकों को प्रकाशित किया।

—संपादक द्वय

हिंदी विभाग
मराठवाड़ा विश्वविद्यालय
औरंगाबाद (महाराष्ट्र)-431 004

अनुक्रम

तुलनात्मक अध्ययन बनाम तुलनात्मक साहित्य

□ डॉ. भ. ह. राजूरकर

तुलनात्मक अध्ययन और तुलनात्मक साहित्य—दोनों पदों में मूलतः भेद है। यों अंग्रेजी में 'कम्पैरेटिव लिटरेचर' पद का प्रयोग प्रचलित है और इसी को देखकर हिंदी में 'तुलनात्मक साहित्य' का प्रचलन हुआ है। हिंदी में इस विषय में संबंधित प्रकाशित पुस्तकों के नामकरण में 'तुलनात्मक साहित्य' पद का प्रयोग हुआ है। पुस्तकों के नाम इस प्रकार हैं :—

1. तुलनात्मक साहित्य—संपादक डॉ. नगेन्द्र, नेशनल पब्लिलिंग हाउस, नयी दिल्ली-110002, प्रथम संस्करण 1985
2. तुलनात्मक साहित्य की भूमिका—डॉ. इंद्रनाथ चौधुरी, दक्षिण भारत हिंदी प्रचार सभा, मद्रास; वितरक : नेशनल पब्लिशिंग हाउस, नयी दिल्ली, संस्करण 1983

वस्तुतः 'तुलनात्मक साहित्य' पद में साहित्य के अर्थ में विस्तार आ गया है। साहित्य के मूल अर्थ से हटकर अर्थात् वाङ्मय/काव्य/साहित्य की किसी विद्या विशेष या रचनात्मक स्वरूप के लेखन—से हटकर नया अर्थ लिया जाने लगा है और यह अर्थ सामग्री (Matter) के रूप में है। साहित्य—शब्द अपने विशेष अर्थ को खोकर किसी भी विषय की सामग्री के अर्थ के रूप में उसका प्रयोग होने लगा है। कम्पैरेटिव लिटरेचर का अर्थ इस तरह 'तुलनात्मक साहित्य' हो गया है। इस प्रकार के प्रयोग में भ्राँति है। इस तथ्य को जानते हुए डॉ. इंद्रनाथ चौधुरी ने अपनी पुस्तक में इस प्रश्न पर विचार किया है। वे लिखते हैं :—

> "तुलनात्मक साहित्य अंग्रेजी के 'कम्पैरेटिव लिटरेचर' का हिंदी अनुवाद है। एक स्वतंत्र विद्याशाखा के रूप में विदेश के विभिन्न विश्वविद्यालयों में इसके अध्ययन-अध्यापन के कार्य को आजकल विशेष महत्त्व दिया जा रहा है। अंग्रेजी के कवि मैथ्यू ऑर्नल्ड ने सन् 1848 में अपने एक पत्र में सबसे पहले

'कम्पैरेटिव लिटेरचर' पद का प्रयोग किया था (मैथ्यू आर्नलड के पत्र 1895, 1, 9 सं. जी. डब्ल्यू ई. रसल)। परन्तु प्रारंभ में ही इसके शाब्दिक अर्थ को लेकर विवाद रहा, क्योंकि साहित्य यदि कहानीकार, कवि आदि की सृजनशील कलात्मक अभिव्यक्ति है तो वह किसी तरह भी तुलनात्मक नहीं हो सकता। हमने आज तक ऐसा कोई कवि नहीं देखा जो तुलनात्मक कविता, कहानी या उपन्यास लिखता हो। साहित्य की प्रत्येक कृति अपने-आपमें पूर्ण होती है और साहित्य सृष्टि में कहीं दूसरे साहित्य के साथ तुलना की जरूरत नहीं होती। 'तुलनात्मक' शब्द साहित्य सृष्टि के संदर्भ में प्रयोग में नहीं लाया जा सकता।"[1]

यह सब स्वीकार करते हुए और ठीक पुस्तक के आरंभ में प्रथम पृष्ठ पर प्रथम अनुच्छेद में लिखते हुए भी चौधुरीजी अपनी पुस्तक का नाम 'तुलनात्मक साहित्य की भूमिका' ही रखते हैं। अंग्रेजी भाषा में आरंभ से ही भूल हो गयी किंतु उसका प्रचलन आगे इतना व्यापक हो गया कि नाम बदलने के प्रयत्न व्यर्थ प्रतीत हुए और फिर हिंदी में जब यह कार्य आरंभ हुआ तो उसी तरह अंग्रेजी के पद का शाब्दिक अनुवाद कर लिया गया। सच तो यह है कि प्रचलन में इतना बल होता है कि वह वास्तविकता की ओर ध्यान नहीं देने देता और जो लोग अर्थ मीमांसा करना चाहते हैं, वे भी आरंभ में अर्थदोष बतलाकर पुनः प्रचलित अर्थ को स्वीकार कर अपना काम करने लगते हैं। यों डॉ. चौधुरी तुलनात्मक साहित्य की परिभाषा और स्वरूप बतलाते समय 'तुलनात्मक साहित्य'—पद को स्वीकार करते हुए ही अपनी बात कहते हैं। वे लिखते हैं :—

"बंगाल या आंध्र अथवा महाराष्ट्र में रहनेवाले लेखक एक ही हिंदी भाषा में साहित्य रचना करते हैं तो उनकी स्थानीय राजनीतिक तथा सामाजिक परिवेश से प्रभावित साहित्य में विषय-वस्तु, शैली तथा टोन में अंतर आ जाता है और उनका अध्ययन भी तुलनात्मक साहित्य की परिधि के अंतर्गत समाविष्ट हो जाता है। इस प्रकार प्रसारित नाना साहित्यों के आश्रय से बहुभाषिक एक ही राष्ट्र की परिधि के अंतर्गत तुलनात्मक साहित्य का अध्ययन हो सकता है अथवा एक राष्ट्र की परिधि को पार कर दूसरे राष्ट्रों में प्रसारित विभिन्न भाषाओं में रचित साहित्यों की सहायता से भी यह अध्ययन संभव है अथवा विभिन्न राष्ट्रों अथवा प्रांतों में रहनेवाले मगर एक ही भाषा में लिखनेवाले रचनाकारों की कृतियों की सहायता से भी तुलनात्मक साहित्य का प्रसार संभव है। इसके अतिरिक्त तुलनात्मक साहित्य का क्षेत्र अनुलंबीय ढंग से प्रसारित होता हुआ ज्ञान के दूसरे क्षेत्र को जैसे कला, दर्शन, धर्मशास्त्र, मनोविज्ञान, इतिहास तथा समाज विज्ञान आदि को भी अपने में समेटता है अर्थात् ज्ञान तथा प्रतीति के दूसरे क्षेत्रों के साथ साहित्य के संबंध का अध्ययन हो सकता है"[2]

चौधुरीजी ने अंत में अपना निर्णय इस प्रकार दिया :–

> "भारत जैसे बहुभाषी देश की स्थिति को ध्यान में रखते हुए तुलनात्मक साहित्य की परिभाषा मात्र यही हो सकती है कि **तुलनात्मक साहित्य विभिन्न साहित्यों का तुलनात्मक अध्ययन है तथा साहित्य के साथ प्रतीति एवं ज्ञान के दूसरे क्षेत्रों का भी तुलनात्मक अध्ययन है।**"[3]

चौधुरीजी ने अपने निष्कर्ष में 'तुलनात्मक साहित्य' को 'तुलनात्मक अध्ययन' के रूप में स्वीकार किया है। वे परिभाषा तुलनात्मक साहित्य की करते हैं किंतु उक्त परिभाषा में उसे अध्ययन के रूप में स्पष्ट करते हैं। यों कहना चाहिए कि तुलनात्मक साहित्य का स्वरूप तुलनात्मक अध्ययन के आधार पर ही स्पष्ट होता है। केवल नाम-भेद है। तुलनात्मक साहित्य–तुलनात्मक अध्ययन का ही दूसरा नाम है। नामकरण में साहित्य है किंतु व्यवहार में अध्ययन है। इस तथ्य को मानना पड़ा है।

डॉ. नगेंद्र भी 'तुलनात्मक साहित्य' पद का प्रयोग करते हुए उसे तुलनात्मक अध्ययन का वाचक पद मानते हैं। वे लिखते हैं :–

> "तुलनात्मक साहित्य जैसा कि उसके नाम से स्पष्ट है, साहित्य का तुलनात्मक दृष्टि से अध्ययन प्रस्तुत करता है। यह नामपद वास्तव में एक प्रकार का न्यून पदीय प्रयोग है और साहित्य के 'तुलनात्मक अध्ययन' का वाचक है।"[4]

स्पष्ट रूप से स्वीकार करते हुए भी डॉ. नदेंद्र ने 'तुलनात्मक अध्ययन' पद का प्रयोग न कर 'तुलनात्मक साहित्य' पद का ही प्रयोग किया है। इसलिए 'तुलनात्मक अध्ययन' को 'तुलनात्मक साहित्य' के अर्थ में ग्रहण करना चाहिए। यह पद प्रचलित न होने पर भी अपने वाचक अर्थ में ठीक है और इसे विद्वानों ने स्वीकार भी किया है। इस नाते संगोष्ठी का नामकरण 'तुलनात्मक अध्ययन' किया और पुस्तक का नामकरण भी 'तुलनात्मक अध्ययन' है।

'तुलनात्मक अध्ययन' की अपेक्षा 'तुलनात्मक साहित्य' पद को मान्यता मिलने का एक कारण यह भी है कि दूसरे आधार पर विषय की सीमाओं का बोध हो जाता है, अर्थात् 'तुलनात्मक साहित्य' की सीमा में अलग-अलग भाषाओं के साहित्य का 'तुलनात्मक अध्ययन' आता है। साहित्येतर विषयों के तुलनात्मक अध्ययन को 'तुलनात्मक साहित्य' के क्षेत्र से बाहर मानना ही उचित होगा। संभवतः विषय को साहित्यिक क्षेत्र तक सीमित करने के कारण भी 'तुलनात्मक साहित्य' पद को मान्यता मिली हो। चूँकि इस पुस्तक का नाम 'तुलनात्मक अध्ययन' रखा गया है, अतः इस पद की व्याप्ति के अनुसार साहित्येतर विषयों के तुलनात्मक अध्ययन से संबंधित आलेख भी इसमें सम्मिलित कर लिये गये हैं।

'तुलनात्मक अध्ययन'–विषय के विस्तृत फलक से संबंध रखता है। इसके आधार पर विषय से संबंधित सब अंगों को देखा-परखा जाता है। और यदि 'तुलनात्मक अध्ययन' की सीमाओं में साहित्य मात्र का ही अध्ययन किया जाता हो

तो इससे साहित्य की सार्वभौमिक संकल्पना समझने-समझाने में सहायता मिलती है। साहित्य का सृजन अनेक भाषाओं में होता रहा है और हो रहा है। भाषा-भेद के कारण हममें अंतराल बना हुआ है। इस अंतराल को दूर करने में 'तुलनात्मक अध्ययन' की भूमिका का अपना महत्त्व है। भाषाएँ भिन्न होने पर भी भाषाओं में लिखे गये साहित्य में समानता है। यह समान्ता विषय-वस्तु और प्रयोजन को पहचानने पर ज्ञात हो सकती है। इस पहचान को बढ़ाने के लिए ही 'तुलनात्मक अध्ययन' की आवश्यकता है।

फादर कामिल बुल्के ने 'रामकथा' पुस्तक लिखी है। यह शोध ग्रंथ है। रामकथा अनेक भाषाओं में लिखी गयी है। विषयवस्तु को—रामकथा को—केंद्र में रखकर अलग-अलग भाषाओं में अलग-अलग कालों में साहित्य लिखा गया, उस सारी सामग्री को एक क्रम में रखकर उसका अध्ययन फादर कामिल बुल्के ने किया है। 'तुलनात्मक अध्ययन' का यह उत्कृष्ट उदाहरण है। भारतवर्ष की प्रायः सभी भाषाओं में 'रामकथा' के अलग-अलग रूप हैं। इन सबको स्वतंत्र रूप में जानना और अन्य भाषाओं में उपलब्ध रूपों में परिप्रेक्ष्य में उसे पहचानने से सामान्य और विशेष दोनों का बोध हो सकता है। साहित्य का अध्ययन अंततः विशेष का अध्ययन ही है। विशेष की पहचान हो जाये तो हमें साहित्य की गहराई और उसके निजी रूप का ज्ञान होगा। साहित्य की प्रत्येक रचना को विशेष के अर्थ में ही ग्रहण करना उचित है। इस पर भी विशेष रचनाओं में सामान्य तत्त्व मिलते हैं। 'तुलनात्मक अध्ययन' विशेषों में सामान्य तत्त्वों की खोज करने मे सहायता पहुँचाता है। रामकथा—चाहे वह किसी भाषा में लिखी गयी हो और चाहे उसका लेखन काल भिन्न रहा हो, किंतु विषय-वस्तु के रूप में मूल बात प्रायः समान है। अतः इस आधार पर विषय-वस्तु के व्यापक धरातल का बोध होता है और इसकी पहचान का आधार तुलनात्मक अध्ययन है। फादर कामिल बुल्के ने रामकथा को जिस गहराई से पहचाना है, वह अपने-आपमें अनुपम है। इस रूप में 'कृष्णकथा' के अध्ययन के लिए कोई कामिल बुल्के के समान विद्वान सामने नहीं आया है। वस्तुस्थिति तो यह है कि 'कृष्णकथा' से संबंधित सामग्री 'रामकथा' की तुलना में अधिक व्यापक रूप में उपलब्ध है, किंतु उसका अध्ययन 'तुलनात्मक' रूप में बृहत् आलोक में नहीं हो सकता है। 'तुलनात्मक अध्ययन' व्यवस्थित रूप में प्रस्तुत हो और विषय के परिप्रेक्ष्य का ध्यान रखनेवाला हो और साथ ही सामान्य में विशेष की पहचान करवानेवाला हो तो ऐसी सामग्री और उनका क्रमशः लेखन अपने विषय का विश्वकोश हो जाता है। कामिल बुल्के की 'रामकथा' पुस्तक को इस अर्थ में उनके गुरु डॉ. धीरेंद्र वर्मा ने विश्वकोश कहा भी है। डॉ. धीरेंद्र वर्मा लिखते हैं :—

> "यह ग्रंथ वास्तव में रामकथा संबंधी समस्त सामग्री का विश्वकोश कहा जा सकता है। सामग्री की पूर्णता के अतिरिक्त विद्वान् लेखक के अन्य विद्वानों

के मत की यथास्थान परीक्षा की है तथा कथा के विकास के संबंध में अपना तर्कपूर्ण मत भी दिया है। वास्तव में यह खोजपूर्ण रखना अपने ढंग की पहली ही है और अनूठी भी है। हिंदी क्या किसी भी यूरोपीय अथवा भारतीय भाषा में इस प्रकार का कोई दूसरा अध्ययन उपलब्ध नहीं है।"[5]

'कृष्णकथा' पर 'रामकथा' सदृश पुस्तक तो नहीं लिखी गयी है किंतु डॉ. भगीरथ मिश्र ने 'भारतीय भाषाअें में कृष्णाकाव्य' पुस्तक का संपादन किया है। इसका प्रकाशन मध्यप्रदेश साहित्य परिषद्, भोपाल ने किया है। यद्यपि यह अपूर्ण है। इसमें सारी सामग्री नहीं आ सकी है, फिर भी इस पुस्तक के आधार पर कृष्णकाव्य के व्यापक फलक का बोध हो जाता है। कामिल बुल्के की तरह यह पुस्तक एक लेखक द्वारा लिखी हुई नहीं है। इस पुस्तक के आधार पर कृष्णकाव्य की सामग्री का बोध होता है। 'कृष्णकाव्य' के तुलनात्मक अध्ययन के स्वरूप को समझने में पुस्तक उपयोगी है।

ऊपर जिन दो ग्रंथों का उल्लेख किया गया है, उन्हें 'तुलनात्मक अध्ययन' से संबंधित ग्रंथ कहना चाहिए। यह सारी सामग्री 'तुलनात्मक साहित्य' की है। तुलनात्मक अध्ययन से संबंधित ग्रंथों को यदि वे साहित्य के ग्रंथों का तुलनात्मक अध्ययन प्रस्तुत कर रहे हैं तो उन्हें 'तुलनात्मक साहित्य' कहा जा सकता है। इस अर्थ में 'तुलनात्मक अध्ययन' 'तुलनात्मक साहित्य' का वाचक होगा।

भारतवर्ष की प्रधान भाषाएँ 14 हैं और उनमें सिंधी को जोड़ लें तो पंद्रह हो जाती हैं। ये हैं : 1. हिंदी, 2. कश्मीरी, 3. पंजाबी, 4. गुजराती, 5. मराठी, 6. कन्नड़, 7. मलयालम, 8. तमिल, 9. तेलुगु, 10. उड़िया, 11. बँगला, 12. असमी, 13. उर्दू, 14. संस्कृत और 15. सिंधी। इन पंद्रह के अतिरिक्त और भी भाषाएँ हैं। किंतु इन भाषाओं को भी ध्यान में रखें और भाषाओं में लिखे जानेवाले साहित्य का समय-समय पर परिचय एक साथ उपलब्ध हो तो 'भारतीय साहित्य' का आकलन हो सकता है। यह कार्य 'तुलनात्मक अध्ययन' का ही काम है। केंद्रीय हिंदी निदेशालय, दिल्ली से यह कार्य 'वार्षिकी' के प्रकाशन के माध्यम से हो रहा है। भारतीय सर्वेक्षण 1985 के संपादकीय में संपादक ने लिखा है :–

"केंद्रीय हिंदी निदेशालय के तत्त्वावधान में 'वार्षिकी' का प्रकाशन सन् 1970 से किया जा रहा है। शुरू में यह हिंदी वार्षिकी के रूप में प्रकाशित की गयी थी, किंतु बाद में इसे 'वार्षिकी' के नाम से निकाला गया और सभी भारतीय भाषाओं में लिखे जा रहे साहित्य का वार्षिक सर्वेक्षण इसके द्वारा प्रस्तुत करने का निश्चय किया गया। सन् 1975 से यह इसी प्रकार प्रकाशित हो रही है। वस्तुतः संविधान में स्वीकृत प्रमुख भारतीय भाषाओं की वार्षिक प्रगति का सर्वेक्षण इसके द्वारा प्रस्तुत करना हमारा अभीष्ट है।"[6]

इस तरह हिंदी में भारतीय भाषाओं की साहित्यिक प्रवृत्तियों का परिचय अब

नियमित मिलने लगा है। हिंदी की सामयिक साहित्यिक पत्रिकाओं में अन्य भारतीय भाषाओं के साहित्य का परिचय दिया जा रहा है। विशेष रूप से जो संस्थाएँ इस दिशा में कार्य कर रही हैं, उनमें कलकत्ता की संस्था का नाम है—भारतीय भाषा परिषद्, 36 ए, शेक्सपियर सरणी, कलकत्ता-700017। इसी तरह केंद्रीय हिंदी संस्थान आगरा और उसकी शाखाओं में भी यह कार्य हो रहा है। हिंदी भाषा में भारतीय साहित्य का परिचय दिया जाता है तो इससे 'तुलनात्मक अध्ययन' को बल मिलता है। यों तो विभिन्न विश्वविद्यालयों में यह कार्य हो रहा है, किंतु इस समय तो विशेष संस्थाएँ भी इस कार्य में रुचि ले रही हैं। दिल्ली से प्रकाशित होनेवाली 'प्रकर' पत्रिका इस प्रकार के साहित्य में विशेष रुचि लेती है। श्री विद्यासागरजी विद्यालंकार ने भारतीय भाषाओं में प्रकाशित प्रधान साहित्यिक रचनाओं का विशेष परिचय 'प्रकर' के माध्यम से दिया है और यह कार्य जारी है। संक्षेप में 'तुलनात्मक अध्ययन' के आधार पर भाषाओं के अलगाव को दूर किया जा सकता है और मूलरूप से हम सब एक हैं, इस तथ्य की पुष्टि की जा सकती है। हमारा अलगाव हमारी विशेषताओं का परिचय देनेवाला भले ही हो, किंतु हमारी आत्मा और हमारा हृदय एक है, इसकी पुष्टि होनी चाहिए। इस रूप में 'तुलनात्मक अध्ययन' के महत्त्व को स्वीकार करना चाहिए।

संदर्भ

1. तुलनात्मक साहित्य की भूमिका—डॉ. इंद्रनाथ चौधुरी, दक्षिण भारत हिंदी प्रचार सभा, मद्रास, संस्करण 1983, पृ. 1।
2. तुलनात्मक साहित्य की भूमिका—डॉ. इंद्रनाथ चौधुरी, पृ. 4,5।
3. वही, पृ. 5।
4. तुलनात्मक साहित्य—सं. डॉ. नगेन्द्र, नेशनल पब्लिशिंग हाउस, नयी दिल्ली-110002
5. रामकथा—फादर कामिल बुल्के, हिंदी परिषद प्रकाशन, इलाहाबाद, द्वितीय संस्करण 1962, पृ.8।
6. वार्षिकी—भारतीय साहित्य सर्वेक्षण, 1985—सं. जगदीश चतुर्वेदी, केंद्रीय हिंदी निदेशालय, शिक्षा विभाग, मानव संसाधन विकास मंत्रालय, भारत सरकार, नयी दिल्ली 1988 ई. में प्रकाशित।

सार्वभौम साहित्य : भारतीय साहित्य (1)

□ डॉ. बिजेंद्र नारायण सिंह

तुलनात्मक भारतीय सहित्य की अवधारणा बहुत ही ठोस आधार पर खड़ी है—भारतीय साहित्य की अवधारणा ही तुलनात्मक अवधारणा है। ऐसे अध्ययन की पद्धति पर विचार करते हुए हम एक प्रमुख और दो गौण साहित्यों के तुलनात्मक अध्ययन को ले सकते हैं, जैसे—हिंदी/बँगला/मराठी। उदाहरणस्वरूप जब हिंदी उपन्यास के विकास पर हम विचार करते हैं, तब हम बँगला और मराठी में भी उपन्यासों के विकास पर विचार करते हैं, तब हम केवल यही नहीं समझते हैं कि किस प्रकार उपन्यास का भारत में विकास हुआ वरन् हम यह भी समझते हैं कि किस प्रकार भारतीय उपन्यासों के विकास में खासकर बँगला, उड़िया और मराठी के उपन्यासों के संदर्भ में ऐतिहासिक उपन्यासों का बहुत ही महत्त्वपूर्ण योगदान है। या यदि हम हिंदी में आधुनिकतावादी आंदोलनों, विशेषकर कविता में आये आंदोलनों पर विचार करें तो हमें उसे ठीक-ठीक समझने के लिए बँगला और तेलुगु साहित्य के आधुनिकतावादी आंदोलनों को भी समझना होगा। यह आधुनिकतावादी आंदोलन हिंदी या तेलुगु से पहले बँगला साहित्य में कैसे आया? यह एक ऐतिहासिक समस्या है—हमारे कहने के लिए केवल तिथिक्रम का निर्धारण ही नहीं वरन् संदर्भ को समझाना भी उतना ही महत्त्वपूर्ण है।

कुछ अन्य पक्षों का अध्ययन भी आवश्यक है। हमें अध्ययन का एक सामान्य ढाँचा खोज निकालना है—एक ऐसा ढाँचा जिसमें बहुराष्ट्रीय साहित्य का अध्ययन सही परिप्रेक्ष्य में किया जा सके। अध्ययन के ऐसे रूपाकार में कुछ गौण रूप-भेद का होना स्वाभाविक है। लेकिन, रेखांकित करने योग्य बात यह है कि हम बिना इन रूपाकारों के पश्चिमी प्रभाव का अध्ययन ठीक-ठीक नहीं कर सकते हैं। मधुसूदन दत्त पर होमर या मिल्टन का क्या प्रभाव है अथवा बंकिमचंद्र पर वाल्टर स्कॉट का तथा वृंदावनलाल वर्मा पर बंकिमचंद्र और वाल्टर स्कॉट का क्या प्रभाव है,

उसी प्रकार भारतीय साहित्य के संदर्भ में यह अध्ययन भी रोचक होगा कि मधुसूदन दत्त के 'मेघनाद वध' काव्य का मैथिलीशरण गुप्त के 'जयद्रथ वध' अथवा दिनकर की 'रश्मिरथी' के कर्ण-वध पर क्या प्रभाव है। पश्चिम में इस प्रकार के बहुत अध्ययन किये गये हैं परन्तु उन अध्ययनों की सीमाएँ बहुत ही स्पष्ट हैं। वे अध्ययन मुख्यता त्वरित प्रासंगिक तथ्य अथवा मनोविज्ञान पर आधारित हैं। यदि हम उनकी पद्धति का उपयोग करें तब हमें रवींद्रनाथ ठाकुर पर बहुत कम पाश्चात्य प्रभाव दीख पड़ेगा। हालाँकि कवि ठाकुर पर बहुत अधिक पाश्चात्य प्रभाव है जैसा कि बुद्धदेव बोस ने अपने अति चर्चित निबंध में यह प्रमाणित किया है। सवाल केवल यह नहीं है कि किसने किस सीमा तक यह प्रभाव ग्रहण किया बल्कि सवाल यह भी है कि कोई साहित्यकार प्रभाव ग्रहण करते समय किस ऐतिहासिक स्थिति में था। उदाहरणस्वरूप मधुसूदन दत्त के 'मेघनाद वध' से प्रभावित होकर मैथिलीशरण गुप्त ने 'जयद्रथ वध' लिखा, लेकिन एक स्वस्थ सांस्कृतिक परंपरा से ग्रहण करने के कारण 'जयद्रथ वध' 'मेघनाद वध' से श्रेष्ठतर तो नहीं किंतु अधिक सफल काव्य जरूर है। इसलिए प्रभाव ग्रहण में केवल किसी साहित्यकार का प्रभाव या मनोवैज्ञानिक प्रभाव ही महत्त्वपूर्ण नहीं होता वरन् किस साहित्यिक और धार्मिक परंपरा में वह लिख रहा है, यह भी महत्त्वपूर्ण है। शायद यही अधिक महत्त्वपूर्ण है। ईसाइयत के प्रभाव और अपनी धार्मिक जंगों से कट जाने के कारण प्रचुर काव्यसंपदा से युक्त होने के बावज़ूद 'मेघनाद वध' भारतीय नवजागरण में एक विचलन-सा दीख पड़ता है जबकि वैष्णव संस्कारों से सिक्त मैथिलीशरण गुप्त के 'जयद्रथ वध' में हमारी परंपरा का उज्जवल और अधिक सफल काव्यात्मक रूप दीख पड़ता है।

हालाँकि मधुसूदन दत्त और जयशंकर प्रसाद में समता का शायद ही कोई बिंदु हो, लेकिन तुलनात्मक भारतीय साहित्य अध्ययन का यह रोचक बिंदु हो सकता है। मधुसूदन दत्त भारतीय नवजागरण का प्रथम काव्यात्मक उच्छ्वास हैं। होमर और मिल्टन से उन्होंने बहुत कुछ लिया। ईसाई धर्म और संस्कृति से भी। उनका 'मेघनाद वध' काव्यसंपदा में समृद्ध है। वे बेहद अच्छी ग्रीक अंग्रेजी और फ्रेंच जानते थे। उन्होंने विश्वविद्यालय की उच्चतम शिक्षा प्राप्त की थी और उन्नीसवीं सदी के यूरोप के साहित्यिक परिवेश का उन्हें प्रत्यक्ष अनुभव प्राप्त था। प्रतिभा उनकी बड़ी प्रखर थी, इसमें संदेह नहीं। वे जब लिख रहे थे, तब उन्नीसवीं सदी का भारत एक नये युग के द्वार पर दस्तक दे रहा था। सभ्यता और संस्कृति के एक नये प्रवाह को उन्होंने गढ़ा, वह नया और तेजस्वी तो है किंतु हमारी परपंरा से उसका तालमेल नहीं बैठता है। इसलिए 'मेघनाद वध' भारत की साहित्यिक परपंरा में एक विचलन है। मधुसूदन दत्त के ठीक विपरीत जयशंकर प्रसाद को अंग्रजी शिक्षा नहीं मिली थी। उन्हें ग्रीक अथवा फ्रेंच भाषा का भी कोई ज्ञान नहीं था। बँगला वे जानते थे और आधुनिकता उन्होंने पश्चिमी साहित्य के अध्ययन से नहीं वरन् परिवेश से ग्रहण

की। तब भी उनकी 'कामायनी' में वह आंतरिक हलचल और विस्फोट है जो भारतीय महाकाव्यों की परंपरा में नहीं बल्कि मिल्टन के 'पैराडाइज लॉस्ट' और शेली के 'प्रेमीथियस अनबाउंड' जैसे काव्य में मिलता है। जयशंकर प्रसाद की संस्कृत साहित्य में बहुत गहरी पैठ थी। इस पारंपरिक वैदुष्य का उपयोग उन्होंने आधुनिक बोध से समन्वित होकर किया और इसलिए 'कामायनी' के रूप में वे एक ऐसा महाकाव्य या काव्य दे सके जो समग्र आधुनिक भारतीय साहित्य में अद्वितीय है। तब यह कैसे कहा जाय कि पश्चिमी साहित्य के प्रभाव से ही श्रेष्ठ आधुनिक साहित्य की रचना की जा सकती है? 'मेघनाद वध' काव्य साहित्यिक उपलब्धि की दृष्टि से एक बड़ी प्रतिभा की महान विफलता है—एक ऐसी विफलता जिससे श्रेष्ठतर उदाहरण ढूँढ़ना संसार के साहित्य में मुश्किल है। यहाँ हम तुलनात्मक साहित्य के अध्येता की दृष्टि से केवल व्यक्ति रचयिता मधुसूदन और प्रसाद से ही लगाव नहीं रखते हैं बल्कि उन्नीसवीं सदी के उत्तरार्द्ध के संपूर्ण बँगला साहित्य के विकास और बीसवीं सदी के पूर्वार्द्ध के हिंदी साहित्य के विकास के बुनियादी प्रश्नों पर विचार करते हैं। मेरी धारणा है कि हिंदी के अल्प पढ़े-लिखे स्वच्छंदतावादी कवि प्रसाद और निराला बँगला के अतिशिक्षित स्वच्छंदतावादी कवियों से अधिक मौलिक हैं और हिंदी का स्वच्छंदतावादी आंदोलन, जिसे हम छायावाद कहते हैं, पाश्चात्य साहित्यालोचन की शब्दावली में क्लासिक या रोमैंटिक से बहुत कुछ भिन्न चीज है। कदाचित् रवींद्रनाथ ठाकुर मधुसूदन दत्त से अधिक मौलिक और बड़े कवि इसलिए भी हो सके कि ऊँची शिक्षा प्राप्त करने का उन्हें भी नहीं के बराबर अवसर मिला था।

तुलनात्मक भारतीय साहित्य के अध्ययन के प्रसंग में भारतीय साहित्य के इतिहास की रचना भी एक महत्त्वपूर्ण समस्या है। किसी एक साहित्य का इतिहास आरंभिक कारण-कार्य संबंध पर विचार कर सकता है, लेकिन साहित्यक इतिहास की चिंता अपेक्षा एक गहन प्रकार की चिंता होती है। साहित्य का इतिहास हमें बतलायेगा कि मधुसूदन ने लिखना अंग्रेजी में आरंभ किया था, साहित्यिक इतिहास बतलायेगा कि उन्होंने ऐसा क्यों किया? साहित्यिक इतिहास यह भी बतलायेगा कि भारतीय क्यों अंग्रेजी में लिखने लगे। साहित्य का इतिहास हमें यह बतलाता है कि मधुसूदन ने बाद में कभी अंग्रेजी छोड़कर बँगला में लिखना आरंभ किया। साहित्यिक इतिहास इस कारणत्व की तलाश करेगा। एक साहित्य की प्रविधि से हम अलग-अलग जातियों के साहित्य का इतिहास लिखते हैं, लेकिन साहित्यिक इतिहास के लिए हमें सच्चे अर्थों में तुलनात्मक भारतीय साहित्य की ओर उन्मुख होना होगा।

अवश्य ही तुलनात्मक भारतीय साहित्य बहुत ही महत्त्वपूर्ण किस्म का तुलनात्मक साहित्य है। क्रोचे की वह विख्यात सूक्ति तुलनात्मक साहित्य के मूल

में है कि साहित्य का कोई भी मूल्यांकन अंततः तुलनात्मक ही होता है और इस सिद्धांत की परिणति है साहित्यिक इतिहास। जब एक रचना दूसरी के संपर्क में आती है या रचनाओं के गुच्छ दूसरे प्रकार की रचनाओं के गुच्छ के संपर्क में आते हैं तब हम एक ऐतिहासिक तुलना करते हैं, किंतु यह गौण किस्म की तुलनात्मक समीक्षा है। लेकिन जब एक पूरा साहित्य दूसरे समग्र साहित्य के संपर्क में आता है, तब इतिहास की भूमिका बहुत ही महत्त्वपूर्ण हो उठती है। पश्चिम के तुलनात्मक साहित्य को शायद ही इतनी मात्रा में इतिहास की जरूरत हो, लेकिन हमें जरूरत है। तुलनात्मक भारतीय साहित्य की यह विशिष्टता रेखांकित करने के योग्य है।

पश्चिम से जो हमारा संपर्क हुआ, उसमें आयात ही मुख्य है, निर्यात लगभग नहीं के बराबर है। कभी महाकवि गेटे 'अभिज्ञान शाकुंतलं' पर ही रीझ उठे थे और उनके 'फॉस्ट' की प्रस्तावना पर 'अभिज्ञान शाकुंतलं' का प्रभाव देखा जा सकता है। एलियट ने गीता, उपनिषद् और बौद्ध धर्म से बहुत कुछ लिया है। उससे भी पहले शेली के 'चंपक' पर भारतीय प्रभाव देखा जा सकता है। लेकिन असलियत यह है कि पाश्चात्य साहित्य की मुख्यधारा उनके उपनिवेशों के बाद यूरोप की बंध्याभूमि को 'गीतांजलि' से बहुत सांत्वना मिली थी—दार्शनिक विटजेन्सटाइन इसे अपने सिरहाने रखकर सोते थे। लेकिन इससे पश्चिम की कविता की दिशा में कोई परिवर्तन नहीं हुआ।

यह सब वाक्पटुता मात्र नहीं है। हमारे कहने का अभिप्राय यह है कि तीसरी दुनिया की परिस्थिति के संदर्भ में एक विशिष्टता और अद्वितीयता प्राप्त कर लेता है। तुलनात्मक साहित्य के अध्ययन के क्षेत्र में अमरीकी, रूसी और फ्रेंच संकाय की चर्चा होती है। क्या हम भारत के संदर्भ में चौथे संकाय की बात नहीं करें? बहुजातीय साहित्य के ढाँचे में तुलनात्मक भारतीय साहित्य एक अद्वितीय चीज दीख पड़ता है। यह एक बहुभाषी चेतना की प्राक्कल्पना करता है। हालाँकि रूसी तुलनात्मक साहित्य इस दिशा में जा सकता था लेकिन वह गया नहीं। हमें इस दिशा में जाना है। हमारी परिस्थिति हम पर दबाव डालती है।

निष्कर्ष रूप में हम कह सकते हैं कि तुलनात्मक साहित्य, साहित्य का वह अध्ययन है जो एक से अधिक साहित्य का अध्ययन एक साथ करता है। यह अध्ययन विशुद्ध ऐतिहासिक या विशुद्ध सौंदर्य बोधात्मक हो सकता है अथवा अंशतः ऐतिहासिक और अंशतः सौंदर्यबोधात्मक हो सकता है। हमारे अपने संदर्भ में यह अध्ययन अंशतः ऐतिहासिक और अंशतः सौंदर्यबोधात्मक ही हो सकता है। दूसरी बात यह कि अपनी तीसरी दुनिया की स्थिति के कारण पश्चिमी साहित्य से हमारा ताल्लुक रहेगा। यह दो प्रकार की हमारी अंतर्ग्रस्तता तुलनात्मक भारतीय साहित्य का आधार है। पिछले डेढ़ सौ वर्षों से लगभग ऐसा ही रहा है।

सबसे पहले जर्मन भारतविद् प्रोफेसर विंटरनित्ज़ ने भारतीय साहित्य का

इतिहास लिखा—संस्कृत साहित्य का नहीं। उन्होंने ही पहले पहल 'भारतीय साहित्य और विश्व-साहित्य' नाम का निबंध भी लिखा। यह आकस्मिक बात नहीं रही होगी। तुलनात्मक साहित्य की अवधारणा प्रथम महायुद्ध के बाद राष्ट्रपति विल्सन की एक विश्व की दृष्टि से जुड़ती है। बंगाल विभाजन के बाद जो लगभग विरोधी आंदोलन चला, उसी काल में महाकवि रवींद्रनाथ ठाकूर ने 1907 ई. में कलकत्ता स्थित राष्ट्रीय शिक्षा परिषद् के तत्त्वावधान में 'विश्वसाहित्य' शीर्षक निबंध पढ़ा। बाद में इसी संस्था के विकसित रूप में जादवपुर विश्वविद्यालय में इस देश में 'तुलनात्मक साहित्य' का पहला विभाग खुला।

भारतीय राष्ट्र का ढाँचा बहुराष्ट्रीय है। अतः तुलनात्मक साहित्य यहाँ वरण का प्रश्न नहीं है वरन् यहाँ की वह आवश्यकता है। यूरोप के राष्ट्र ईसाइयत के सामान्य बंधन के बावजूद एक-दूसरे के प्रतिस्पर्धी ही नहीं वरन् प्रतिद्वंद्वी भी हैं। ठीक इसके विपरीत एक लंबी दासता के इतिहास के कारण भारत के बहुराष्ट्रीय ढाँचे में मेल-जोल के तत्त्व का विकास होता रहा। इस कारण बहुराष्ट्रीय ढाँचे के मध्य में राष्ट्रीयता की भावना का तीव्र विकास हुआ। असल में इतिहास ने ही भारत में उस विविधता को जन्म दिया है जिससे स्वभावतः कला, साहित्य, धर्म और दर्शन के क्षेत्र में तुलनात्मकता विकसित हुई है। यहाँ तक कि सैकड़ों वर्षों तक भारत को उपनिवेश रहने का जो अनुभव है, वह भी उसके तुलनात्मक अनुभव को समृद्ध करता है। परिणामतः पाश्चात्य साहित्यिक परिवेश में वह संश्लिष्टता और कांति नहीं है जो भारतीय साहित्य के संदर्भ में सहज उपलब्ध है। जैसे किसी भी पश्चिमी देश में आधुनिकता ने उसकी परंपरा के लिए कोई खतरा उत्पन्न नहीं किया, वरन् आधुनिकता परंपरा के विस्तार और प्रसार के रूप में ही आयी पर भारत में परंपरा और आधुनिकता में बहुत ही संघर्ष चला। इससे यहाँ की साहित्यिक चेतना में बहुत उथल-पुथल हुई। इस प्रकार भारतीय साहित्य में ऐतिहासिक परिवर्तन एक सौंदर्यबोधात्मक अनावरण के रूप में भी आया।

पहला प्रश्न यह उठता है कि तुलनात्मक भारतीय साहित्य किस प्रकार का तुलनात्मक साहित्य है। क्या यह केवल तुलनात्मक विश्वसाहित्य की एक शाखामात्र है अथवा इसका अपना कोई विशिष्ट तर्काधार है? तुलनात्मक साहित्य के अमरीकी, फ्रांसीसी अथवा रूसी प्रकार में से यह एक है या यह अपने आपमें स्वतंत्र प्रकार है? क्या इसका अपना कोई ऐतिहासिक या सौंदर्य रुझान है? तुलनात्मक भारतीय साहित्य की बात करते समय में कुछ प्रश्न संभवतः उठ खड़े होते हैं और जब तक हम इन प्रश्नों को सुलझा नहीं पाते हैं इसके लिए कोई ठोस आधार नहीं बनता है। दूसरे शब्दों में तुलनात्मक भारतीय साहित्य का ठीक-ठीक ढाँचा खड़ा करने के लिए हमें इसका प्रतिपन्न सैद्धांतिक संदर्भ खोजना होगा। तुलनात्मक साहित्य के क्षेत्र में तरह-तरह के संभ्रम को देखते हुए तुलनात्मक भारतीय साहित्य के प्रतिपन्न

सैद्धांतिक संदर्भ को निर्धारित करना उतना आसान काम नहीं है।

प्रसंगात् प्रश्न उठता है कि क्या तुलनात्मक भारतीय साहित्य तुलनात्मक पाश्चात्य साहित्य का भारतीय रूपांतरण है? भारतीय साहित्य में समानांतर साहित्यिक आंदोलन क्या हैं और भारतीय साहित्य के इतिहास के कालविभाजन का क्या कोई सामान्य आधार और अवधि ढूँढ़े जा सकते हैं? इसके सिवा क्या हम उत्पत्ति विज्ञान और विषयवस्तु शास्त्र के प्रति भी प्रतिबद्ध हैं जिसके आधार पर हम भारतीय विधाओं के विकास का इतिहास लिख सकते हैं और क्या हम भारतीय साहित्य की विषयवस्तुओं का समाकलन कर सकते हैं?

तुलनात्मक भारतीय साहित्य की विशिष्ट समस्याएँ क्या हैं? जब तक हम यह नहीं निर्धारित करते हैं तब तक सच्चे तुलनात्मक भारतीय साहित्य की अवधारणा का विकास नहीं हो सकता है। दूसरा प्रश्न यह है कि भारतीय साहित्य का ढाँचा एकमुखी है या बहुमुखी है? साहित्य अकादमी का कहना है कि अनेक भाषाओं में लिखा जानेवाला भारतीय साहित्य एक है। हाल-हाल तक, देशी और विदेशी विद्वान् भारतीय साहित्य को बहुक्षेत्रीय साहित्य का सार संग्रह मानते थे। ऊपर से पर्यवेक्षण करने पर कोई भी विद्वान् इसमें से प्रत्येक साहित्य की वह विशिष्टता जो खास भाषाई खाँचे में विकसित हुई है, परखने में सफल नहीं होगा। यदि यही बुनियादी स्थापना स्वीकार की जाय तो तुलनात्मक भारतीय साहित्य के अध्येता का अधिगम निश्चयात्मक रूप से अनुलंब न होकर क्षैतिज होगा; वस्तुपरक, विधापरक या रूपपरक होगा। अवश्य ही कोई चीज भारतीय है, कोई भारतीयता है जो हृदयंगम तो की जा सकती है, लेकिन जिसे ठोस शब्दावली में सूत्रबद्ध करना मुश्किल है। राष्ट्र चरित्र की विशिष्टता एक द्विचर (Binary) प्रक्रिया में विकसित हो सकती है, कभी तो समानांतर स्तर पर गतिशील होकर कभी अनंतस्पर्शी बनकर, चाहे प्रकार कोई भी हो, इसे या तो व्यक्तित्व विन्यास बनना होगा अथवा सांस्कृतिक रूढ़ियों के रूप में आना होगा। व्यक्तित्व विन्यास के उदाहरण के रूप में शिव-विष्णु कृष्ण-राम आदि के पौराणिक मिथक को रखना होगा। लेकिन भारत जैसे बहुधार्मिक राष्ट्र में इस प्रकार की सूत्रबद्धता में राष्ट्रीय चरित्र को एकवर्णी रंग में ढालने का खतरा है और यह अपूर्ण भी रहेगा। इसके ठीक विपरीत सांस्कृतिक रूढ़ियाँ मूल्यों, विश्वासों, रिवाजों और मानकों का संगठित रूप है। इसी कारण प्रोफेसर वी. के. गोकक ने इन दोनों अवधारणाओं के समन्वय में ही भारतीयता की पहचान खोज निकाली है। लेकिन, ध्यान रखने की बात यह है कि छायाभास अधिकतर धोखा दे जाते हैं। संस्कृति शायद ही कभी एक अखंडित ढाँचा होती है। जीवन के बहुआयामी सतहों से यह अर्जित की जाती है—यह एक साथ ही लोकप्रिय और पांडित्यपूर्ण, आभिजात्य और सामान्य, पवित्र और अपवित्र भी होती है। लेकिन प्रश्न यह उठता है कि तुलना का आधार केवल राष्ट्रीय चरित्र में निहित है या मात्र साहित्यिक गुणों में?

असल में, संस्कृति के तत्त्व किन स्रोतों से कितना बहकर आये हैं, कितना भारतीय स्रोतों से कितना पाश्चात्य स्रोतों से, इसका निर्धारण करना बहुत ही मुश्किल काम है। क्या रवींद्रनाथ के साहित्य में भारतीय और पाश्चात्य तत्त्वों का निर्णय प्रतिपन्न ढंग से करना संभव है? उसी प्रकार वाल्मीकि की रामायण में भारतीय तत्त्व क्या है, इसका निर्णय क्या रामायण के क्षेत्रीय संस्करणों में आये क्षेत्रीय तत्त्वों को सामान्य तत्त्वों से विलग करके हो सकता है? आधुनिक भारतीय साहित्य विकास का ढाँचा पाश्चात्य तत्त्वों के संदर्भ में कैसे बना, इस पर विचार किया जाना चाहिए। ठोस उदाहरण के रूप में मधुसूदन दत्त को लिया जाय। मधुसूदन दत्त अपने को प्यूरिटन मिल्टन का शिष्य बतलाते थे। उन्होंने 1861 ई. में अपना महाकाव्य 'मेघनाद वध' प्रकाशित कराया। जिस कविता-संग्रह से बँगला साहित्य में स्वच्छंदतावादी आंदोलन ने जड़ पकड़ी वह सन् 1890 में प्रकाशित रवींद्रनाथ ठाकुर की 'मानसी' है। हिंदी में स्वच्छंदतावादी आंदोलन की शुरुआत द्विवेदीयुग में रामनरेश त्रिपाठी के खंडकाव्य 'स्वप्न' और 'पथिक' से तथा मैथिलीशरण गुप्त की 'पंचवटी' से होती है। बाद में यह आंदोलन पंत के 'पल्लव' तथा प्रसाद के 'प्रेमपथिक' और 'आँसू' से पूरी तरह स्थापित हो जाता है। इस चर्चा का तात्पर्य यह है कि जिस आंदोलन को अपनी पूरी यात्रा तय करने में अंग्रेजी साहित्य में सवा दो सौ वर्ष लगे उसे बँगला में केवल तीन दशक और हिंदी में दो दशक लगे। निश्चय ही इस कारण इस आंदोलन के स्वरूप में कुछ बुनियादी परिवर्तन हुए हैं जिस पर गंभीरता से विचार किया जाना चाहिए।

यूरोप के संपर्क से निश्चय ही भारतीय साहित्य में नयी प्रवृत्तियों का आगमन हुआ। अभी हमने यूरोप के संपर्क से भारतीय साहित्य में आयी स्वच्छंदतावादी प्रवृत्ति की चर्चा की। पश्चिम के साहित्य के संपर्क से दूसरी महत्त्वपूर्ण चीज जो आयी वह है आधुनिकता का बोध। अवश्य ही पश्चिमीकरण और आधुनिक बोध में एक नैमित्तिक संबंध है। लेकिन, आधुनिकता जैसी संवेदनात्मक और ज्ञानात्मक गहराई की चीज मात्र पश्चिमी प्रभाव जैसे संयोगपरक घटना तथ्य पर आधारित कैसे हो सकती है? वे देश भी आधुनिक बने जिनका यूरोप से संपर्क नहीं हुआ। प्रसंगात्—एक दूसरी बात। भारत में यूरोप का आगमन पश्चिमी तटों के राज्यों में पहले हुआ और यूरोप के संपर्क में वे आये भी पहले। लेकिन भारतीय साहित्य में आधुनिक बोध का आरंभ पश्चिमी तटों के प्रदेशों में पहले न होकर बँगला साहित्य में पहले कैसे हुआ? क्या इसका कारण यह तो नहीं था कि बँगला साहित्य की परंपरा नगण्य थी और इसलिए यह आसानी से पश्चिम के प्रभाव में आ गया। कारण चाहे जो भी रहा हो, यहाँ भी हम बहुत आसानी से पश्चिम से आये सिद्धांतों में बह गये और अपने सिद्धांतों का विकास नहीं कर सके।

भारतीय साहित्य में एक जाति के साहित्य से दूसरी जाति के साहित्य के

संबंध और विन्यास का मामला लगभग स्पष्ट ही है जैसे हिंदी/बँगला; बँगला/उड़िया/असमी; मराठी/कन्नड़। भारत में ऐसे उदाहरण भरे पड़े हैं जहाँ लेखक बोलता एक भाषा है लेकिन लिखता दूसरी भाषा में है। बेंद्रें की मातृभाषा मराठी है लेकिन लिखा उन्होंने कन्नड़ में। मुक्तिबोध की मातृभाषा मराठी है, लेकिन लिखा उन्होंने हिंदी में। यूरोप में ऐसे उदाहरण ढूँढ़ना असंभव ही है। अवश्य ही जोजेफ कानरैड एक स्वाभाविक अपवाद हैं। स्विटजरलैंड जैसे छोटे-से देश के साहित्यकार भी अपनी ही भाषा में लिखते हैं। उपरिलिखित संबंधों और विन्यासों के अतिरिक्त हम कुछ दूरगत संबंधों और विन्यासों पर भी विचार कर सकते हैं—जैसे—हिंदी/गुजराती अथवा पंजाबी/बँगला। ऐसे संबंधों की खोज के लिए यदि त्वरित औचित्य न भी हो तब भी उनमें प्रासंगिक संबंध और सादृश्य तो हैं ही।

एलियट ने 'परंपरा और प्रतिभा' नामक अपने विख्यात निबंध में संपूर्ण यूरोप के साहित्य से अंग्रेजी साहित्य के जुड़ने की बात लिखी है। लेकिन एक पश्चिमी साहित्य की अवधारणा विज्ञान नहीं वरन् यूटोपिया है। लेकिन भारतीय प्रादेशिक साहित्यों के संबंधों से एक भारतीय साहित्य की अवधारणा उभरती है। इस अवधारणा को तुलनात्मक भारतीय साहित्य के रूप में प्रस्तुत करना वस्तुतः एक श्रेष्ठतर अभिधान को प्रस्तुत करना है। चूँकि एक भारतीय भाषा नहीं है इसलिए हम इसे सीधे ढंग से भारतीय साहित्य का नाम भी नहीं दे सकते हैं। अतः तुलनात्मक भारतीय साहित्य एक सही नाम की तलाश है। भारतीय साहित्य इस अर्थ में एक विचार है, एक शिक्षाशास्त्र है, दो या दो से अधिक भारतीय साहित्यों को एक साथ परखने की कोशिश है और चूँकि यह तुलनात्मक विधि से ही संभव हो सकता है इसलिए 'तुलनात्मक भारतीय साहित्य' नाम अधिक वैज्ञानिक लगता है। इससे कम-से-कम हम कुछ भ्राँतियों से तो बचते ही हैं।

सार्वभौम साहित्य : भारतीय साहित्य (2)

□ डॉ. सूर्यनारायण रणसुभे

भारतीय साहित्य के संदंर्भ में यह प्रश्न लगातार उठाया जाता है कि क्या भारतीय साहित्य की कोई अलग पहचान है अथवा विभिन्न प्रादेशिक भाषाओं के परिचय में ही भारतीय साहित्य का परिचय है? क्या 'भारतीय साहित्य' नामक एक स्वतंत्र संकल्पना संभव है? भूतकाल में क्या इस प्रकार से उसकी अपनी स्वतंत्र हैसियत थी? भारतीय भाषाओं के विकास के पूर्व मतलब 9वीं शती के पूर्व जो साहित्य उपलब्ध है क्या उसे 'भारतीय साहित्य' से अभिहित किया जा सकता है? और अगर किया जा सकता है तो क्या वह तत्कालीन समाज-व्यवस्था का प्रतिनिधित्व कर सकता है? अगर इसका उत्तर हाँ है तो क्या हम यह निष्कर्ष निकाल सकते हैं कि 9वीं शती के बाद 'भारतीय साहित्य' की परंपरा ही खंडित हो गयी और उसके स्थान पर प्रादेशिकता उभर आयी? दूसरे शब्दों में, क्या भारतीय भाषाओं ने अपने विकास के साथ भारतीयता की पहचान को मिटाना आरंभ कर दिया तथा भारतीयता के स्थान पर प्रादेशिक भावनाओं, प्रादेशिक संस्कृति को ही प्रेरित, प्रोत्साहित और अभिव्यक्त किया है? 9वीं शती के पूर्व जिस संस्कृत साहित्य की परंपरा थी, उस समय लोकभाषा में जो साहित्य लिखा, पढ़ा या कहा जा रहा था, उसका तेवर किस प्रकार का था? क्या वह भारतीयता को लिए हुए था? संस्कृत साहित्य के साथ क्या इसकी तुलना की गयी है? 9 वीं शताब्दी के पूर्व स्थित लोक-साहित्य और संस्कृत साहित्य की तुना किये बगैर अथवा द्रविड़ी भाषाओं में स्थित साहित्य की संस्कृत साहित्य से तुलना किये बगैर क्या भारतीय साहित्य की पहचान बन सकती है? प्राचीन साहित्य का इस प्रकार का तुलनात्मक अध्ययन हुआ है अथवा नहीं, इसकी मुझे जानकारी नहीं है। पर इस बात से कोई भी सहमत हो सकता है कि इस प्रकार के तुलनात्मक अध्ययन से ही हम 'भारतीय साहित्य' की बात कर सकते हैं। इन सभी भाषाओं के साहित्य के तुलनात्मक अध्ययन से ही भारतीय साहित्य की पहचान हम

अधिक व्यापक और समृद्ध कर सकते हैं। यह कितनी आश्चर्य की बात है कि इस प्रकार का अध्ययन स्वतंत्रता के चालीस वर्ष बाद भी आरंभ नहीं हो सका है। हालाँकि देश की पहचान के लिए इसकी आवश्यकता है। इसकी शुरुआत स्वातंत्र्यपूर्व काल में हो चुकी थी, बाद के कुछ वर्षों में यह प्रयत्न हुए। परंतु अब इस प्रकार की दृष्टि का लोप होता जा रहा है। आज प्रत्येक प्रदेश अपनी-अपनी भाषा की श्रेष्ठता का ढोल पीट रहा है। प्रादेशिक सरकारें अब अपनी प्रदेश की भाषा का 'विश्व सम्मेलन' कर रहे हैं। हिंदी विश्व सम्मेलन, तमिल, कन्नड़, तेलगू और अब मराठी। परंतु 'भारतीय साहित्य सम्मेलन' की कोई भी बात नहीं कर रहे हैं।

किसी भी प्रादेशिक भाषा के इतिहास की पुस्तक निकालकर पढ़ें तो उसमें लिखा होता है कि इस भाषा का पहला उपन्यास इस काल में लिखा गया, आधुनिकता की शुरुआत इस वर्ष से हुई या इस कवि/लेखक ने की, इत्यादि। परंतु इन आधुनिक विधाओं की शुरुआत भारत की किस भाषा में हुई इसका लेखा-जोखा कहीं भी प्राप्त नहीं है। मजेदार बात देखिए कि हम पढ़ाते समय पहले यह बतलाते हैं कि यूरोप की किस भाषा में इस विद्या की शुरुआत कब और किन हालातों में हुई। उपन्यास, कहानी, नाटक, एकांकी, स्वच्छंद कविता। नयी कविता, रेखाचित्र, रिपोर्ताज आदि किसी भी विद्या की शुरुआत यूरोप की किस भाषा में कब हुई, इसका हमें पता है, परंतु भारतीय स्तर पर इसकी शुरुआत कब और कैसे हुई इसका हमें कोई पता नहीं है, क्योंकि इस प्रकार का कोई तुलनात्मक अध्ययन ही किसी ने किया नहीं है। मतलब यूरोप खासकर अंग्रेजी साहित्य और उसके बाद सीधे अपनी प्रादेशिक भाषा। इन दोनों के बीच एक जबरदस्त खाई है। यह खाई जब तक हम नहीं पाटेंगे तब तक भारतीय साहित्य की बात हम नहीं कर सकते। इस कारण इस बात की आवश्यकता है कि प्रत्येक भाषा के साहित्य का इतिहास हिंदी में उपलब्ध हो। उस भाषा का जो सबसे प्रामाणिक इतिहास ग्रंथ है, उसका तथा उसकी प्रत्येक विद्या के इतिहास ग्रंथों के अनुवाद जरूरी हैं। बात यहीं पूरी नहीं होती, अपितु प्रत्येक विद्या की अप्रतिम कृतियाँ हिंदी में हों। यह सब अंग्रेजी में संभव है तो फिर हिंदी में क्यों नहीं। बात केवल हिंदी तक सीमित नहीं होनी चाहिए अपितु प्रत्येक भारतीय भाषाओं में इतर भारतीय भाषाओं का सर्वश्रेष्ठ, स्तरीय साहित्य उपलब्ध होना जरूरी है। आज प्रत्येक भारतीय भाषा में संपूर्ण शेक्सपीयर, शॉ, गोर्की उपलब्ध हो सकते हैं तो इसी देश की इतर भाषाओं का उत्कृष्ट साहित्य उपलब्ध क्यों नहीं हो पाता, यह एक प्रश्न है। रवींद्र, शरद और कुछ सीमा तक प्रेमचंद छोड़ दें तो इतर भारतीय भाषाओं के मील के पत्थरों से हम परिचित हैं ऐसा दावा करना शायद ही किसी को संभव हो। इस प्रकार के अनुवादों से तुलनात्मक अध्ययन संभव है और फिर ऐसी तुलना से भारतीय साहित्य की पहचान। इस प्रकार के तुलनात्मक अध्ययन के बाद ही हम यह कह सकते हैं कि भारतीय साहित्य में उपन्यास की

शुरुआत पहले बँगला में हुई, बाद में तमिल में और फिर उसके बाद किसी अन्य भाषा में। मतलब हम अपनी भाषा के साहित्य को भारतीय स्तर पर देखना शुरू कर सकेंगे। तभी हमें पता चलेगा कि भारतीय संदर्भ में हमारी प्रादेशिक भाषा का साहित्य कहाँ खड़ा है। जब किसी विशिष्ट भाषा में विशिष्ट विद्या की शुरुआत हुई है, ऐसा हम कहते हैं तो स्वभावतः हमें उन कारणों की खोज भी करनी पड़ती है कि वहाँ इसकी शुरुआत पहले क्यों हुई और यहाँ बाद में क्यों? यहीं पर हमें उस प्रदेश की सामाजिक, आर्थिक और सांस्कृतिक परिस्थितियों का भी अध्ययन करना पड़ेगा और इससे अपने प्रदेश की उन सारी परिस्थितियों का भी मूल्याँकन करना पड़ेगा। परिणामतः हमारे भाषा साहित्य के मूल्याँकन को भारतीय कैनवस प्राप्त हो सकेगा। और मूल्याँकन की इस प्रक्रिया में हमें अपनी सीमाओं का एहसास होता जायेगा। ऐसा करते समय कई विसंगतियाँ भी स्पष्ट होती जायेंगी। मराठी-हिंदी केवल दो भाषाओं के तुलनात्मक अध्ययन से ही ऐसी विसंगतियाँ स्पष्ट होती जा रही हैं। मराठी प्रदेश को समाज-सुधार तथा प्रबोधन की लंबी परंपरा होने के बावजूद भी मराठी समीक्षा आज भी समीक्षा में कलावादी भूमिका का प्रतिपादन करती है तो दूसरी ओर इस प्रकार की कोई परंपरा न होते हुए भी हिंदी में जनवादी समीक्षा विकसित होती जा रही है। इसके मूल में स्थित कारणों की खोज जरूरी हो जाती है।

समीक्षा के क्षेत्र में तो तो इस प्रकार की तुलना की अत्यधिक आवश्यकता है। संस्कृत नाट्यशास्त्र और उससे उत्पन्न काव्यशास्त्र को हम प्रमाण मान बैठे हैं। क्या द्रविड़ी भाषाओं का अपना कोई काव्यशास्त्र विकसित हुआ था अथवा नहीं? क्या लोक साहित्य के अध्ययन से कोई नयी सौंदर्यदृष्टि या समीक्षा के मानदंड विकसित किये जा सकते हैं अथवा नहीं? किसी एक विद्या की समीक्षा के लिए क्या किसी भाषा के पास उनके अपने मानदंड विकसित हुए हैं अथवा सभी भारतीय भाषाएँ पश्चिमी मानदंडों को ही स्वीकार करती गयी है? 'आत्मकथा' जैसी नयी विद्या के संबंध में भारतीय भाषाओं में कितना कुछ मौलिक विचार हुआ है और उन सभी विचारों को इकट्ठे कर क्या भारतीय मानदंड बनाये जा सकते हैं? विशेषतः कविता के क्षेत्र में विभिन्न भारतीय भाषाओं में जिन मनीषियों ने चिंतन किया है, वह सब क्या अनुवाद द्वारा एक स्थान पर लाया जा सकता है? प्रत्येक भारतीय भाषाओं में मौलिक ऐसी कम-से-कम पाँच पुस्तकें भी प्राप्त हो जायें तो क्या उसके आधार पर भारतीय कविता-चिंतन की परंपरा स्पष्ट करना संभव नहीं हो सकेगा?

बाल-साहित्य के अंतर्गत आज रूसी साहित्य प्रत्येक भारतीय भाषा में उपलब्ध है, परंतु भारतीय भाषाओं में स्थित बाल-साहित्य उपलब्ध नहीं है।

प्रत्येक विद्या के अंतर्गत इस प्रकार के साहित्य की अनुपलब्धि के कारण तुलनात्मक अध्ययन संभव नहीं है। और तुलनात्मक अध्ययन नहीं है, इसलिए भारतीय साहित्य की संकल्पना भी नहीं है। कम-से-कम एम. ए. के स्तर पर भारतीय

साहित्य का एक प्रश्नपत्र क्या अनिवार्य नहीं किया जा सकता? ऐसा कहानी-संकलन जिसमें भारतीय भाषाओं की कहानियाँ संकलित हों, अथवा ऐसा कविता-संकलन जिसमें भारत की प्रातिनिधिक प्रतिभाओं की कविताएँ हों—पाठ्यक्रम में लगाया नहीं जा सकता? अंग्रेजी में 'भारतीय लेखन' का स्वतंत्र प्रश्नपत्र रखा जाता है, पर भारतीय भाषाओं के अध्ययन में ऐसा न हो, इसका आश्चर्य है।

इस प्रकार के तुलनात्मक अध्ययन के अभाव के कारण दो परस्पर-विरोधी तुलनाएँ हम करते रहते हैं। पहली तुलना—अपनी भाषा की किसी श्रेष्ठ कृति को हम विश्व की किसी श्रेष्ठ कृति अथवा कृतिकार से जोड़ देते हैं और उसके साथ की तुलना में अपनी भाषा की या कृतिकार की सार्थकता का अनुभव करते हैं। इसका प्रमाण यह है कि भारत की प्रत्येक भाषा में शेक्सपीयर हैं, कीट्स हैं, बायरन हैं। इस प्रकार की तुलना में हमारे अहं की तुष्टि होती हो परंतु उस कृतिकार या कृति को भारतीय संदर्भ में हम देख नहीं पाते, यह कितनी बड़ी शोकांतिका है! दूसरे प्रकार की तुलना—किसी से भी तुलना न करते हुए हम कृति को या कृतिकार को सर्वश्रेष्ठ घोषित करते हैं, उसे अतुलनीय घोषित कर देते हैं। इन दोनों स्थितियों में कहीं पर भी भारतीय स्तर तक पहुँचकर मूल्यांकन की प्रक्रिया नहीं होती।

वास्तव में भारतीय स्तर पर एक व्यापक साहित्यिक मंच की आज सर्वाधिक जरूरत है। बहुत वर्षों पहले श्री जवाहरलाल नेहरू को भारत की खोज करनी पड़ी थी। वैदिक काल से लेकर आज तक के भारत की खोज करने के बाद ही उनके दिमाग में भारत का एक संश्लिष्ट रूप उभरा था। नेहरू जन्मशताब्दी के अवसर पर हम भारतीय साहित्य-समीक्षा की खोज कर इस साहित्य की वैश्विक स्तर पर पहचान करा पायेंगे क्या यही असली सवाल है!

तुलनात्मक अध्ययन : स्वरूप (1)

□ डॉ. चंद्रभानु सोनवणे

अनुसंधान का कार्य ज्ञान की सीमाओं को विस्तृत करता है। मनुष्य ज्ञान की प्राप्ति तुलना के द्वारा ही प्राप्त करता है। ज्ञान की प्राप्ति का सबसे अधिक सशक्त माध्यम भाषा है। भाषा का ज्ञान भी व्यक्ति मूलतः तुलना के द्वारा प्राप्त करता है। अन्विताभिधानवाद के अनुसार बालक पहले-पहल वाक्य सीखता है। जब किसी बालक की उपस्थिति में कोई व्यक्ति यह कहता है कि 'गाय लाओ' तो श्रोता गाय को सामने ले आता है। उसी श्रोता से वह वक्ता जब यह कहता है कि 'गाय बाँधो' तो वह गाय को खूँटे से बाँध देता है। बालक इन वाक्यों के अर्थ आशयरूप में समझ लेता है और वाक्यों के समान-असमान अवयवों को ध्यान में लाकर 'गाय' का अर्थ समझ लेता है। भर्तृहरि ने अपने वाक्यपदीय में वाक्य की सत्ता को अन्विताभिधान के अनुसार पदों या शब्दों से पहले माना है।[1] कहने का आशय यह है कि भाषाज्ञान को तुलना के द्वारा ही प्राप्त किया जाता है। भाषाज्ञान के समान अन्य ज्ञान भी तुलना पर निर्भर होते हैं।[2]

शोध के क्षेत्र में भी तुलनात्मक शोधकार्य का विशेष महत्त्व है। हिंदी भाषा एवं साहित्य के शोधकार्य में उसका महत्त्व बढ़ता ही जा रहा है। हिंदी भाषा के राष्ट्रभाषा या संपर्क भाषा के नाते अध्ययन और अध्यापन के साथ तुलनात्मक शोध की प्रवृत्ति अहिंदी-भाषी क्षेत्रों में बढ़ती जा रही है। तुलनात्मक शोध में दो पक्षों के बीच तुलना की जाती है। संसार की किन्हीं भी दो वस्तुओं में जहाँ विषमता होती है, वहाँ समता के कुछ-न-कुछ बिंदु अवश्य उपस्थित होते हैं। उदाहरण के लिए संसार की किन्हीं भी दो वस्तुओं में अस्तित्व का गुण समान रूप से विद्यमान होता है। केवल इतनी समता के आधार पर इस प्रकार की दो वस्तुओं को तुलनात्मक शोध का विषय नहीं बनाया जा सकता।

भाषा और साहित्य के क्षेत्र में शोधकार्य करने के लिए दो क्षेत्रों में पारस्परिक

समता, विषमता की अपेक्षा अधिक अपेक्षित है। दूसरे शब्दों में यह कहा जा सकता है कि तुलनात्मक शोध के दो क्षेत्रों में पचास प्रतिशत से अधिक समता अपेक्षित है। इस समता के अभाव में शोधकार्य का स्वरूप ही गड़बड़ा जाता है। यह ठीक उस प्रकार होता है जिस प्रकार कि कहानी की मेंढकी बैल होने के प्रयत्न में, आकार में बैल की समता पाने के प्रयत्न में, पेट फट जाने के कारण नष्ट हो जाती है। हमें इस प्रसंग में उपमान प्रमाण का स्मरण हो आया है। जब कोई आप्त व्यक्ति गवय (नील गाय) के बारे में प्रश्न पूछे जाने पर जिज्ञासु से कहता है कि गवय उस पशु को कहते हैं, जो गाय के समान होता है। इस आप्तवचन के अनुसार जिज्ञासु गवय को देखकर समझ जाता है कि यही पशु गाय के समान होने के कारण गवय है। इसी प्रकार की उपमानता तुलनात्मक शोधकार्य के लिए अपेक्षित होती है।

तुलनात्मक शोध के क्षेत्र में तुलना के मूलभूत क्षेत्रों की समानता तीन कारणों से होती है। मानवीय प्रकृति की एकता के कारण किन्हीं दो क्षेत्रों में समानताएँ आ सकती हैं। भले ये दो क्षेत्र परंपरा या प्रभाव आदि की दृष्टि से परस्पर सर्वथा असंबद्ध हों। समानता का दूसरा कारण एक ही सांस्कृतिक परंपरा की भिन्न-क्षेत्रीय अभिव्यक्तियों में देखी जा सकती है। हिंदी की रीतिबद्ध और रीतिसिद्ध काव्यधाराएँ साहित्य की चली आती हुई शृंगारस परंपरा की उपज हैं। इसलिए उनमें समानताओं का होना स्वाभाविक है। समानता का तीसरा कारण यह है कि दो क्षेत्र परस्पर प्रभाव डालने और प्रभाव ग्रहण करनेवाले हो सकते हैं। हाल, अमरुक आदि प्रभाव डालनेवाले हैं और बिहारी, मतिराम आदि प्रभाव ग्रहण करनेवाले हैं। इन्हें हम पूर्ववर्ती प्रेरणा और परवर्ती प्रभाव के क्षेत्रों के रूप में देख सकते हैं।

दो क्षेत्रों से संबंधित तुलनात्मक शोध का कार्य करनेवाला व्यक्ति एक क्षेत्र से अधिक निकटता का अनुभव कर सकता है। उदाहरण के लिए मैं मराठी-भाषी व्यक्ति हूँ, इसलिए मराठी भाषा एवं साहित्य के प्रति मेरा लगाव स्वाभाविक है। किंतु इसके साथ ही मैं हिंदी भाषा एवं साहित्य का अध्यापक भी हूँ। इसलिए हिंदी का जानकार भी हूँ। यदि मैं मराठी और हिंदी की रचनाओं का शोधकार्य करूँ, तो मुझे पूरी तरह से तटस्थ होकर अपना शोधकार्य करना चाहिए। तभी इस प्रकार के शोधकार्य दो भाषाओं के बीच विद्यमान समान सांस्कृतिक एकता की भावना को पुष्ट कर सकते हैं। 'अविभक्तं विभक्तेषु' की भावना को वृद्धिंगत किया जा सकता है।

तुलनात्मक शोध का कार्य इस प्रकार से प्रस्तुत किया जाना चाहिए कि उसमें बिखराव-सा न रहे। यह तभी संभव हो सकता है, जबकि शोध का कार्य समन्वयात्मक पद्धति से किया जाये। केवल दोनों क्षेत्रों पर पर्यायक्रम से अलग-अलग परिच्छेद लिखने मात्र से यह संभव नहीं है। इसके अतिरिक्त समानता के स्वरूपों को स्पष्ट करते हुए उनके मूल स्रोतों को खोज निकालना चाहिए। इसके साथ ही दोनों क्षेत्रों के अलगाव या वैषम्य को स्पष्ट करना भी आवश्यक हो जाता है।

दो क्षेत्रों का तुलनात्मक अध्ययन करने के लिए शोधकर्ता को दोनों क्षेत्रों का जानकार होना चाहिए। यदि हिंदी और मराठी के आंचलिक उपन्यासों का तुलनात्मक अध्ययन उपस्थित करना हो, तो शोधकर्ता को इन अंचलों की जानकारी होनी चाहिए। केवल शोधकर्ता को ही नहीं, अपितु शोधनिर्देशक को भी निर्देशन के लिए आवश्यक जानकारी इन क्षेत्रों की होनी चाहिए। ऐसी स्थिति में शोधकार्य अधिक निर्दोष रूप में उपस्थित किया जा सकेगा।

शोध के लिए जिन दो क्षेत्रों को तुलनार्थ चुना जाता है, वे क्षेत्र दो भिन्न भाषाओं के साहित्यों के हो सकते हैं। ये क्षेत्र एक ही भाषा के दो कालों, दो धाराओं, दो रचनाकारों आदि के हो सकते हैं। मध्यकाल के अंग रीतिकाल की रीतिबद्ध और रीतिसिद्ध धाराओं की प्रवृत्तियों का अध्ययन किया जा सकता है। हम चाहें, तो एक ही काल के दो कवियों की तुलना कर सकते हैं। सूर और तुलसी के साहित्यों की तुलना विनयभावना आदि की दृष्टि से कर सकते हैं। कभी-कभी एक ही कवि की दो रचनाओं की तुलना की जा सकती है।

हम चाहें तो एक ही रचना के दो भिन्न संस्करणों की तुलना को अपने शोधलेख का विषय बना सकते हैं। जयशंकर प्रसाद के 'आँसू' के संस्करण इस दृष्टि से लक्षणीय हैं। इतना ही नहीं, एक ही रचना के प्रकाशित रूप से उसकी पांडुलिपि की तुलना की जा सकती है। 'कामायनी' की पांडुलिपि ज्यों-की-त्यों प्रसाद के हस्ताक्षरों में छपी हुई उपलब्ध है। इस पांडुलिपि में प्रसाद के द्वारा काटे गये छंद, परिवर्तन, परिवर्धन आदि विद्यमान हैं। इन पर विचार करके प्रसाद के रचनाकर्म के समय के मनोमंथन को समझने का प्रयत्न किया जा सकता है। इस तुलना के द्वारा कलासृजन की प्रक्रिया को समझने में भी सहायता मिल सकती है। हिंदी में इस प्रकार के कार्यों का अभाव है। मराठी में श्री ना. पैंडसे की पांडुलिपियों और प्रकाशित पुस्तकों का सुंदर तुलनात्मक अध्ययन प्रस्तुत किया गया है। मैंने स्वयं एक शोधलेख में कामायनी की पांडुलिपि और कामायनी का अध्ययन प्रस्तुत किया है।

किसी रचना के अनूदित किये जाने के बाद मूल रचना और अनुदित रचना का तौलनिक अभ्यास भी तुलनात्मक शोध के अंतर्गत आता है। कालिदास के 'मेघदूत' के अनेक अुनवाद हिंदी में उपलब्ध हैं। हम चाहें, तो मूल संस्कृत मेघदूत और अनुदित रचनाओं को अपने तुलनात्मक शोध का विषय बना सकते हैं।

तुलनात्मक अध्ययन के क्षेत्र में तुलनात्मक व्याकरण की प्रायः उपेक्षा की जाती रही है। तुलनात्मक अध्ययन के द्वारा हिंदी को समझने का प्रयत्न किया जा सकता है। उदाहरण के लिए हिंदी के व्याकरणों में 'चाहिए' का बहुवचन नहीं होता, ऐसा कह दिया जाता है। किंतु हरियाणवी या कौरवी बोली पर शोधकार्य करनेवालों ने बोली में 'चाहिए' के बहुवचन की ओर निर्देश किया है। व्याकरणिक नियमों की दृष्टि से भी 'चाहिए' का बहुवचन होना चाहिए। मेरी मातृभाषा मराठी में 'चाहिए'

के लिए 'पाहिजे' शब्द का प्रयोग किया जाता है। इस 'पाहिजे' का बहुवचन मराठी में 'पाहिज़ेत' होता है। मैंने इस दृष्टि से 'पाहिजे' ओर 'चाहिए' की तुलना करके अपने एक शोधलेख में उनकी सही व्युत्पत्ति को प्रस्तुत करने का प्रयत्न किया है।[3] दो भाषाओं के व्याकरणों के व्यतिरेकी अध्ययन द्वारा संपर्क भाषा हिंदी को अहिंदी-भाषी प्रदेशों में पढ़ाने के लिए मार्ग निकाला जा सकता है। भारतीय भाषाओं के तुलनात्मक अध्ययन, विशेषतः हिंदी और हिंदीतर भारतीय भाषाओं के तुलनात्मक व्याकरण के अध्ययन हिंदी भाषा के प्रचार-प्रसार के लिए अत्यंत उपयोगी सिद्ध हो सकते हैं।

शोध के क्षेत्र में तुलनात्मक शोध का कार्य किसी एक पक्ष के छोटे या बड़े होने पर केंद्रित नहीं होना चाहिए। हिंदी में देव और बिहारी को लेकर इनमें से कौन बड़ा है, इस विषय को अभिनिवेशपूर्वक साहित्यालोचन के क्षेत्र में उपस्थित किया जाता रहा है। यदि कहीं खंडन या मंडन की आवश्यकता हो, तो भी पूर्वाग्रह से मुक्त रहकर अपनी बात को उपस्थित करना चाहिए। अशिष्टता का यत्किंचित् भी स्पर्श शोधकार्य में नहीं दिखाई देना चाहिए। मैं यहाँ शिष्टता के नाम पर स्पष्टता की बलि चढ़ा देने की बात नहीं कह रहा हूँ। निराधार सर्वकर्मसमभाव सत्यकर्म की प्रेरणा नहीं दे सकता। साधार कर्मवैषम्य की वस्तुनिष्ठ वैज्ञानिक आलोचना अंततोगत्वा उपकारक सिद्ध होती है।

हमने अब तक भाषा एवं साहित्य के क्षेत्र तक सीमित तुलनात्मक शोधकार्य पर विचार किया है। हमें इस प्रसंग में यह नहीं भुला देना चाहिए कि साहित्य एक कला है और यह कलाओं के समानांतर विकसित होती है। हम चित्रकला आदि के परिपार्श्व में साहित्य का अध्ययन कर सकते हैं। कभी-कभी एक ही व्यक्ति चित्रकार और साहित्यकार एक साथ होता है। अभिव्यक्ति की अपूर्णता के लिए अभिशप्त कलाकार अपूर्णता की पीड़ा से प्रेरित होकर एक से अधिक कलाओं को अपनी भावाभिव्यक्ति के लिए अपनाता है। अभिव्यक्ति की अपूर्णता एवं कलाओं के अंतः संबंध के कारण यह संभव होता है। इस प्रकार के अंतःसंबंध के कारण भिन्न कलाओं के माध्यमों से व्यक्त अनुभूतियों का तुलनात्मक अध्ययन कलाओं के स्वरूप को उजागर करने में भी सहायक हो सकता है।

तुलनात्मक शोध के तंत्र की दृष्टि से एक बात की ओर भी ध्यान दिया जाना चाहिए। यह स्वाभाविक है कि तुलनात्मक शोध के साहित्य में अवतरणों की मात्रा कुछ अधिक ही होगी। दो तुलनात्मक अवतरणों को दो स्तंभों में आमने-सामने रखकर भी प्रस्तुत किया जा सकता है। साधारण शोधकार्य में ऐसी स्थिति की संभावना कम होती है। केवल अपवाद रूप में तुलना के प्रसंगों में इस प्रकार के स्तंभों की आवश्यकता हो सकती है।

दो भाषाओं के तुलनात्मक अध्ययन में हिंदीतर भाषा के अवतरणों का अनुवाद

अपेक्षित होता है। पहले ही अनुवाद अपने मूल के साथ विश्वासघात करने के लिए प्रसिद्ध है। इसलिए हिंदीतर भाषा के अवतरण के अनुवाद के साथ-साथ टिप्पणी में उसका मूल रूप देना भी उपयुक्त होता है। कोई भी जानकार आदमी अपने ज्ञान के बल पर तुलना के स्वरूप की युक्तायुक्तता का निर्णय कर सकता है। अनुवाद के इस प्रसंग में यह स्मरण रखना चाहिए कि हिंदी भाषा के शोधप्रबंध में अन्य भाषाओं के अवतरण नागरी में लिप्यंतरित करके ही प्रस्तुत किये जाने चाहिए।

संदर्भ

1. वाक्यपदीय, ब्रह्मकांड, 73
2. मैक्समूलर का कहना है, "ऑ नॉलेज इज गेंड बाय कंपेरिजन एंड रेस्ट्स ऑन कंपेरिजन।"
3. देखिए–'गवेषणा' (जुलाई 1980 ईसवी)

तुलनात्मक अध्ययन : स्वरूप (2)

□ डॉ. मनोरमा शर्मा

अर्थ व स्वरूप

तुलनात्मक साहित्य के विषय में एक स्वतंत्र अध्ययन को मान्यता देना आज भी विवादग्रस्त विषय है। तुलनात्मक साहित्य का भी एक दृष्टिकोण है, एक प्रविधि है और एक तकनीक है। तुलनात्मक साहित्य की प्रवृत्तियाँ अभी भी पूरी तरह स्थिर नहीं हो पायी है। इसके अध्ययन का आरंभ हम इतिहास बोध से करते हैं, किंतु उसकी परिसमाप्ति एक प्रकार के सार्वभौम साहित्येतिहास में होती है।[1]

तुलनात्मक शब्द Compare–का अनुवाद है। Comparative की व्याख्या शब्दकोश में इस प्रकार है : Compare–To bring to gether or side by side in order to note points of difference and more especially likeness to note and express the resemblance between.[2]

तुलनात्मक अध्ययन ही आज तुलनात्मक अनुसंधान का रूप ले चुका है। अर्थतत्त्व की दृष्टि से तीन शब्द हैं–तुलना, अध्ययन व अनुसंधान। अध्ययन व अनुसंधान के बीच एक हलकी-सी विभाजक रेखा है। जहाँ अध्ययन समाप्त होता है वहीं अनुसंधान का प्रारंभ होता है। अध्ययन पर तो साहित्य में अगणित पुस्तकें प्रकाशित हुई हैं। अनुसंधान और शोध की ओर दृष्टि बाद में गयी है। विज्ञान का साथ देता हुआ शोध या 'अनुसंधान' शब्द वैज्ञानिक प्रक्रिया को हमारे मानसपटल पर ला देता है। यदि हम 'तुलना' शब्द की व्यावहारिक व्याख्या करें तो पहले हम दो व्यक्ति, दो ग्रंथ या दो युगीन प्रवृत्तियों के कुछ items तय कर उन्हीं के आधार पर साम्य-वैषम्य व तारतम्य निश्चित कर लेते हैं। कभी-कभी दो तुल्यमान में से एक की अपेक्षा दूसरा प्रधान हो जाता है। यद्यपि वैज्ञानिकता सर्वथा आग्रहों के त्याग पर बल देती है।[3]

श्री वसंत बापट जी ने भी 'तुलना' शब्द की कुछ ऐसी ही व्याख्या की है। श्री बापट के अनुसार 'तुलना या संज्ञेचे अधिक स्पष्टीकरण करावयाचे झाल्यास, साधर्म्य आणि वैधम्य, उद्गम आणि प्रभाव या चार अंगानी घेतलेला शोध असे करता येयोल। ही चार नेहमीच महत्वाची असतील किंवा साख्याच महत्वाची असतील असे नन्हे। किबहुना उपयोजित, तौलनिक साहित्याभ्यासात या चार पैकी कोणते तरी एकच अंग सहसा बलवत्तर असते।'[4]

प्रकृति का यह नियम है कि कोई भी दो वस्तुएँ ठीक एक ही प्रकार की नहीं हो सकती। कुछ-न-कुछ अंतर तो अवश्य ही होगा। इसी प्रकार कोई भी दो वस्तुएँ एकदम इतनी अभिन्न भी नहीं होती कि उनमें कोई-न-कोई समानता ही न मिल सके। शब्दकोश के आधार पर अनुसंधान का शाब्दिक अर्थ है—अन्वेषण, Investigation, search या reserch । इसका अर्थ होता है पाश्चाद्गमन, पीछे लगना, खोज, अन्वेषण, ढूँढ, जाँच-पड़ताल, तलाश, तहकीकात, चेष्टा, प्रयत्न, कोशिश, योजना, खाका।[5]

अनुसंधान का कार्य सत्य की खोज और स्थापना का अनुष्ठान है। इस अनुष्ठान की सिद्धि की चार प्रणालियाँ हैं: विकास क्रम, व्याख्या, तुलना और वर्गीकरण। इनमें से वर्गीकरण शुद्ध प्रक्रिया है जो अनिवार्य होते हुए भी संकल्प के रूप में शीर्षक का आधार नहीं बन सकती। शेष तीनों अनुसंधान की प्रक्रियाएँ भी हैं और तत्त्व भी। इनके आधार पर शीर्षक बनते हैं, जैसे अमुक का उद्भव और विकास, अमुक की विश्लेषणात्मक व्याख्या, अमुक का तुलनात्मक अध्ययन। तुलना जहाँ प्रक्रिया के रूप में प्रत्येक शोधकार्य में अनुस्यूत रहती है, वहाँ वह शोधार्थी का संकल्प बनती है। जब वह संकल्प बनती है तो तुलनात्मक अध्ययन शोध की स्थिति पाता है।[6]

अधिकांशत: उन्हीं को 'तुलना' का आधार बनाया जाता है जिन्होंने उच्चकोटि का काव्य सृजन किया हो। पिछले कुछ वर्षों से तुलनात्मक अनुसंधान की प्रवृत्ति बढ़ रही है। भारत में तुलनात्मक साहित्य के नाम पर दो भाषाओं के साहित्य, दो विचारसारणियों का दो साहित्यों पर प्रभाव तथा दो साहित्यकारों के तुलनात्मक अध्ययन प्रस्तुत किये गये हैं, रसायन-विज्ञान, प्राणी-विज्ञान, वायु उड्डयन विज्ञान और गणित आदि विज्ञानों में Accuracy और सत्य के लिए कदम-कदम पर तुलनात्मक प्रक्रिया का सहारा लिया जाता है। साहित्य में रागात्मिकता और अनुभूति प्रधान होती है और अनुभूतिगत सत्य को हासिल करने के लिए तुलनात्मक अध्ययन निश्चित ही सहायक सिद्ध हो सकता है।[7]

तुलना के लिए तुलना काम्य नहीं। तुलना साध्य नहीं है। वह तो दो साहित्यों, दो साहित्यकारों या दो विधाओं को जानने का साधन है जिससे उनकी विशिष्टता उजागर हो सके। साहित्यिक अनुसंधान की अनेक पद्धतियों—आलोचनात्मक

पद्धति, ऐतिहासिक पद्धति, भाषा वैज्ञानिक पद्धति, समस्यामूलक पद्धति के समान ही तुलनात्मक पद्धति भी एक है जो दूसरों से एकदम अलग न होकर भी कुछ कारणों से दूसरों से भिन्न है। यही सब शायद ध्यान में रखते हुए मेक्समूलर ने कहा था–All higher knowledge is gained by comparison and rests on comparison.[8]

परिभाषा

"'तुलनात्मक साहित्य' साहित्य के समग्र रूप का अंतराष्ट्रीय परिप्रेक्ष्य में अध्ययन करता है। जिसके मूल में यह भावना निहित रहती है कि साहित्यिक सृजन और आस्वादन की चेतना जातीय एवं राजनैतिक, भौगोलिक सीमाओं से मुक्त एक रस और अखंड होती है।"

–रेने वेलेक

"'तुलनात्मक साहित्य' एक राष्ट्र के साहित्य की परिधि के परे दूसरे राष्ट्रों के साहित्य के साथ तुलनात्मक अध्ययन है। यह अध्ययन कला, इतिहास, समाज, विज्ञान, धर्मशास्त्र, आदि ज्ञान के विभिन्न क्षेत्रों के आपसी संबंधों का भी अध्ययन है।"

–हेनरी एच. एच. रेमाक

"साहित्यिक विकास के सामान्य सिद्धांतों का अध्ययन निश्चय ही तुलनात्मक साहित्य का महत्त्वपूर्ण अंग है।"

–पासनेट

"'तुलनात्मक साहित्य' में विभिन्न भाषाओं में लिखित साहित्यों अथवा उसके संक्षिप्त घटकों की साहित्यिक तुलना होती है और यही उसका आधार तत्त्व है।"

–क्लाइव स्काट

"तुलना और विश्लेषण आलोचक के प्रमुख औजार हैं। मूल्यांकनपरक आलोचना की श्रेष्ठता को मापने के लिए तुलनात्मक पद्धति का लाभ उठाती है।"

–टी. एस. एलियट

"'तुलनात्मक साहित्य' एक प्रकार का अंतःसाहित्यिक अध्ययन है जो अनेक भाषाओं को आधार मानकर चलता है और जिसका उद्देश्य होता है–अनेकता में एकता का संधान।"

–डॉ. नगेन्द्र

"एक की अपेक्षा अधिक साहित्यों का तुलना की सहायता से किया गया अध्ययन।"

–वसंत बापट

"'तुलनात्मक साहित्य' विभिन्न साहित्यों का तुलनात्मक अध्ययन है तथा साहित्य के साथ ज्ञान के दूसरे क्षेत्रों का भी तुलनात्मक अध्ययन है।"

–इंद्रनाथ चौधरी

'तुलनात्मक साहित्य' एक प्रकार का अतःसाहित्यिक अध्ययन है जो अनेक भाषाओं को आधार मानकर चलता है और जिसका उद्देश्य होता है अनेकता में एकता का संधान। रवींद्रनाथ टैगोर की विश्व साहित्य विषयक अवधारणा के अनुसार विश्व साहित्य, सार्वभौम दृष्टिकोण और तुलनात्मक साहित्य का मानो लक्ष्य एक ही है।

विकास-क्रम

'तुलना' करना या किसी एक की तुलना में अन्य को श्रेष्ठ मानना पुरानी प्रक्रिया है। तुलनात्मक साहित्य अंग्रेजी, फ्रांसीसी अथवा जर्मन साहित्य के स्वतंत्र अध्ययन के बाद विकसित हुआ है जो भारतीय साहित्य से निश्चित ही पहले का है। 'तुलनात्मक साहित्य' को लेकर भी विद्वानों में विवाद रहा है। वोसवेल ने इसे तुलनात्मक व्युत्पत्ति नाम दिया तो फ्लेचर (जर्मनी) ने 'साहित्य का तुलनात्मक विज्ञान' शब्द का प्रयोग किया। पासनेट और प्रो. लेन कूपर ने तुलनात्मक साहित्य शब्द को ही स्थायित्व प्रदान किया। तुलनात्मक अध्ययन को लेकर पाश्चात्य साहित्य को तीन क्षेत्रों में विभक्त किया जा सकता है :

1. अमरीकी स्कूल
2. पेरिस जर्मन स्कूल
3. रूसी स्कूल

अमरीकी स्कूल

अमरीकी स्कूल के विद्वान् तुलनात्मक साहित्य के अंतर्गत ज्ञान के विविध क्षेत्रों के बीच साहित्य के संबंधों को स्वीकार करने के साथ-साथ साहित्यालोचन को भी तुलनात्मक अध्ययन का महत्त्वपूर्ण अंग स्वीकार करते हैं। सन् 1886 में एच. एम. पोजनेट ने अपने 'कम्पेरेटिव लिटरेचर' ग्रंथ में यह प्रगट किया कि तुलना करना मनीषी और समीक्षक का परंपरागत कार्य रहा है। 1910 में प्रख्यात अमरीकी तुलनाशास्त्री एफ. डब्ल्यू. चैडलर ने सिनसिन्नाट विश्वविद्यालय में तुलनात्मक साहित्य के प्रोफेसर नियुक्त हो जाने के बाद अपने पहले ही भाषण में तुलनात्मक साहित्य का पूर्ववृत्त प्रस्तुत किया।

अमरीकी तुलनावाद का स्वरूप निर्धारण रेने वेलेक, हेरी लेविन और डेविड मेलोन जैसे विद्वानों द्वारा किया गया है, इसलिए वह समानताओं, मूल अभिप्रायों, शैलीगत तत्त्वों, काव्य विधाओं, आंदोलनो और परंपराओं के तुलनात्मक अन्वेषण को प्रोत्साहन देता हुआ इस प्रक्रिया में साहित्यिक रचना के कलात्मक वैशिष्ट्य का उद्घाटन करता है।[9] रेने वेलेक के अनुसार साहित्य के इतिहास के लिए तथ्यों का चयन भी अपने आपमें एक आलोचनात्मक क्रिया है, वह मूल्यांकनपरक भी है। 1908 में स्पिगार्न ने 'इंगलिश क्रिटीकल एसेज ऑफ द सेवेंटींथ सेंचुरी' तथा रेने

वेलेक ने 'माडर्न क्रिटिसिज्म' ग्रंथों में तुलनात्मक सामग्री प्रस्तुत की। ग्रीक और हिब्रू साहित्य के तुलनात्मक अध्ययन पर राबर्ट लोथ का परम उपादेय ग्रंथ 'यूरोपियन लिटरेचर एंड द लेटिन मिडिल एजेज' काफी विवाद के बावजूद भी शिक्षा जगत् में लोकप्रिय हुआ।

शिक्षातंत्र में तुलनात्मक साहित्य का प्रवेश सबसे पहले अमरीका के विश्वविद्यालयों में बीसवीं शती में हुआ। सर्वप्रथम कारनेल विश्वविद्यालय में तुलनात्मक साहित्य के स्वतंत्र विभाग की स्थापना हुई। यद्यपि उसके अध्यक्ष प्रो. लेन कूपर ने इस नामकरण को स्वीकार नहीं किया। अमरीका के हार्वर्ड, येल, प्रिंसटन, शिकागो, वोस्टन और फिलाडेलफिया आदि विश्वविद्यालयों ने बड़ी तत्परता दिखायी। इंगलैंड के ड्राइडन और डॉ. जानसन ने भी बहुभाषीय तुलनात्मक विवेचन प्रस्तुत किये हैं।

पेरिस जर्मन स्कूल

पेरिस जर्मन स्कूल के अंतर्गत फ्रांसीसी विद्वान् तथ्यात्मक संपर्कों और दस्तावेजों के विश्लेषण पर ज्यादा बल देते हैं। इस विचार का सूत्रपात गोइथे ने जर्मनी में उन्नीसवीं शती के प्रथम चरण के दौरान किया था। इसकी पहली पत्रिका 'रिब्यू द लितरेत्यूर कंपरी' फ्रांसीसी भाषा में पेरिस विश्वविद्यालय की ओर से प्रकाशित हुई। कारे ने तुलनात्मक साहित्य को साहित्येतिहास का एक भाग कहा। आधुनिक आलोचक पीशवाज तथा रूसो ने तुलनात्मक साहित्य के क्षेत्र में साम्य या वैषम्यमूलक तुलना तथा प्रभाव के सूत्रों के अध्ययन का प्रसार करते हुए संश्लेषणात्मक दृष्टि को स्वीकार किया। फ्रांसीसी तुलनावाद के धुरंधर विद्वान सारवोन विश्वविद्यालय के रेने एतिएम्बिल के परिवर्तित दृष्टिकोण ने इस प्रक्रिया को अधिक सुविधाजनक बनाते हुए अनछुए क्षेत्रों की ओर आकर्षित किया। वहाँ साम्य-वैषम्य की दृष्टि से प्रस्तुत अध्ययन महत्त्वपूर्ण एवं काफी सफल रहे हैं।[10]

फ्रांस के बुवलो व सैत ब्यूव, जर्मनी के गोइथे व श्लेगल ने भी बहुभाषीय तुलनात्मक अध्ययन किये हैं। ज्यान एतिएम्बल तथा पेरिस-जर्मन स्कूल के अन्य लोगों ने विभिन्न साहित्यों के आपसी संबंधों, प्रभाव-सूत्रों, आदान-प्रदान तथा रूपांतरों का अध्ययन किया है। इनके अनुसार तुलनात्मक अध्ययन अंतर्राष्ट्रीय संबंधों का इतिहास भी है।

रूसी स्कूल

तुलनात्मक अध्ययन के क्षेत्र में रूसी स्कूल का भी महत्त्व कम नहीं है, इसलिए रूसी तुलनात्मक साहित्य का एक स्वतंत्र स्कूल ही बन गया है। इस स्कूल के विद्वानों के लिए यह तुलनात्मक साहित्य एक सार्विक साहित्यिक संवृत्ति (Phenomena) का सार संग्रह है जो विभिन्न देशों के जनसमूह के सामाजिक जीवन के ऐतिहासिक

विकास पर निर्भर है। दूसरे शब्दों में, इनके अनुसार तुलनात्मक अध्ययन के अंतर्गत साहित्यिक विधाओं, आंदोलनों, प्रकारों तथा सार्विक साहित्यिक संवृत्ति का अध्ययन होता है। विद्वान झुरमनस्की के अनुसार समाज साहित्य का आवश्यक अद्यःस्तर है तो साहित्य संयोग से उसकी अधिरचना है। इसलिए कला और साहित्य का विकास सामाजिक ऐतिहासिक विकास के समानांतर होता है।

यूनान के प्रायः सभी प्रसिद्ध आलोचक अरस्तू, लौंजाइनस, दिमेत्रियाद आदि आरंभ से ही कवियों, नाटककारों का तुलनात्मक अध्ययन करते रहे हैं। लातीनी भाषा के होरेस ने अपने ग्रंथ 'आर्स पोइतिका' में यूनानी व लातीनी भाषाओं का तुलनात्मक साहित्य अधिक लोकप्रिय नहीं हो सका, जबकि अध्ययन उन्नीसवीं सदी से ही आरंभ हो गया था। इन सभी संप्रदायों ने तुलनात्मक साहित्य की व्याख्या करते हुए उसकी अनेक विशेषताओं का उल्लेख किया है।

इस सबसे हम इस निष्कर्ष पर पहुँचते हैं कि तुलनात्मक साहित्य एक स्वतंत्र विषय है जिसमें विभिन्न भाषाओं में रचित साहित्यों की एक संपूर्ण इकाई के रूप में व्यापक पहचान की और अधिक संभावना बनती है। यह काम विभिन्न भाषाओं में रचित साहित्यों की मानवीय ज्ञान और विशेष रूप से कलात्मक तथा वैचारिक क्षेत्रों के साथ तुलना से ही संभव हो सकता है।[11]

भारतीय दृष्टिकोण

वैसे तुलनात्मक अध्ययन पहले भी होता ही था। संस्कृत में कालिदास और दंडी की तुलना हिंदी में सूर, सूर तुलसी शशि, देव और बिहारी की तुलना की जनश्रुतियाँ प्रसिद्ध हैं। आनंदवर्धन और कुंतक ने भी संस्कृत और प्राकृत के कवि नाटककारों का सूक्ष्म गहन तुलनात्मक विवेचन प्रस्तुत किया है। देव और बिहारी की तुलना को लेकर जो पेंतरेबाजियाँ हुईं, बुद्धि तूणीर से जो तीर चलाये गये उनसे हम पूर्ण परिचित हैं। पर किसी ने इन सारे प्रपंचों को तुलनात्मक अध्ययन जैसी गुरु विशिष्ट संज्ञा से अभिहित नहीं किया। पर अब यह शब्द एक विशिष्ट अर्थ से समन्वित हो गया है। शोधार्थियों ने तुलनात्मक शब्द को अपने क्षेत्र में लाकर एक नये रंग में रंग दिया है। यह शब्द इतना व्यापक होता जा रहा है कि तुलनात्मक शोध की एक नयी पलटन खड़ी होने जा रही है।[12]

बीसवीं सदी में तुलनात्मक दृष्टि प्राप्त होते ही भारतीय विद्वानों का रुझान तुलना के लिए भारतीय भाषाओं के स्थान पर अंग्रेजी साहित्य के प्रति ही केंद्रित रहा। सन् 1924 में माइकेल मधुसूदन दत्त ने अपने एक मित्र को पत्र में लिखा था कि वाल्मीकि, व्यास, कालिदास, होमर, वर्जिल, दांते, टेसो तथा मिल्टन के अलावा मैं किसी दूसरे कवि की कविता नहीं पढ़ता हूँ। बंकिमचंद्र चट्टोपाध्याय ने 'शंकुतला-मिरांडा और डेसडोमना' शीर्षक निबंध लिखा था तथा बायरन और शेली

की कविताओं के साथ वैदिक ऋचाओं की तुलना की थी जिसके फलस्वरूप तुलनात्मक अध्ययन का प्रसार हुआ।

क्या यह विस्मय की बात नहीं कि ऐशियायी भाषाओं के साहित्य पर तुलनात्मक विवेचन भारतीय विद्वानों के स्थान पर सबसे पहले यूरोपीय विद्वानों ने शुरू किया।[13]

यह सर्वविदित है कि यूरोपीय विद्वानों ने सर्वप्रथम भारतीय तुलनात्मक साहित्य की नींव रखी। रावर्ट काल्डवेल ने तुलनात्मक व्याकरण लिखा तो अलवर्ट वेवर ने संस्कृत ड्रामा पर यूनानी प्रभाव की छानबीन की। मेक्समूलर ने संस्कृत और यूनानी साहित्य की बात की और इससे विश्व साहित्य के प्रति एक स्वस्थ दृष्टिकोण का प्रसार हुआ। भारतीय विश्वविद्यालयों में भी तुलनात्मक साहित्य के प्रति रुचि जाग्रत् हुई। सर्वपल्ली राधाकृष्णन ने 1936 में आक्सफोर्ड में 'ईस्टर्न रिलीजंस एंड वेस्टर्न थाट' विषय पर भाषण देकर तुलनात्मक दर्शन और धर्म के प्रति रुचि जगायी।

भारत में जादवपुर विश्वविद्यालय की जनक संख्या 'राष्ट्रीय परिषद्' ने रवींद्रनाथ टैगोर को सन् 1906 में तुलनात्मक साहित्य पर विशेष भाषण देने के लिए निमंत्रित किया था।.....उन्होंने एक उत्तम निबंध पढ़ा और अपनी अप्रतिम शैली में इस विषय को 'विश्वसाहित्य' नाम दिया। अपने भाषण की शुरुआत करते हुए रवींद्र ने कहा था—'आपका आग्रह है कि मैं उस विषय की चर्चा करूँ जिसे आपने तुलनात्मक साहित्य नाम दिया है। मैं उसे बँगला में 'विश्वसाहित्य' कहना चाहूँगा।'[14]

भारतीय विश्वविद्यालयों में तुलनात्मक अध्ययन अभी प्रारंभिक स्थिति में है। एकमात्र विश्वविद्यालय जादवपुर विश्वविद्यालय में बी. ए., एम. ए., एम. फिल., पी-एच. डी. सभी स्तरों पर तुलनात्मक अध्ययन की व्यवस्था है। मुंबई में 1975 से इसका प्रथम विभाग है तथा एम. ए. में भी तुलनात्मक साहित्य के दो वैकल्पिक प्रश्नपत्र रखे गये हैं। दिल्ली, अन्नामले तथा अन्य विश्वविद्यालयों में भी अब प्रावधान हो चुका है। इस प्रकार व्यावहारिक कठिनाइयों के बावजूद धीरे-धीरे तुलनात्मक साहित्य का प्रसार हो रहा है।

1949 में कोलकाता विश्वविद्यालय में काबुल विश्वविद्यालय के जर्मन प्रोफेसर रेल्फ हेन्केल ने तुलनात्मक साहित्य पर तीन भाषण दिये थे। जिनमें प्रो. हेन्केल ने विस्तारपूर्वक तुलनात्मक साहित्य की प्रविधि पद्धति पर विचार-विमर्श करते हुए विभाग के लिए एक पाठ्यक्रम भी सुझाया था। इसके परिणामस्वरूप मदुराई और कोलकाता विश्वविद्यालयों के एम. ए. के पाठ्यक्रम में तुलनात्मक साहित्य के प्रश्नपत्र भी सुझाये गये और बाद में मुंबई और दिल्ली विश्वविद्यालय में भी ऐसा ही हुआ।

राष्ट्रीय साहित्य की संकल्पना को लेकर श्री वसंत बापट कहते हैं—एक की

अपेक्षा अधिक साहित्यों का अध्ययन से यहाँ तात्पर्य है—भाषागत भिन्नता। जैसे मराठी साहित्य, बगँला साहित्य, हिंदी साहित्य, अंग्रेजी साहित्य आदि, परंतु भिन्नता एक भाषिक साहित्य में भी हो सकती है जैसे इंगलैंड, कनाडा, आस्ट्रेलिया आदि राष्ट्रों में अंग्रेजी का साहित्य। भाषिक एकता के कारण इस साहित्य को एक नहीं माना जा सकता। राष्ट्रीय गुण-धर्मों की विशिष्टताओं के कारण विभिन्न राष्ट्रों के साहित्य को हम भिन्न-भिन्न स्वीकारते हैं। कतिपय समान गुण-धर्मों का श्री बापट ने राष्ट्रीय वैशिष्ट्य नाम दिया है। राष्ट्रीय स्वभाव के विषय में बनी लोकधारणाएँ निराधार नहीं है इसलिए फ्रेंच स्पिरिट, जर्मन स्पिरिट, टिपिकल इंगलिश, मराठी और, बँगला भावुकता आदि गुण-धर्म का साहित्य में विरुद गान चलता ही रहता है। तुलनात्मक साहित्यिक अनुसंधान का महत्त्वपूर्ण अंश यह है कि राष्ट्रीय साहित्य की परंपराओं की तुलना करके उनमें निहित साम्य-वैषम्य की जानकारी प्राप्त कर लें।[15]

पंचतंत्र और हितोपदेश जैसी लोककथाओं पर ध्यान दिया जाय तो पता चलता है कि इनके पीछे विश्व के कथा साहित्य की एक धारा बहती हुई चली गयी है जिसका मूल स्रोत भारत में बताया जाता है।[16] भारत की सर्व भाषाओं के कहानी, उपन्यास, एकांकी, जीवनी साहित्य आदि के तुलनात्मक अध्ययन द्वारा भारत की सर्वभाषा सरस्वती की पहचान हो सकेगी।[17] जहाँ संविधान भाषायी सहयोग की बात करता है तो तुलनात्मक अनुसंधान साहित्यिक सहयोग को बल प्रदान करता है। यह साहित्यिक परिवार विदेशी शासन में अपनी पहचान खो बैठा था। इसकी मूलवर्ती एकता का सम्यक् अनुसंधान होना अभी बाकी है। इसके लिए निस्संग भाव से सत्य शोध पर दृष्टि केंद्रित करते हुए भारत के विभिन्न साहित्यों में विद्यमान समान तत्त्वों एवं प्रवृत्तियों का विधिवत् अध्ययन पहली आवश्यकता है।[18]

भारत अनेक भाषाओं का विशाल देश है और गुण व परिमाण में सभी का अपना समृद्ध साहित्य है। भारतीय भाषाओं का संकलित साहित्य संपूर्ण यूरोपीय वाङ्मय से कम नहीं है। इन सभी में अपनी-अपनी विशिष्ट विभूतियाँ हैं। इनका साहित्यिक रिक्त समान है तथा इनका पार्थक्य आत्मा का नहीं है। इनमें व्याप्त ज्ञान सागर से भी गहरा, हिमालय से भी ऊँचा और ब्रह्म से भी सूक्ष्म है। इनका तुलनात्मक अध्ययन करके कितनी ही लुप्त कड़ियों को खोजा जा सकता है तथा भारतीय चिंताधारा की चेतना की अखंड एकता का अनुसंधान हो सकता है।

महत्त्व

तुलनात्मक साहित्य मात्र साम्य-वैषम्य प्रगट करने वाली तुलना भर नहीं है। यह तो साहित्य-विशेष को पृष्ठभूमि प्रदान करने वाली, सामूहिक प्रवृत्तियों के संधान द्वारा मानवीय कार्यकलाप के अन्य क्षेत्रों के पारस्परिक संबंध से अवगत भी कराती है। वस्तुतः सर्वोत्कृष्ट साहित्य अर्थात् गौरव-ग्रंथों में देशकाल से परे तुलनात्मक अध्ययन

द्वारा कुछ ऐसी विशिष्टताएँ व संबंध-सूत्र प्रगट होते है जिन पर हमारा ध्यान ही नहीं जाता। इन गौरव-ग्रंथों पर पड़ने वाले देशज प्रभाव, उपलब्धियों का पाठालोचन, उस कृति का उत्स, प्रभाव-प्रतिक्रिया, व्यक्तिगत दृष्टिकोण आदि का अध्ययन वैज्ञानिक प्रक्रिया द्वारा किया जाता है।[19]

1. तुलनात्मक अध्ययनों के द्वारा ऐसी विशेषताएँ उजागर होती हैं जो सामान्य अध्ययन से संभव नहीं। 2. नवीन संदर्भ नवीन रूप में प्रगट होते हैं। 3. भाषा और साहित्य का गहन संबंध स्थापित होता है। 4. इसके द्वारा मशीन ट्रांशलेशन में सहायता मिलती है। 5. पारस्परिक आदान-प्रदान द्वारा भाषाओं और साहित्यों के क्षितिज विस्तृत होते हैं। 6. तुलनात्मक अध्ययन पूर्वाग्रहों से मुक्ति दिलाता है। 7. एक ही देश की विविध इकाइयों को परस्पर निकट आने को प्रोत्साहन मिलता है।[20]

तुलना के बिना अनुसंधान पूर्ण नहीं हो पाता। तुलनात्मक अनुसंधान द्वारा कृति या कृतिकार में सत्यान्वेषण करके निष्कर्षों का नवनीत निकाला जाता है अतः तुलनात्मक अनुसंधान मनुष्य के विचारों, भावों और सामजिक चेतना का दर्पण है। साहित्य के सम्यक् अनुशीलन में तुलनात्मक दृष्टि महत्त्वपूर्ण भूमिका अदा करती है।

शायद इसी को दृष्टिपथ में रखते हुए बहुत पहले कुँवर चंद्रप्रकाश जी ने कहा था कि 'मैं हिंदी के स्नातकोत्तर पाठ्यक्रम के अधिक संपन्न बनाने की आवश्यकता अनुभव करता हूँ। इस दिशा में मैं अनुभव करता हूँ कि हमारे एम. ए. के पाठ्यक्रम में अंतर्प्रांतीय साहित्यों के तुलनात्मक अध्ययन को स्थान मिलना चाहिए। ऐसा होने से स्नातकोत्तर कक्षाओं के छात्रों की दृष्टि उन्मुक्त होगी और आगे चलकर उन्हें शोध के लिए भी विषयों का अभाव नहीं रहेगा। तुलनात्मक अध्ययन से हम इस निष्कर्ष पर पहुँचते हैं कि हम कितना झूठा दंभ करते हैं कि केवल हमारी भाषा का साहित्य ही श्रेष्ठ है। प्रायः सभी भाषाओं के साहित्यों के बीच एक ही वैचारिक भावनात्मक सरिता प्रवाहित है। तुलनात्मक अध्ययन की यही क्या कम उपलब्धि है।[21]

कुछ विद्वानों के अनुसार तुलनात्मक पद्धति ही साहित्य परिशीलन की सच्ची पद्धति है। जैसे सामना होने पर ही वीरों की वास्तविक वीरता का परिचय मिलता है और तुलना करने से ही जान पड़ता है कि विषय-विशेष का वर्णन करने में कौन कहाँ तक समर्थ हुआ है।[22] तुलनात्मक अध्ययन व्यक्तित्व, मानसिक प्रक्रिया, सामाजिक, राजनैतिक एवं सांस्कृतिक स्थिति पर भी सारगर्भित ज्ञानोन्मेषक प्रकाश डाल सकता है। तुलनात्मक अध्ययन चाहे तो पत्थर को छूकर सोना बना दे, यह कोई कम महत्त्व की बात नहीं है।

संदर्भ

1. रवींद्रनाथ श्रीवास्तव, तुलनात्मक साहित्य समाकलन, अंतराष्ट्रीय साहित्य मंच, नेशनल पब्लिशिंग हाउस, नयी दिल्ली, संस्करण 1984
2. आक्सफोर्ड डिक्शनरी, पृ. 223
3. डॉ. देवराज उपाध्याय, साहित्य एवं शोध–कुछ समस्याएँ, पृ. 151, अनुपम प्रकाशन जयपुर, संस्करण 1970
4. वसंत बापट, तौलनिक साहित्याभ्यास, पृ. 23, मौज प्रकाशन गृह अंतर भारती, मुंबई
5. हिंदी शब्द सागर, प्रथम भाग, पृ. 220
6. डॉ. विजयपाल सिंह, हिंदी अनुसंधान, पृ. 260, राजपाल एंड संज, दिल्ली, संस्करण 1978
7. डॉ. देवराज उपाध्याय, साहित्य शोध के सिद्धांत और समस्याएँ, पृ. 28, सरस्वती पुस्तक सदन, आगरा, संस्करण 1967
8. डॉ. विजयपाल सिंह, हिंदी अनुसंधान, पृ. 257
9. नरेश गुह, तुलनात्मक साहित्य समाकलन, सं. नगेंद्र, पृ. 30
10. वही, पृ. 30
11. डॉ. इंद्रनाथ चौधुरी, तुलनात्मक साहित्य की भूमिका, नेशनल पब्लिशिंग हाउस, दिल्ली, पृ. 11, संस्करण 1983
12. डॉ. देवराज उपाध्याय, साहित्य एवं शोध–कुछ समस्याएँ, पृ. 149
13. डॉ. इंद्रनाथ चौधुरी, तुलनात्मक साहित्य की भूमिका, पृ. 36
14. नरेश गुह, तुलनात्मक साहित्य समाकलन, सं. नगेंद्र, पृ. 24
15. वसंत बापट, तुलनात्मक साहित्य समाकलन, सं. नगेंद्र, पृ. 42
16. डॉ. देवराज उपाध्याय, साहित्य शोध के सिद्धांत और समस्याएँ, पृ. 26
17. वही, पृ. 28
18. डॉ. नगेंद्र के सर्वश्रेष्ठ निबंध, पृ. 70
19. टी. जी. मयंकड, तुलनात्मक साहित्य समाकलन, सं. नगेंद्र, पृ. 68
20. डॉ. विजयपाल सिंह, हिंदी अनुसंधान, पृ. 260
21. वही, पृ. 265
22. माधुरी, 11 दिसंबर 1936, पृ. 65

तुलनात्मक अध्ययन : समस्याएँ (1)

□ डॉ. प्रेमशंकर

भारतीय समाज की विविधता तुलनात्मकता अनुसंधान के क्षेत्र में कई प्रकार की कठिनाइयाँ प्रस्तुत करती है। एक प्रकार से यह चुनौती-भरा विषय है। पर सांस्कृतिक आदान-प्रदान और सही संवाद के लिए यह अनिवार्य है कि इस दिशा में निरंतर सक्रियता बनी रहे। पहले धर्म एक माध्यम था जो भारत को किसी सीमा तक जोड़ता-गूँथता था। मध्यकालीन आंदोलन पूरे देश की चेतना पर अपना प्रस्ताव छोड़ता है और सभी भाषाओं में एक नयी रचनात्मक सक्रियता दिखायी देती है। धर्म के बंधन शिथिल होने पर, सामंती समाज किसी ऐसे विकल्प की खोज नहीं कर पाया जिसके सहारे भारतीय मानस को बाँधा जा सके। परिणाम यह होता है कि राजनीतिक पराभव के साथ, समाज में सांस्कृतिक विशृंखलता भी आती है। भारतीय नवजागरण और स्वतंत्रता संघर्ष में यह प्रयत्न किया गया कि सांस्कृतिक संवाद स्थापित हो। इसके लिए स्वतंत्रता की भावना के साथ, राष्ट्रभाषा की बात भी की गयी।

तुलनात्मक अनुसंधान कई दृष्टियों से महत्त्वपूर्ण है। यहाँ हम उस सामाजिक, सांस्कृतिक चेतना को इतिहास की पीठिका में देखते-समझते हैं जिसने पूरे देश को प्रभावित किया। पर स्थानीय स्थितियों की भी उसमें भूमिका है। दक्षिण में भक्ति का दार्शनिक आधार पुष्ट है, जबकि उत्तर में उसका भावनात्मक पक्ष अधिक सक्रिय। यही स्थिति पूर्वांचल की है। महाराष्ट्र में निर्गुण को कहीं अधिक प्रश्रय मिला। आधुनिक युग के प्रारंभ में नवजागरण का स्वर समझौतावादी था, कई बार असमंजस्य जैसा भी, पर धीरे-धीरे हम अधिक मुखर होते हैं। सामाजिक यथार्थ के दबावों में प्रगतिशील दृष्टि का विकास होता है और तब रचना अधिक जुझारू बनती है। इस प्रकार भारतीय समाज के बदलते स्वरूप में तुलनात्मक अनुसंधान का कार्य सही इतिहास-बोध की माँग करता है और इसकी अपनी कठिनाइयाँ हैं।

भारतीय साहित्य के संदर्भ में तुलनात्मक अनुसंधान की चर्चा कई कारणों से अधिक प्रासंगिक है। तथाकथित आधुनिकतावादी दबाव भारत जैसे अर्धविकसित समाजों में कई बार पुराने साम्राज्यवाद के नये संस्करण रूप में दिखायी देते हैं। टिप्पणी की जाती है कि भारतीय बुद्धिजीवी देश एवं विदेश में अधिक रूचि लेता प्रतीत होता है। अंग्रेजी में 'इंटरनेशनल' और 'यूनिवर्सल' दो शब्दों का प्रयोग होता है, जिसमें दूसरा शब्द रचना के लिए अधिक उपयोगी है क्योंकि उससे विश्वदृष्टि का बोध होता है। पहला एक छद्म भी हो सकता है, जिसकी व्यावसायिक ध्वनियाँ हो सकती हैं। भारत में तुलनात्मक अध्ययन में सबसे बड़ी बाधा भाषा की जानकारी है और किसी सही सांस्कृतिक परिवेश के अभाव में विनिमय अथवा आदान-प्रदान की प्रक्रिया में पूरी गति नहीं आ सकी है। इसे पार कैसे किया जाय, यह अहम सवाल है। भाषाओं के मेल-जोल के कुछ प्रयत्न हुए हैं, पर वे पर्याप्त नहीं हैं क्योंकि राजनीतिक समीकरण उलझे हुए हैं। त्रिभाषा सिद्धांत भी सक्रिय नहीं हो सका। ऐसी स्थिति में कम-से-कम यह प्रयत्न तो किया ही जा सकता है कि हिंदी स्नातकोत्तर कक्षाओं में तथा शोधार्थियों के लिए हिंदी के अतिरिक्त एक अन्य भारतीय भाषा की अनिवार्य शिक्षा की व्यवस्था हो। फिलहाल भाषा-संबंधी कठिनाई को द्विभाषा अथवा अनेक भाषा शब्दकोशों के सहारे पार करना होगा। अनुवाद की प्रक्रिया तेज करनी होगी।

यदि रचना के इतिहास पर दृष्टि डालें तो वैविध्य के बावजूद इतिहास और सामाजिक परिवेश ने भारतीय मानस को लगभग समान रूप से प्रभावित किया है, यद्यपि स्थानीय दबाव भी रहे हैं, पर वे इतना भारवर नहीं हो पाये कि महत्त्वपूर्ण रचनाओं के भावबोध की छोटी भौगोलिक सीमा से बाँध दें। हाँ, लोक साहित्य में स्थानीय प्रभाव निश्चित रूप से अधिक सक्रिय ओर प्रभावी है। इसलिए फिलहाल लोक साहित्य के तुलनात्मक अध्ययन के लिए उपबोलियों की रचनाशीलता का चुनाव करना अधिक उपयोगी होगा। फिर इन सबको मिलाकर पूरे वृत्त को देखा-परखा जा सकता है।

तुलनात्मक अध्ययन के साथ न्याय कर सकने के लिए सबसे आवश्यक है परिवेश की सही समझ। पर यह कार्य पृष्ठभूमि अथवा प्रक्रिया के रूप में अलग से करके उसे पूर्णता नहीं दी जा सकती। सामाजिक दबाव किसी रचना के गहरे स्तर पर प्रभावित करते हैं, पर उसकी प्रक्रिया संश्लिष्ट होती है। समाज की पटलें होती हैं और सामाजिक यथार्थ की स्थिति द्वंद्वात्मक होती है। कई बार संक्रमणकाल जैसा परिवेश भी कि दृश्य स्पष्ट नहीं होते जैसे सामंती समाज और पूँजीवाद के बीच लटके हुए। यथार्थ की पहचान ऊपर-ऊपर तैरकर नहीं की जा सकती, उसे उसकी समग्रता में जानना होगा। सार्थक रचनाएँ विवरणों में रुचि नहीं लेतीं, कई बार संकेतों में भी अपनी बात कहती हैं। भारतीय काव्यशास्त्र में जिसे लक्षणा, व्यंजना कहा गया है

और ध्वनिकाव्य का महत्त्व स्वीकारा गया है। श्रेष्ठ रचनाकार परिवेश को प्रक्षेपित करते हुए उसे नकारते भी हैं, उससे असंतुष्ट दिखायी देते हैं। वे बेहतर समाज की कल्पना करते हैं, जिसे हम उनका 'विजन' अथवा दिवास्वप्न कह सकते हैं, जो सार्वभौम होता है। कलयुग वर्णन है, तुलसी का मध्यकालीन यथार्थ और रामराज्य है, कवि का दिवास्वप्न। कामायनी के संघर्ष और आनंद सर्ग में भी यही स्थिति है। मुक्तिबोध जैसे प्रतिबद्ध कवि की पंक्तियाँ विचारणीय हैं। समय का निर्मम यथार्थ है : पिस गया वह भीतरी औ' बाहरी/दो कठिन पाटों बीच/कैसी ट्रेजिडी है नीच। कवि का दिवास्वप्न है : अब अभिव्यक्ति के सारे खतरे उठाने ही होंगे/तोड़ने होंगे ही मठ और गढ सब/पहुँचना होगा दुर्गम पहाड़ों के उस पार/तब कहीं देखने मिलेंगी बाँहें/जिसमें कमल रहता। अरुण कमल एक/ले जाने उसको धँसना ही होगा/झील के हिम-शीतल सुनील जाल में/चाँद उग आया है। गलियों की आकाशी लंबी-सी चीर में/तिरछी है किरनों की मार/उस नीम पर/ जिसके कि नीचे मिट्टी के गोल चबूतरे पर, नीली/चाँदनी में कोई दिया सुनहला/जलता है मानो कि स्वप्न ही साक्षात्/अदृश्य साकार।

तुलनात्मक अध्ययन प्रभाववादी प्रयत्न नहीं है, वह एक आलोचनात्मक प्रक्रिया है, और इस दृष्टि से हर प्रकार के सरलीकरण से बचना होगा। भारतीय शोध पर्याप्त वयस्क हो चुका है और तुलना करते हुए 'प्रभाव' आदि शब्दों के प्रयोग में सावधानी बरतनी चाहिए। इसी प्रकार समानांतर मिलन रेखाओं की तलाश करते हुए गंभीरता से काम लेना होगा। जो तुलनात्मक प्रयत्न हुए हैं, विशेषतया भारतीय भाषाओं के कुछ प्रमुख हस्ताक्षरों को लेकर उनमें सरलीकरण के सहारे अग्रसर होकर, अध्ययन को उद्धरणबहुल बना दिया गया है, जो सही आलोचनात्मक दृष्टि नहीं है। परिवेश को पहचानना होगा क्योंकि प्रस्थान के कई बिंदु समान हो सकते हैं, समय-समाज उनमें से एक.। यह भी संभव है कि रचनाकारों को एक ही 'क्लासिक' ने प्रेरणा दी हो और उनका रचनाउत्स एक है। कई बार अनजाने ही हम प्रभाव की बात करने लगते हैं जैसे वाल्मीकि और तुलसी में अथवा छायावाद पर रोमांटिक कविता का प्रभाव आदि। पर यह बाधा हमें पार करनी होगी क्योंकि समर्थ रचना अपनी ही सीमाओं का अतिक्रमण करने की शक्ति रखती है। तुलना करते हुए आलोचनात्मक सजगता आवश्यक है, अन्यथा सही निष्कर्षों पर पहुँचने में कठिनाई होगी। इस प्रयत्न में मिलन रेखाओं की तलाश के साथ उस ओर भी ध्यान देना होगा, जिसे हम पार्थक्य भूमि कहते हैं, वे कहाँ मिलते हैं, इसके साथ ही यह भी जानना होगा कि वे अलग दिशाओं में कहाँ है? सिद्धांतों पर तुलनात्मक दृष्टि डालते हुए और भी अधिक दायित्वपूर्ण आचरण की अपेक्षा की जाती है। इसके मूल में यह धारणा कि विचार अपने समय-समाज की उपज होते हैं और उनके जीवंत तत्त्व ही इतिहास की लंबी यात्रा करते हैं। रससिद्धांत अथवा अरस्तू के काव्यशास्त्र के कुछ

बिंदुओं पर विचार करते हुए इसे ध्यान में रखना होगा। भारतीय पाश्चात्य नाट्यदृष्टि पर तुलनात्मक दृष्टि डालना जिम्मेदारी का काम है।

तुलनात्मक अध्ययन एक से अधिक अनुशासनों/निष्कर्षों की समझ की माँग करता है। रचना, साहित्य को निरपेक्ष स्थिति स्वीकार करवाना कठिन। उसका एक संपूर्ण समाजशास्त्र होता है जिसे सौंदर्य के धरातल पर लाकर समर्थ रचनाकार कलाकृति का रूप देते हैं। इस प्रकार समाजशास्त्र और सौंदर्यशास्त्र के सही संयोजन से विराट कलाएँ जन्म लेती हैं, विकास पाती हैं और पूर्णता पर पहुँचती हैं। अंतर अनुशासन की प्रविधि से गुजरते हुए भी सावधानी की आवश्यकता है। किसी रचना का मार्क्सवादी अध्ययन तो संभव है क्योंकि हम उस भूमि को जानना चाहते हैं जिस पर वह स्थित है, पर जयशंकर प्रसाद में मार्क्सवाद की खोज का प्रयत्न ठीक नहीं होगा। सूर की प्रगतिशीलता उनके समय-संदर्भ में है—जिसकी चारागाही संस्कृति, सामान्य लोकजीवन, कवि की उदार दृष्टि आदि। यही सब टूटते-बिखरते सामंती समाज में राधाकृष्ण सुमिरन का बहाना बनकर रह जाते हैं, साधारण नायिका-नायक। भक्तिकाव्य तुलनात्मक अध्ययन के लिए उर्वर भूमि है, और इस क्षेत्र में कई सराहनीय प्रयत्न हुए हैं। उसी प्रकार भारतीय स्वतंत्रता संघर्ष के दौरान जो व्यापक सामाजिक परिवेश बना, उसने भी संपूर्ण रचनाशीलता को आंदोलित किया, पर अंतर अभिव्यक्ति का है। एक उच्च धरातल रवींद्र का है, जिसमें उन्होंने कल्पना की कि भयमुक्त स्वाभिमानी उदार समाज हो, ऐसे परिवेश में देश जागे। माखनलाल चतुर्वेदी की फूल की चाह में बलिपंथी का भाव है : मुझे तोड़ लेना वनमाली उस पथ पर तुम देना फेंक/मातृभूमि पर शीश चढ़ाने जायें जिस पथ वीर अनेक। मुखर वक्तव्यों के समानांतर भी भारतीय रचनाशीलता की वह सजग राष्ट्रीय चेतना है, जिसकी पहचान गहरे स्तर पर जाकर संभव है—बंकिम से लेकर निराला के भारतीय जय-विजय करे तक। आचार्य रामचंद्र शुक्ल ने क्रोचे के अभिव्यंजनावाद पर जो टिप्पणी की, वह विचारणीय है।

भारतीय संदर्भ में तुलनात्मक अध्ययन पर विचार करते हुए यह जानकारी होनी चाहिए कि रचना का अपना देशज चरित्र भी होता है और भारतीय साहित्य की एक समग्र अवधारणा रही है। आरंभ में संस्कृत प्रमुख अभिव्यक्ति माध्यम भी और धर्म-इतिहास-पुरागाथा का उपयोग होता था। जो चिंतन की सरणियाँ विकसित की गयीं, उन्होंने संपूर्ण महादेश को प्रभावित किया और विदेशी बिंदुओं ने भी इसे स्वीकारा है। प्राकृत-पालि, अपभ्रंश और फिर देशी भाषाओं, जनपदीय बोलियों की सक्रियता में भी इन बिंदुओं को स्वीकार किया गया। राम-कृष्ण कथाएँ लोक-साहित्य में प्रमुख प्रेरक शक्ति का कार्य करती रहीं। सूफियों ने भारतीय साहित्य को अपने उदार पंथ से प्रभावित किया, पर भारतीय कहानियों का चुनाव उनकी स्वयं की विवशता भी थी क्योंकि वे अधिकाधिक व्यक्तियों तक पहुँचना चाहते हैं। रचना के

अभिजात्य की सीमाएँ होती हैं और सामान्यजन को संबोधित करने के लिए कई सीमाएँ तोड़नी होती हैं। जायसी नागमती की सहनशीलता सराहते हुए कहते हैं–गिरि, समुद्र, ससि, मेघ, रवि, सहि न सकहि वह आगि/मुहमद ससी सराहिए, जरै जौ अस पिउ लागि। तुलनात्मक अध्ययन करते हुए इसे भी ध्यान में रखना होगा कि कोई विचारधारा कहीं की हो, पर स्थानीय परिस्थितियों में उसमें कौन-सा रूप ग्रहण किया है। विचारधाराओं की टकराहट के समय में यह और भी अनिवार्य हो जाता है। तुलनात्मक अध्ययन रचनात्मक संवाद का माध्यम है, इसलिए इस ओर विशेष ध्यान देने की आवश्यकता है।

तुलनात्मक अध्ययन : समस्याएँ (2)

□ डॉ. नवलकिशोर

चर्चा का आरंभ दो शोध-प्रबंधों के उल्लेख से करना चाहूँगा। इन दोनों ग्रंथों का चुनाव यादृच्छिक है। एक है, 'तिरुवल्लुवर एवं कबीर का तुलनात्मक अध्ययन' (डॉ. रवींद्र कुमार सेठ, प्रकाशक : नेशनल पब्लिशिंग हाउस, 1972)। तिरुवल्लुवर लगभग दो सहस्र वर्ष पूर्व के तमिल कवि हैं और कबीर से लगभग पाँच सौ वर्ष पूर्व के हिंदी कवि। इसमें संदेह नहीं कि शोध-प्रबंध अध्येता के वैदुष्य को प्रमाणित करता है। पर पहली शंका काल के इतने अंतराल पर स्थित कवियों की तुलना के औचित्य को लेकर होती है–निश्चय ही इस कारण कि तिरुवल्लुवर का कोई प्रभाव हिंदी भक्तिकाव्य या कबीर पर लक्षित किया जाना संभव नहीं है। काल के अंतराल के बावजूद कवियों की रचना-प्रवृत्तिगत किसी समान विशेषता को लेकर भी तुलना हो सकती है। पर जिस तरह से यह अध्ययन प्रस्तुत किया गया है, उससे क्या तिरुवल्लुवपर या कबीर क तुलनीय वैशिष्ट्य को प्रकट किया जा सकता है। इस ग्रंथ में धर्म, अर्थ, काम आदि पुरुषार्थों या जीवनोद्देश्यों के अंतर्गत कवियों का अध्ययन किया गया है और अर्थ वाले अध्याय में राज्य, राजा, अमात्य, दूत, गुप्तचर कोष, सैन्य मैत्री आदि विषय लिये गये हैं। क्या इस तरह के विवेचन से कबीर की क्रांतदर्शिता का, जो उनकी सर्वप्रमुख विशेषता है, निदर्शन किया जा सकता है? दूरारूढ़ समानता को लेकर किये गये इस प्रकार के तुलनात्मक अध्ययनों से दो साहित्यों या दो कवियों और उनके माध्यम से अभिव्यक्त होनेवाली भारतीय एकात्मकता को समझने में कोई बड़ी मदद मिलती हो, इसमें मुझे संदेह है। अब आधुनिक साहित्य से संबंधित एक शोध-प्रबंध का उदाहरण लें। प्रबंध का नाम है 'हिंदी और मराठी के सामाजिक उपन्यासों का तुलनात्मक अध्ययन' (डॉ. चंद्रकांत महादेव बांदिवडेकर, कृष्णा ब्रदर्स, अजमेर 1969)। डॉ. बांदिवडेकर हिंदी के जाने-पहचाने आलोचकों में हैं और यह ग्रंथ 20 वर्ष पुराना है; मेरा उद्देश्य यहाँ

बांदिवडेकर की आलोचना-दृष्टि पर कुछ कहने का नहीं है, केवल उनके इस शोध-प्रबंध के संदर्भ में इस प्रकार के किसी प्रयास की सीमाएँ बताना है। यह पुस्तक सन् 20 से 47 के बीच के हिंदी व मराठी साहित्य पर समानांतर रूप में लिखी लेखमाला होकर रह गयी है। जैसे चौथे अध्याय में भारतीय स्वाधीनाता की समस्या हिंदी उपन्यासों में, मराठी उपन्यासों में, जातिभेद की समस्या हिंदी उपन्यासों में, मराठी उपन्यासों में, विधवा-समस्या हिंदी उपन्यासों में, मराठी उपन्यासों में, प्रेमविवाह की समस्या हिंदी उपन्यासों में, मराठी उपन्यासों में.....आदि। तुलना के लिए बहुत संक्षेप में कुछ निष्कर्ष दे दिये गये हैं। प्रबंध से 'तुलनात्मक दृष्टिपात' का एक उदाहरण लिया जाये। हिंदी और मराठी उपन्यासों में 'घर-बाहर की समस्या' पर तीन-चार अलग पृष्ठ देते हुए डेढ़-दो पृष्ठों में कुछ निष्कर्ष दिये गये हैं, जिनमें जैनेंद्र की मनोवैज्ञानिक विश्लेषण की क्षमता के लिए और यशपाल की 'विद्रोही दृष्टिकोण' के लिए विशेष प्रशंसा की गयी हैं। लेकिन इन उपन्यासकारों की किसी कृतिविशेष की मराठी की किसी कृति-विशेष से कहीं तुलना नहीं की गयी है। इस तरह की तुलना के अभाव में प्रबंध अंशतः एक अविश्वसनीय सूचना-संग्रह होकर रह जाता है। जैंनेद्रजी के 'सुनीता' उपन्यास की चर्चा हिंदी में भी अधूरी ही रहेगी, यदि उसकी रवींद्र के 'घर-बाहिरे' से तुलना न की जाये, जिससे कि प्रेरित होकर लेखक ने इसे लिखा। इससे भी अधिक पति-पत्नी अन्य पुरुष के त्रिकोण को लेकर चलने वाली 'अन्ना केरेनिना' जैसी क्लासिक कृति भी ध्यान में रहे तो हम 'सुनीता' के लेखक के सही मूल्यांकन की दिशा में बढ़ सकते हैं। तुलनात्मक आलोचना साहित्यिक आस्वाद के धरातल को व्यापक नहीं बनाती तो वह एक निरर्थक अध्यवसाय बनकर रह जायेगी। 'घर-बाहिरे' का निखिलेश नारी का आनुगत्य नहीं चाहता, उसका प्रेम चाहता है और इसलिए उसके और विमला के बीच संदीप आता है तो वह पत्नी पर अधिकार भाव नहीं जताता, स्वयं पत्नी अपनी गलती का एहसास करती है। इस प्रकार रवींद्र स्त्री-पुरुष संबंधों में अपने युग की अग्रगामी चेतना का परिचय देते हैं। 'सुनीता' में उस संबंध की अग्रगामिता क्या है? पति-पत्नी के बीच प्रेम को जैनेंद्र विश्वास और आंतरिकता का आधार तो देना चाहते हैं, पर नारी की सार्थकता घर में ही देखते हैं। श्रीकांत और सुनीता के बीच हरिप्रसन्न को लाकर भी लेखक न सुनीता-हरिप्रसन्न के बीच आकर्षण को उपयुक्त आधार दे पाया है और न हरिप्रसन्न के पलायन को। वह पलायन लेखक की नैतिक अवधारणा का निदर्शन होकर रह जाता है, मानवीय आचरण के प्रति लेखकीय अंतर्दृष्टि का प्रकाशन नहीं होता। अपेक्षाकृत ठोस मानवीय संदर्भों को लेकर 'घर-बाहिरे' ज्यादा बड़ी कृति सिद्ध होती है। परिकल्पना मिलती-जुलती अंतर्वस्तु के हिंदी और मराठी के विशिष्ट उपन्यासों का तुलनापरक अध्ययन बांदिवडेकर के प्रबंध की परिकल्पना में ही नहीं है, अतः वह हमारे साहित्यिक संस्कार में कोई हलचल पैदा नहीं करता; एक काल-खंड में

दो भारतीय भाषाओं के उपन्यास साहित्य में कुछ समान प्रभावों, समस्याओं और प्रवृत्तियों के बारे में व्यवस्थित जानकारी भर देता है।

वर्तमान में शोध-प्रबंधों से इससे ज्यादा अपेक्षा भी नहीं करनी चाहिए, लेकिन कृतियों या कृतिकारों की विशद और गंभीर तुलना करनेवाले आलोचना-ग्रंथ अभी हिंदी में अधिक उपलब्ध नहीं हैं, अलग-अलग भारतीय भाषाओं के बारे में भी परिचयात्मक लेखन ही अधिक हुआ है। उदाहरण के लिए 'समकालीन भारतीय साहित्य' (केंद्रीय साहित्य अकादमी) के ताजा अंक (अंक 34 अक्तूबर/दिसंबर 1988) में गुजराती साहित्य पर तीन लेख हैं—उपन्यास, कविता और कहानी पर और तीनों के लेखक हिंदी विद्वान् ही है, किंतु किसी भी लेख में कोई तुलनात्मक टिप्पणी नहीं है। ऐसे प्रयासों के बिना समकालीन भारतीय आलोचना का विकास संभव नहीं होगा और ऐसी आलोचना के अभाव में भारतीय लेखकों में साहित्यिक भागीदारिता भी सीमित रहेगी। जैसे एक यूरोपीय आलोचक को अनेक यूरोपीय भाषाओं में सह संचरण करता पाते हैं, वैसा जब तक एक भारतीय आलोचक नहीं करता, तब तक भारतीय साहित्य अपनी एक पहचान भी नहीं बना पायेगा।

अब कुछ अपेक्षाओं का जिक्र करना चाहूँगा। साहित्य विश्लेषण के नये-नये सिद्धांतों के लिए हम बराबर पश्चिमाभिमुखी बने हुए हैं। एक समय यह ऐतिहासिक अनिवार्यता भी थी। लेकिन पश्चिमी साहित्य और भारतीय साहित्य के बुनियादी फर्क को समझे बिना पाश्चात्य साहित्य-सिद्धांतों का आयात और अपने साहित्यविश्लेषण में उनका विनियोग एक सार्वभौम साहित्यिक संस्कृति में हमारी भागीदारिता का नहीं, आनृगत्य का सूचक है। आलोचनात्मक प्रतिमानों के लिए कुछ पहले तक नयी समीक्षा, शैली-विज्ञान और संरचनावाद हमने विदेशी अनुदानों की तरह मुक्तभाव से लिए और इधर डि-कंस्ट्रनिज़्म ('विच्छेदनवाद') का राग अलापने लगे हैं। उत्तर औद्योगिक और समृद्धि-अभिशापित समाज के लेखक के सामने मानवीय अस्तित्व के जो प्रश्न हैं, उनसे सर्वथा भिन्न चुनौतियाँ हमारे दारिद्र्य-संतप्त और वैषम्य-पीड़ित समाज के लेखक के सामने हैं। समकालीन भारतीय साहित्य में सामाजिक बदलाव के स्वर प्रमुख हैं, अतः भारतीय आलोचक के लिए पाठक और लेखक के बीच सेतुभूमिका ऐतिहासिक अनिवार्यता भी है और मानवीय दायित्व का निर्वाह भी। आज मास मीडिया संस्कृति को तेजी से उपभोक्ता वस्तु में बदल रहा है और उसके लिए साहित्य की उपयोगिता भी मनोरंजन-वस्तु से अधिक नहीं है। लेकिन संस्कृति के बाजारीकरण का सबसे प्रबल अस्वीकार भी साहित्य में ही होता है। उच्चतर साहित्य का जन्म ही मानवीय संवेदनशीलता से होता है, अतः एक संकल्पित लेखक प्रायः ही अपने को प्रभुवर्ग के आतंक और अत्याचार के विरोध में खड़ा पाता है और उसका लेखन अंततः एक राजनीतिक हस्तक्षेप बन जाता है। इसलिए आज की श्रेष्ठ भारतीय लेखन अपनी प्रकृति में राजनीतिक है। ऐसी स्थिति

में एक भारतीय आलोचक का सबसे अहम काम हो जाता है—समकालीन भातीय साहित्य की राजनीतिक पक्षधरता का साहित्यिक धराताल पर आख्यान। यह पक्षधरता विगत में प्रायः विचारवादी निष्ठाओं में पर्यवसित होती रही है और विचारवादी निष्ठा साहित्य में प्रतिबंधन का एजेंट बनती रही है तथा सौंदर्याभिरुचि को जड़ीभूत करती रही है। अतः अब भारतीय आलोचक को मतवादी प्रतिबद्धता से मुक्त होकर मानववादी प्रतिबद्धता को अपना प्रस्थान बिंदु बनाना होगा। पश्चिम में ऐसे लेखकों की कमी नहीं है, जो मनुष्यता के सम्मुख उपस्थित संकटों से साक्षात्कार करते हैं, पर वहाँ ऐसे लेखक भी बड़ी संख्या में हैं, जिनकी सर्जनात्मकता रूपगत वैशिष्ट्य तथा भाषायी खिलवाड़ में ही अधिक प्रतिफलित होती है। अतः वहाँ ऐसे आलोचकों का भी एक बड़ा वर्ग है, जिसने साहित्य-विश्लेषण को विशेषज्ञता का अध्यवसाय बना दिया है और जिसकी सामान्य साहित्यप्रेमी के लिए कोई उपयोगिता नहीं होती। ऐसी विशेषज्ञता से भारतीय आलोचक अपने उपकरणों को प्रखर तो बना सकता है, पर उन्हें आधार मूल्य बनायेगा तो वह साहित्य में भारतीयता का अन्वेषी और अपरिहार्य व्याख्याता नहीं रहेगा। सामाजिक बदलाव की आकांक्षा से आप्लावित समकालीन भारतीय साहित्य में अंतःप्रवेश के लिए उसे जनवादी साहित्यिक मूल्यों का व्यवहार करना होगा और उनकी निरंतर तलाश भी जारी रखनी होगी।

जनवादी जीवन-दृष्टि और साहित्य-मूल्यों के बीच संतुलन का प्रश्न हमेशा एक मुश्किल सवाल ही रहेगा। कोई भी सैद्धांतिक विवेचन इस दिशा में अधूरा ही होगा, अंततः इस प्रश्न के उत्तर व्यावहारिक उदाहरणों में ही तलाशने होंगे। इसी दिशा में एक प्रयास के रूप में मैं यहाँ दलित वर्ग के जीवन से संबंधित कुछ भारतीय उपन्यासों पर टिप्पणी करना चाहूँगा।

एक मराठी साहित्य-केंद्र पर आयोजित इस संगोष्ठी में सामाजिक बदलाव की चेतना के भारतीय साहित्य के संदर्भ में दलित वर्ग से संबंधित साहित्य की चर्चा अधिक प्रासंगिक भी होगी। दलित साहित्य के रूप में मराठी साहित्य ने समकालीन भारतीय साहित्य को एक विशिष्ट अवदान प्रदान किया है, 'पारंपरिक साहित्य से अलग होकर अपने वर्ग की अस्मिता को लेकर इस वर्ग के लेखकों ने सोचना शुरू कर दिया और अपने वर्ग की यातनाओं और संवेदनाओं को अभिव्यक्त करने लगे। कथ्य, भाषा और शिल्प के स्तर पर परंपरा से एकदम अलग हो जाने के कारण आरंभ में इस साहित्य की हँसी उड़ायी गयी, उपेक्षा हुई परंतु संवेदना की प्रखरता और अभिव्यक्ति की विशिष्टता के कारण इसे स्वीकारा गया।' (भूमिका—'दलित कहानियाँ : सं. सू. रणसुभे और क. ह. गंगावणे)। यह साहित्य दलित वर्ग के मुक्ति-संघर्ष का सशक्त सांस्कृतिक आयाम सिद्ध हुआ है और इसका संपूर्ण भारतीय साहित्य पर व्यापक प्रभाव पड़ा है। इसी प्रभाव के अंतर्गत दलित वर्ग के जीवन-यथार्थ पर केंद्रित

बहुत-सा साहित्य हिंदी में लिखा गया है—भले ही अलग से दलित साहित्य जैसे किसी साहित्यांग का आविर्भाव न हुआ हो। इस प्रभाव को लगभग सभी भारतीय भाषाओं में कमोबेश लक्षित किया जा सकता है।

दलित वर्ग के जीवन-चित्रण से संबंधित इधर पढ़ी जो महत्त्वपूर्ण पुस्तकें मेरे ध्यान में आयीं वे हैं—मराठी 3 अछूत (हिंदी अनुवाद 1980/दया पवार) ओर त्रिशंकु (हिंदी अनुवाद 1981/ अरुण साधू) : कन्नड़ : उल्लंघन (हिंदी अनुवाद 1983/भैरप्पा) और संस्कार (हिंदी अनुवाद 1977/यू. आर. अनंतमूर्ति) तमिल : दि रिवर ऑफ ब्लड (अंग्रेजी अनुवाद 1979/इंदिरा पार्थ सारथी) हिंदी : नाच्यौ बहुत गोपाल (प्रकाशन वर्ष 1978/अमृतलाल नागर) और परिशिष्ट (प्र. व. 1984/गिरिराज किशोर)। 'अछूत' आत्मकथात्मक कृति है और अन्य कृतियाँ उपन्यास/एक व्यक्ति की जीवन-कथा एक अभावग्रस्त और चिर-उत्पीड़ित सामाजिक वर्ग का प्रामाणिक दस्तावेज बन गयी है, जिसकी साहित्यिक विशेषता उसकी अति सहज वर्णन शैली में है। 'त्रिशंकु' में दलित वर्ग की यातना का चित्रण न होकर मराठी दलित युवा पीढ़ी में उभरे हिंसात्मक प्रतिशोध को समझने की आलोचनत्मक पर साहनुभूतिपूर्ण कोशिश है। इस उपन्यास की सीमा यह है कि हिंसा के सामाजिक-राजनीतिक स्रोत का उसमें कोई अन्वेषण नहीं है। 'उल्लंघन' में जातिगत वैषम्य के अपेक्षाकृत व्यापक फलक पर दलित-विद्रोह का चित्रण है, लेकिन बड़े पटेल गौड़जी और उनके मंत्री-पुत्र का पराभव मंत्री-पुत्र के हिजड़ेपन में जिस तरह दिखाया गया है, वह कथा को प्रतीकात्मक कम और अविश्वसनीयता अधिक देता है। 'संस्कार' में प्रत्यक्षतः दलित वर्ग का चित्रण नहीं है, इसे मैंने राप्रयोजन चर्चा में लिया है। और इसका साभिप्राय उल्लेख अंत में करूँगा। 'दि रिवर ऑफ ब्लड' (या 'रक्तनद') में दलित वर्ग किसान-मजदूर के रूप में है, जिसका संघर्ष जमींदार से होता है। लेकिन इस संघर्ष का चित्रण साम्यवादी पक्ष और विपक्ष की फार्मूलाबद्ध पद्धति पर होता है और जमींदार को नामर्दी की अतिरिक्त बुराई दी गयी है। उपन्यास का सामर्थ्य यह संकेतिक करने में है कि असंलग्न किंतु ईमानदार बुद्धिजीवी कैसे अन्याय के विरुद्ध न्याय का पक्ष लिए बिना रह नहीं सकता। और यह संघर्ष इसालिए हिंसात्मक मार्ग ग्रहण करता है कि मौजूदा व्यवस्था में सत्ता का सहारा शोषक वर्ग के पास होता है। 'नाच्यौ बहुत गोपाल' में दलित वर्ग की निम्नतम सीढ़ी पर अवस्थित मेहतर वर्ग की बदतर जिंदगी का गहरी सहानुभूति के साथ चित्रण हुआ है, लेकिन नायिका की जीवनकथा को उसके पति को डाकू बनाकर एक रोमांचक कथा से जोड़ दिया गया है और उससे यथार्थ का दंश बहुत कुछ कुंठित हो जाता है। 'परिशिष्ट' में उच्चतर शिक्षा संस्थानों में सवर्ण मानसिकता के शिकार दलित छात्रों के त्रास को प्रस्तुत किया गया है, किंतु एक मेधावी दलित छात्र की विक्षिप्तता और आत्महत्या के प्रसंग को असंतुलित विस्तार दे दिया गया है और मानवीय यातना और उसके प्रतिकार

की उज्जवल कथा मनोवैज्ञानिक विश्लेषण की धुंध से आवरित हो जाती है। 'संस्कार' में सीधे दलित वर्ग का न कोई चित्रण है और न उस वर्ग का कोई प्रतिनिधि या प्रमुख पात्र ही। एक शूद्र-स्त्री केवल एक निमित्त की तरह उसमें है। पहले वह ब्राह्मण होकर भी दर्प के साथ धर्मच्युत विलासी जीवन बिताने व्यक्ति की रखैल होती है और बाद में परंपरागत ब्राह्मणत्व के मूर्तिमान आदर्श नायक के स्खलन का कारण बनती है। नायक अपने ब्राह्मणत्व को अस्तित्व के धरातल पर अस्वीकार करता है और यह कथा धर्मसम्मत वर्णव्यवस्था के अस्वीकार की एक सशक्त प्रतीक कथा बन जाती है। हमारे जातिगत संस्कारों पर यह कृति जितना तीव्र आघात करती है, उतनी पूर्वोक्त कोई कृति नहीं करती और यह इसलिए संभव हुआ है कि लेखक एक उच्चतर कलाकृति के सृजन में सफल हुआ है। चर्चित कृतियों की विस्तृत समीक्षा का यहाँ अवसर नहीं था, इसलिए सिर्फ यह टिप्पणी ही यहाँ संभव हो सकी है। इसके जरिये मैं जो कहना चाहता हूँ वह यह कि मानवीय अर्थवत्ता की तलाश को अविच्छिन्न रखना होगा। तुलनात्मक साहित्य के अध्ययन में केवल समानताओं के सामान्य आकलन से अलग-अलग भारतीय भाषाओं के साहित्य के प्रति न समझ विकसित होती है और न भारतीय आलोचना की कोई सामान्य जमीन तैयार होती है। यह जमीन तभी तैयार हो सकती है जब कृतियों में मानवीय आशय की प्रासंगिकता की और साहित्यिक मूल्यवत्ता की अवधारणा को उनके निरंतर अन्वेषण से पाया और निखारा जाए।

तुलनात्मक अध्ययन : समस्याएँ (३)

□ डॉ. भगवानदास वर्मा

चंद बातें पहले ही साफ कर दूँ। इस पर्चे में मैंने जो अनुमान किये हैं और जो स्थापनाएँ रखी हैं उनका आधार वे सामान्य और औसत स्थितियाँ हैं जिनका विशिष्ट सांस्कृतिक उत्स साहित्य होता है। अपवादों को मैंने छोड़ दिया है। यह इसलिए कि अपवाद नियम नहीं बनाते, बल्कि औसत धारणा को कहीं तोड़ते ही हैं। और मजे की बात यह कि नियम या धारणाएँ कई बार औसत स्थितयों की संगठित धुरी का आधार भी लेती हैं। भारतीय साहित्य की धारणा को मैंने इसी रास्ते समझा है। भारत जैसे बहुभाषिक और बहुल सभ्यताओं के जोड़वाले मुल्क में 'भारतीय साहित्य' का बिंब निहायत संकुल (कांपलेक्स) और अंतर्विरोधी तत्त्वों से बनता है। एक ओर यह बिंब अपने सामान्य अर्थ में प्रादेशिक इकाइयों का गणितीय जोड़ है, पर दूसरी ओर अपने विशिष्ट अर्थ में भिन्न सांस्कृतिक सर्जन इकाइयों की आपसी अंतक्रिया के मध्य उभरी एक ख़ास ज़मीन भी है। वास्तव में भारतीय यानी प्रादेशिकता की संकीर्ण इकायों का व्यापक जातीय (नेशनल) इकाई में प्रक्षेपण है। प्रादेशिक पहचानों को साथ लिये उससे पार निकल जाने की यह प्रक्रिया–विविधता में एकता की तलाश की प्रक्रिया है। दूसरी बात जो मैं साफ कर देना चाहता हूँ वह यह कि हर प्रदेश की सर्जना उस प्रदेश के भूगोल, इतिहास और लोक के मिले-जुले संस्कारों, नैतिक मानों और भाषिक प्रतिमानों की जमीन को सोखकर नुमायाँ होती है। जाहिर है कि वह अपने आपमें विशिष्ट होगी। पर ऐसी अनेक विशिष्ट सर्जनाएँ स्थितियों के यकसाँ दबावों की मौजूदगी में जब कोई साझा रूप अख्तियार करती होंगी, वह कुछ ऐसा होगा जिसे 'भारतीय' कहा जा सकता है। इस साझे रूप की रचनात्मक मुद्रा को मैं भारतीय साहित्य कहता हूँ। इसलिए 'भारतीय साहित्य' के संदर्भ में 'हिंदी' की जब बात उठती है तो इस साझी रचना मुद्रा के संदर्भ में हिंदी की विशिष्ट मुद्रा की बात करनी चाहिए।

तीसरी बात जो मैं साफ कर देना चाहता हूँ वह यह कि हिंदी भाषा और उसमें पनपा साहित्य अपने चरित्र में हिंदी की ही कतिपय छोटी-छोटी प्रादेशिक शिनाख्तों में बँटा हुआ है। राजस्थान, हरियाणा, दिल्ली, मध्यप्रदेश, उत्तरप्रदेश, बिहार और इनकी बाहरी सीमाओं से जुड़े प्रदेश सामान्य अर्थ में हिंदी प्रदेश कहलाते जरूर हैं, पर गौर करो तो देखेंगे कि यह इलाका न सिर्फ उच्चारण के लहजे में ही भिन्न है, व्याकरण में भी भिन्न है। यहाँ न सिर्फ आबोहवा ही भिन्न है, खान-पान और पहनावा भी भिन्न है। इनका न सिर्फ इतिहास ही भिन्न है, एहसास भी भिन्न है। संभवतः यह भिन्नता आज जबकि संपर्क के सभी तरीके सुलभ हो गये हैं, उतनी गाढ़ी नहीं रही है, पर अपनी जड़ों में इसका वजूद आज भी कहीं जरूर मौजूद है। यही वजह है कि इस प्रदेश में भाषावार, प्रति रचना की शर्तें न पूरी लागू होती हैं न पूरी झूठ पड़ती हैं। इसलिए 'हिंदी' साहित्य की पहचान को उसकी अपनी ऐतिहासिक विविधता से काटकर नहीं समझा जा सकता। पहले उसे जोड़ना पड़ेगा, फिर उस जोड़ को शेष से जोड़ना होगा। हिंदी प्रदेश अन्य भाषिक प्रदेशों की तरह ठोस और कांपेक्ट नहीं है।

अब कुछ पीछे चलिए। 'हिंदी' की प्राचीन विरासत की थोड़ी बात कर लें। यह विरासत प्राचीन गण समाजों से जनपदों और उसके बाद विशिष्ट भाषिक गुटों में पहले विघटित और बाद में विकसित होती रही है। रक्त-संबंधों की एकता में बँधे इस मुल्क के प्राचीन तीनों गण समाज भरत, कोसल और मगध ये पश्चिम में कुरुक्षेत्र से लेकर पूर्व में मगध तक फैले हुए थे। भरत गण जो मुख्यतः सरस्वती और यमुना के बीच का इलाका था, प्राचीन वैदिक भाषा, संस्कृति और यज्ञ-प्रधान जीवन-शैली का गढ़ था। मगध गण मुख्यतः पुराना मगध यानी आज का पूर्व-बिहार का इलाका था जो यज्ञ-विरोधी और वेद-विरोधी मतों का केंद्र था। जैन और बौद्ध जीवन-शैलियों का विकास इस क्षेत्र में सबसे पहले हुआ। दोनों के बीच में कोसल, जो मुख्यतः मध्यप्रदेश यानी गंगा, सरयू और यमुना के आसपास का इलाका था, दोनों छोरों की परस्पर-विरोधी जीवन-शैलियों का विलक्षण समन्वय लेकर विकसित हुआ था। यह समाज एक तरफ वैदिक कर्मकांडों और दूसरी तरफ यज्ञ-विरोधी मतों, दोनों से दूर था। इनका चिंतन मूलतः मानवकेंद्रित आदर्शों और कर्मों से परिचालित आनंदवादी चिंतन था। रामायण, महाभारत तथा भागवदगीता इन्हीं की सर्जनाएँ थीं। आगे गण समाज टूट गये। वर्ण-व्यवस्था वाले जनपन बने। उससे आगे जनपद भी टूट गये और वर्ग विभाजनवाली सामाजिक इकाइयाँ विकसित हुई। यह विकास केवल सामाजिक या सांस्कृतिक ही नहीं है, अपनी तह में भाषिक भी है। संस्कृत, प्राकृत और आगे हिंदी की प्राकृतोद्भव बोलियाँ इस विकास की गवाह हैं। इस तरह पुराने गण समाज और जनपद आगे हिंदी के प्रदेश बने। कहना नहीं होगा कि हिंदी की भाषिक बिरादरी का सीधा संबंध इस देश की वैदिक-अवैदिक, आस्तिक-नास्तिक

तथा दोनों विरोधी सिरों के समन्यवादी चिंतन-परंपरा से है। यही वह चिंतन-परंपरा है जो आगे चलकर समूचे देश में और देश के बाहर भी फैली और जिसने राष्ट्रीय चेतना का बृहत्तर प्रतिमान ग्रहण किया। यह ऐतिहासिक सत्य है कि हिंदी जाति को, उसकी अपनी विरासत को राष्ट्रीय विरासत का दर्जा मिला। देश की अन्य भाषिक जातियाँ बाद में इसी चिंतनधारा में पूर्णतः घुलमिल गयी।

साहित्य इतिहास के विकासक्रम में दो परस्पर-विरोधी बातें अपनी पूरी ताकत के साथ एक-दूसरे को काटती रहती हैं। शह और मात का यह द्वंद्व स्थितियों और प्रतिभाओं के बीच चलता है। व्यवस्था को अपने हित में चलानेवाला धनीवर्ग अपने अभ्युदय के लिए परिवर्तनमुखी रचनाशीलता की मदद करता नजर आता है। लेकिन वही वर्ग जब उनके हाथों सामाजिक-सांस्कृतिक शक्तियों के केंद्रीकरण को महसूस करने लगता है, परिवर्तन में बाधा पैदा करने लगता है।

यानी साहित्य की समृद्धि और पतन का इतिहास वर्गहित से नियंत्रित और परिचालित होता है, यह एक सत्य है। लेकिन दूसरा भी एक सत्य है। साहित्य सिर्फ वर्ग-केंद्रित विचारधारा नहीं होता, वह किसी प्रतिभावान व्यक्तित्व की आत्मेच्छा से फूटी संवेदनात्मक अंतःप्रेरणाओं का संगठन होता है। वह देशकाल और वर्ग-संस्कारों से मुक्त एक निरपेक्ष भाषिक उत्स होता है। दोनों सत्य आमने-सामने होते हैं। द्वंद्व की स्थितियों से गुजरते हैं। इसीलिए अति प्राचीन गण हों या वर्णवादी सामंती व्यवस्था हो या वर्गवाली पूँजीवादी सभ्यता हो, प्रतिभाएँ मरतीं नहीं। हाँ, कमजोर प्रतिभाएँ व्यवस्था के हुक्म को स्वीकार कर लेती हैं। शक्तिमान इसे इंकार करती हैं। जो इसे इंकार करती हैं वही उस समूची जाति की अस्मिता बन जाती है। यहाँ उनका जनविरोधी समाज व्यवस्थाओं में पैदा होना उनपर कोई असर नहीं डालता। व्यास-वाल्मीकि धर्मकीर्ति-नागार्जुन, बाण-पाणिनी, भवभूति, कबीर-तुलसी, सूर-जायसी, भारतेंदु-निराला, प्रसाद-प्रेमचंद-मुक्तिबोध ये सामंती या कि पूँजीवादी सभ्यता की संताने हैं। पर इनके राष्ट्रीय चरित्र में कोई फर्क नहीं पड़ता। जारशाही में पैदा हुए ताल्सताय और दोस्तायवस्की आधुनिक रूस की अस्मिताएँ हैं। खैर।

प्राकृतकाल से प्राकृतोद्भव हिंदी की शैलियों के जन्म और उसके विकास के समानांतर हिंदी के राष्ट्रीय चरित्र में उतार-चढ़ाव आने लगे। प्रतिभाएँ उठ नहीं पा रही थीं। व्यवस्था ने उनकी तमाम विद्रोहात्मक सृजन शक्तियों को दबा दिया था। आप देखेंगे कि ग्याहरवीं शताब्दी की शुरुआत से ही आपसी शत्रुता और विदेशी अरबों-तुर्कों के आक्रमणों के परिणामस्वरूप समुचा हिंदी प्रदेश पराजित वृत्ति का शिकार बन गया था। जिसे हम वीरगाथाकाल कहते हैं। वह चापलूस भाट-चरणों की दोगली स्वामी-भक्ति की चौंकानेवाली लफ्फाजी से बढ़कर ज्यादा कुछ नहीं था। युद्ध और शृंगार के मिथ्या गानों में पतनशील अय्याशी के कई विफल चित्र आप यहाँ पायेंगे। और उसपर तुर्रा यह कि पतन को सहलाने की तुष्टता भी इतनी कि

साहित्य के युग दो-दो सौ, तीन-तीन सौ बरसों से कम नहीं चलें? जो जाति आपसी एकता को नहीं बचा सकी वह राष्ट्रीय एकता को कैसे बाँधती? देशी वर्णवादी सामंती जुल्मों और विदेशी धर्म एवं भाषिक जुल्मों में पिसा समूचा राजस्थान और पश्चिमी मध्य देश सांस्कृतिक धरातल पर अस्त-व्यस्त हो गया। इसके बाद बारहवीं सदी के उत्तरार्द्ध से ही परिवर्तन की रेखा थोड़ी ऊँची उठी। अब मुसलमान हमलावर सिर्फ लुटेरे नहीं रहे। उन्होंने इस मुल्क को अपना लिया। यहाँ के मूल निवासियों ने धर्म परिवर्तन किया, लेकिन उससे न तो उनकी भाषा बदली और न संस्कृति। हाँ, आदान-प्रदान से एक सामाजिक जीवन-शैली विकसित जरूर हुई, जो इस मुल्क की संस्कृति का अटूट हिस्सा बन गयी। परिवर्तन तेज था। शाहजहाँ के सुवर्णयुग तक आते-आते व्यापार बढ़ा। बड़ी-बड़ी मंडियाँ उभरीं। ईस्ट इंडिया कंपनी भी शुरुआत में हमारी समृद्ध मंडियों के ग्राहक के रूप में कायम हुई। यातायात बढ़ा। और गाँव के किसानों तथा शहर के फनकारों, कारीगरों के मानस में सामंत-विरोधी चेतना का विद्रोह जाग उठा। इस विद्रोह की भाषा ने ही हिंदी को एक विलक्षण देन दी। भक्तिकाव्य की देन। निहायत मधुर। निहायत कठोर। लीला भी और कथा भी। चिंतन भी और कृति भी। जितनी तल्लीनता उतनी ही मुखर फक्कड़ता। यूँ ही नहीं, भक्त कवियों की टोली में अक्सर प्रतिभाएँ तथाकथित नीची जाति से आयी थीं। इनके मुखिया थे कबीर। इन कवियों की अगली पाँति भी निर्गुणियों की। पिछली भी सगुणियों की। भिन्न शैलियों के बावजूद व्यवस्था-विरोध का स्वर दोनों में यकसाँ प्रखर था। सामंतों को भगवान के पर्याय के रूप में प्रतिष्ठित करनेवाली वर्ण-व्यवस्था ने 'सगुण' को भाषा, वर्ण और सत्ता का प्रतीक बना दिया था। तब निर्गुण ही वह पर्याय हो सकता था जो घट-घट में रम सकता था। सामान्य जन को आधार दे सकता था। इसलिए विद्रोह 'निर्गुण' के झंडे के नीचे संगठित हुआ। निर्गुण के एक स्वाभाविक परिणाम 'अमूर्तन' की रिक्ति को 'गुरु' परंपरा ने पाट लिया। हाड़-माँस के सगुण 'गुरु' विद्रोह के निर्गुणिये नेता बने। अब भगवान सामंतों, पुरोहितों और पंडों की 'भाषा' से मुक्त होकर गुरुबानी में जन की अपनी भाषा बोलने लगे। बाद में पिछली पाँति आई। सगुण भक्तों की। यहाँ तक पहुँचते-पहुँचते अमूर्तन और उसे जबान देनेवाली गुरु-परंपरा को फिर से व्यवस्था ने कब्जे में कर लिया। अब बातें इतनी 'अमूर्त' होने लगीं कि भगवान के निकट पहुँचा हुआ जन फिर से उससे दूर होता गया। दूर कर दिया गया। अब फिर से सामंती वर्ण-व्यवस्था ने 'निर्गुण' को ही ऊँच-नीच का, कर्मकांड का और उसके साथ जुड़ी हर 'विषमता' का अदृश्य स्रोत बना दिया। तब फिर से 'सगुण' ही वह पर्याय हो सकता था जो जन को भगवान तक पहुँचाने का ठोस मार्ग दिखा सकता था। भगवान को व्यवस्था ने इतना गुणहीन बना दिया था कि मनुष्य से जैसे उसका रिश्ता ही टूट चुका था। उसे फिर से 'मनुष्य' की तरह दीखनेवाला, प्रत्यक्ष कर्म करनेवाला 'सगुण' रूप देना जरूरी हो गया था।

इसलिए अब विद्रोह 'सगुण' के झंडे के नीचे संगठित हुआ। 'सगुंण' के एक स्वाभाविक परिणाम 'मूर्तता' की अतिरिक्त स्थिति को भक्त और भगवान के बीच अस्वाभाविक चमत्कारों की उद्‌भावना ने स्वाभाविक बना लिया। पहली बार भगवान में बैठे 'मनुष्य' की पूजा आरंभ हुई। इस पूजा-यज्ञ के मुखिया थे तुलसीदास। अब मंदिरों में बैठे भगवान छोटे-छोटे टीलों पर, घाटों पर, खेतो-खलिहानों पर आ बिराजे। उपासना की भाषा लोक-भाषा बनी। पहले कबीर-जायसी और अब सूर-तुलसी हिंदी जनों के मुख पर चढ़े। हिंदी का रूप ही बदल गया। सूर की ब्रज, तुलसी-जायसी की अवधी, कबीर-नानक की खड़ी, दादू-मीरा की अपनी ही भाषा थी। इस भाषा ने आपसी आदान-प्रदान तो किया ही पर पूर्व से बंगाल, पश्चिम से पंजाब, दक्षिण से गुजरात, महाराष्ट्र और सुदूर दक्षिण से आये संत-भक्तों की भाषा अस्मिता को भी आत्मसात् कर लिया। और फिर से हिंदी साहित्य को राष्ट्रीय साहित्य का दर्जा हासिल हुआ।

अब मुगल हुकूमत पतन की डगर पर से नीचे की तरफ जोर से फिसल रही थी। शराब और अय्याशी ही एक तसल्ली थी उनके लिए जो उन जैसी पराजित कौम को राहत देती। अंग्रेजी व्यापारी अपने पंजे धीरे-धीरे नवाबों की गर्दनों पर गड़ा रहे थे। वे सेठों से पैसा उधार लेते और सामंतों को कर्ज देते। आम रियाया क्या करती? रोजी-रोटी के लिए उन्हें अंग्रेज पनाह देते, यानी अपनी फौज में भरती कर लेते। मुगल साम्राज्य टूट रहा था। हिंदी की जगह आयातित फारसी का प्रभाव बढ़ रहा था। यहाँ के औलियों और सूफी संतों ने औरंगजेब समेत उसकी फारसी-प्रियता पर खूब हमले किये। ईरानी दरबारी-भाषायी सभ्यता के खिलाफ इन औलियों ने कौमी दखनी का परचम बुलंद किया। धूर्त अंग्रेज इसे भाँप गये। इन्होंने जन-चेतना को कुचलने के लिए नवाबों की 'फारसी' को बढ़ावा दिया और 'धर्म' के साथ भाषा को जोड़कर हिंदू-मुसलमानों में भेद पैदा करने की कोशिश की। उर्दू का मूल मिजाज फारसी से नियंत्रित नहीं था। वह तो देशी था, ठेठ। इसलिए इस चाल के बावजूद भी हिंदी-उर्दू की बुनियादी एकता टूटी नहीं। ग़ालिब हालाँकि अंग्रेजों का वजीफा पाते थे और फारसी के कवि थे, पर दरबारी और नवाबी सामंती-वर्ग के बीच रहकर उन्होंने हमेशा व्यवस्था का विरोध ही किया। यही वह चेतना थी ग़ालिब की जिसका अंदाजे-बयाँ और था। ठेठ हिंदुस्थानी था। इधर दरबारी सभ्यता में पले अय्याश सामंतों के लिए लिखी गयी कविता उतनी ही शोख और चमत्कृतिपूर्ण होनी ही थी। कामशास्त्र और काव्यशास्त्र की विपरीत रति रीतिकालीन काव्यभाषा की प्रेरणा थी। रँगीले कवि और अय्याश नवाबों की इश्के-हकीकी की भूख राधा-कृष्ण और लैला-मजनू के मजाजी इश्क वाले भाषायी लहजे में पेश की गयी। अनुभवहीन उक्ति का वैचित्र्य कविता की गहराई कैसे पा सकता था? हाँ, रीतिकाल ने काव्यभाषा को निहायत चुस्त, गढ़ी हुई और पैनी बंदिश जरूर दी। इसलिए बिहारी-देव जैसे

रीतिसिद्ध कवियों के हाथों ये बंदिशें कविता का संस्कार पा गयीं।

तो संस्कृत, प्राकृत और प्राकृतोद्भव भाषाओं की श्रेष्ठ एवं समृद्ध विरासत हिंदी प्रदेश में विकसित हुई जिसे देश की साहित्यिक विरासत का गौरव प्राप्त हुआ, इसे नकारा नहीं जा सकता। लेकिन बीसवीं शती के आरंभ के साथ जन्मा, जिसे हम आधुनिक हिंदी साहित्य कहते हैं, चंद लक्षणीय प्रवाहों को छोड़ दें तो इस देश की अन्य भाषा सर्जना के मुकाबले काफी कमजोर दिखायी दे रहा है। और इधर पिछले दो दशकों में तो जैसे इसमें ठहराव ही आ गया है। कुछ सरक ही नहीं रहा है। क्या वजह है? मैं इसे मानने को तैयार हूँ कि यह फेनामेना कमोबेश सभी प्रादेशिक साहित्यों में है, पर फिर भी हिंदी का चरित्र मुझे कुछ ज्यादा बेचैन करता है। क्योंकि जिस प्रदेश ने देश की प्राचीन विरासत में अग्रणी भूमिका निभायी थी उसकी स्थिति उतनी ही निम्न क्यों होती जा रही है, इस पर गौर करना जरूरी है। अन्य प्रदेशों की तुलना में हिंदी प्रदेश में जातीय चेतना का अभाव है। जात-बिरादरी, छुआछूत, वर्ण-विद्वेष और इनसे जुड़ा शोषण का चक्र ज्यादा ही तेज है। क्षेत्रीय अलगाववाद, हिंदी-उर्दू का भेद, अंधश्रद्धाएँ, बुद्धिवादियों की सांस्कृतिक उदासीनता, राजनीतिक जागृति का अभाव, कमजोर एडिमिनिस्ट्रेशन, आर्थिक स्तर पर हद दर्जे का पिछड़ापन, विषमता के कारणों को उसी कर्मफल और पाप-पुण्य से जोड़ने की परंपरा, निरक्षरता की बहुलता और सबसे ज्यादा अपने अज्ञान को गर्व का विषय समझने की प्रवृत्ति, ये कुछ ऐसी स्थितियाँ हैं जो शायद साहित्यिक-सांस्कृतिक ठहराव का कारण बनी हुई हैं। यह विडंबना क्यों?

तो आधुनिक स्थिति का जायजा लें। बीसवीं शती की शुरुआत के दशकों में समुचे देश में अंग्रेजी दासता के खिलाफ विद्रोह का एक स्वर गूँजा। लगता है समूचे देश की कविता अपने प्रादेशिक पहरावों के बावजूद मूलकाया में भारतीय स्वाधीनता का उद्घोष कर रही थी। हाँ, हरएक का 'तर्जेबयाँ' जुदा-जुदा था। हालाँकि अंग्रजियत से मुक्ति का विद्रोहमुखी स्वर सबका यकसाँ था। ऐसा क्यों? मैं तमाम भाषाओं की बात नहीं करूँगा। हिंदी-मराठी को ही लें। इन भाषाओं के साहित्यों में आत्मपरीक्षण, पुनर्मूल्यांकन और कहीं प्रतिक्रियावादिता की भी लहरें उठी। लेकिन अंग्रेजियत पर प्रहार करने के इनके शस्त्र भिन्न होते गये, ऐसा क्यों? इसकी वजह काफी कुछ सांस्कृतिक और मनोवैज्ञानिक दीख पड़ती है। भारतीय साहित्य, संस्कृत काव्यशास्त्र के सौंदर्य-मूल्यों से प्रेरित रहा और आगे संस्कृत काल के समाप्त होने पर भी सदियों तक उन्हीं मूल्यों से नियंत्रित रहा। संस्कृत काव्यशास्त्र सामंती सौंदर्याभिरुचि का आदर्श मूल्य-संगठन था। अंग्रेज आये। अपने साथ अपने सौंदर्य-मूल्य भी लाये। उपनिवेशवादी सौंदर्याभिरुचि की प्रेरणाएँ उसके पीछे थीं। भारतीय सामंती काव्यशास्त्र और साम्राज्यवादी ब्रिटिश पोयटिक्स, ऐतिहासिक सांस्कृतिक पृष्ठिकाओं की भिननता के बावजूद दोनों का मूल चरित्र निहायत व्यक्तिवादी, मनोवैज्ञानिक और मूलतः

जनविरोधी था। इसलिए साहित्य के स्तर पर जब अंग्रेजी दासता से मुक्ति की लड़ाई चल रही थी तब साम्राज्यवादी सौंदर्य-मूल्यों से भी मुक्ति जरूरी थी। और फिर पुनर्मूल्यांकन शुरू हुआ। यही वह बिंदु है जहाँ आधुनिक हिंदी-मराठी के साहित्यों की शैलियाँ भिन्न हो गयीं। मराठी चेतना को बहुत पहले एहसास हो चुका था कि अंग्रजियत ने उनका और उनके मुल्क का सब कुछ छीन लिया है और हर स्तर पर उन्हें दरिद्र बना दिया है। और यह वरीयता अंग्रेजों को उनकी अपनी भाषाचेतना, व्याकरण-दृष्टि, वैज्ञानिक सूझ, इतिहास की गहरी समझ तथा व्यक्तिवादी जीवन-दृष्टि ने दी है। तब अगर हमें उनकी दासता से मुक्ति पानी है तो उन्हीं के अंग्रेजी धार वाले औजारों को इस्तेमाल करके अपनी साहित्य-परंपरा का पुनर्मूल्यांकन करना होगा। आप देखिए, तब से मराठी में भारतीय महाकाव्यों को 'इपिक' के तत्त्वों पर परखा जाने लगा। ब्रिटिश क्लासिक्स के मराठी अनुवाद आये। उन्हीं के सौंदर्य-मूल्यों के आधार पर नया साहित्य रचा जाने लगा। मराठी के क्रांतिकारी पत्रकारों, सुधारकों और साहित्यकारों ने अंग्रेजी चिंतनशैली पचाकर उसे उन्हीं के खिलाफ खड़ा किया। इसके विपरीत हिंदी की प्रक्रिया थी। अंग्रेजियत ने हमारी तमाम अस्मिता सोख ली है, यह एहसास वहाँ भी था। लेकिन इससे मुक्ति के लिए अपनी ही परंपरा में प्राप्त औजारों को नया जामा पहनाकर अंग्रेजियत के खिलाफ खड़ा करना होगा, यह विश्वास भी था। इसीलिए आधुनिक हिंदी का विद्रोही चरित्र ठेठ भारतीय महाकाव्यों, पुराणों, मिथों और लोकप्रतिमानों का आधार लेकर स्वाधीनता के समष्टि चित्र खड़ा करने लगा। दोनों जगह कुछ लाभ भी हुए कुछ हानि भी हुई। अंग्रेजी दासता से मुक्ति की साहित्यिक लड़ाई में मराठी की सर्जना जाने-अनजाने 'ब्रिटिश पोयटिक्स' की शिकार बन गयी। वहाँ भारतीय पहरावों में 'अंग्रेजी मॉडेल' कुछ ज्यादा ही आये। उधर हिंदी की सर्जना इसी मुक्ति की प्रक्रिया में भारतीय काव्यशास्त्र की कुछ अतिरिक्त शिकार बन गयी। नये के नाम पर छुट-पुट बदल करके वही 'भारतीय मॉडेल' फिर से सक्रिय हुए। दोनों जगह जाने-अनजाने प्राचीन सामंती एवं साम्राज्यवादी सौंदर्य-मूल्यों को दोहराया गया। लाभ यह हुआ कि मराठी में ब्रिटिश परंपरा की रिनासाँवाली व्यक्तिवादी मुद्रा विकसित हुई, तथा हानि यह हुई कि अपनी जातीय परंपरा के प्रति उदासीनता का भाव पैदा हुआ। उसी तरह हिंदी में, लाभ यह हुआ कि भारतीय संस्कृति की जड़ों के आलोक में विद्रोह के प्रतिमान विकसित हुए; तथा हानि यह हुई कि हिंदी-चेतना नवीनतम अंग्रेजी व्यक्तिवादी दृष्टि से अछूती रह जाने के कारण उसमें अतिरिक्त परंपरावादिता विकसित हुई। आज, जबकि हिंदी-मराठी का समकालीन साहित्य निहायत क्रांतिकारी रचनाशीलता से गुजरा हुआ है, फिर भी मराठी में पाश्चात्य साहित्य और उसके सौंदर्यशास्त्र का आकर्षण तथा हिंदी में भारतीय साहित्य और उसके सौंदर्य-मूल्यों का आकर्षण कुछ ज्यादा ही है। परिणामतः मराठी का साहित्य और उसके सौंदय-मूल्यों का आकर्षण कुछ ज्यादा ही

है। परिणामतः मराठी का साहित्य व्यक्ति-केंद्रित मनोविज्ञान से ज्यादा प्रेरित है तो हिंदी का समष्टि-केंद्रित समाज-विज्ञान से ज्यादा प्रेरित है। भारतेंदु का साम्राज्य-विरोध और साहित्य-चेतना को अपनी लोक-परंपरा से जोड़ने का आग्रह; महावीर प्रसाद द्विवेदी की क्रांतिकारी देशी पत्रकारिता और गद्य की सत्ता का उपयोग; उपाध्याय, मैथिलीशरण गुप्त का खड़ी हिंदी को सर्जनशील क्षमता देना और हिंदी परंपरा के साथ जुड़े संस्कृत शुद्धतावाद को तोड़ने का आग्रह; प्रसाद, निराला की ठेठ भारतीय रोमांटिक आदर्शवादी दृष्टि; इसके आगे प्रेमचंद तक आते-आते सामंतवादी शोषण परंपरा का विरोध और सच्ची ग्रामीण भारतीयता को विरासत की पुनः प्रतिष्ठापना, आदि। ये कुछ चीजें हैं जो हिंदी के आजादी पूर्व साहित्य की समाजाभिमुख मुद्रा को स्पष्ट करती हैं। मराठी में इसी युग में रविकिरण मंडल के व्यक्तिवादी रोमानी कवि; रंजकता के व्यक्ति मनोविज्ञान को बढ़ावा देनेवाले किर्लोस्कर-खाडिलकर और गड़करी के नाटक; कथा साहित्य में शुरुआत के हड़प, नाथ माधव। बाद की मध्यवर्गीय सौंदर्यदृष्टि की रोमनी आवृत्तियाँ देनेवाले फडके-खांडेकर—ये रचनाकार कुछ अधिक छाये रहे।

आजादी आयी और नवलेखन की सशक्त धारा का जन्म हुआ। आजादी के साथ विदेशी सत्ता से मुक्ति की भावना के समानांतर अपनी सर्जना में 'भारतीय स्रोत' को नये सिरे से तलाशने की जिज्ञासा पैदा हुई। एक तरफ डार्विन, फ्रायड और मार्क्स तथा दूसरी तरफ वैज्ञानिक चेतना के आगमन से विकसित आधुनिकता ने संवेदनशील लेखक को जीवन की नितांत नयी मूल्य-व्यवस्था की तरफ आकर्षित किया। नवलेखन ने पुरानी रचनाशीलता के दोनों स्तर नकारे। आशय का भी और अभिव्यक्ति का भी। भारतीय मानस इस दौर में हर तरह की संक्रांति और उससे जुड़े संकट का अनुभव कर रहा था। भारतीयता के काल-बाह्य तत्त्वों को नकारने की आवश्यकता का एहसास जितना तीव्र था उतना ही उसकी जातीय ऊर्जा को स्वीकारने की ललक तेज थी। बाहरी विचारधाराओं के कारण आहत होती प्राचीन भारतीयता के मानवीय एवं आध्यात्मिक धनपक्ष को बचाये भी रखना था। इसलिए संक्रांति का संकट तीव्र था। नये विचार, नयी प्रेरणाएँ, नयी स्थितियाँ, नयी संवेदनाएँ और इस सबको कला के स्तर पर फैलाने के लिए नयी भाषा तथा नयी शिल्प-चेतना को विकसित करना था। इसलिए संक्रांति का संकट सामाजिक भी था और साहित्यिक भी था—दोनों एक साथ। मुल्क की लगभग सभी प्रगत भाषाओं ने और उनकी साहित्यधर्मिताओं ने इसे महसूस किया। संकट की चुनौती जो भाषा जितने साहस के साथ झेल सकी उतनी ही ताजगी उनके नवलेखन में आयीं। अब पुराना रोमानी लिजलिजापन नहीं रहा। उसकी जगह यथार्थ की ठोस जमीन पर बदलते मानवीय रिश्तों की क्रांतिकारी तस्वीरें उभरने लगीं। अपनी प्रेरणाओं और प्रवृत्तियों में यकसाँ होकर भी हिंदी नवलेखन का मिजाज अन्य साहित्यों की तुलना में अक्सर 'सामाजिक' रहा। यह नहीं कि उसने व्यक्ति के मनोविज्ञान को खोला नहीं, खोला।

लेकिन उसमें वह ज्यादा दिलचस्पी नहीं ले सकी। फिर से हिंदी-मराठी की बात करें। मराठी में यथार्थ के उस उत्स को ज्यादा तरजीह दी गयी, जिसमें व्यक्ति-मनोविज्ञान की परतें खुलती हैं। यहाँ भी यह नहीं मानना चाहिए कि सामाजिक एहसासों की बात मराठी में हुई नहीं, हुई। लेकिन अपेक्षतया कम। इसलिए दोनों जगह चंद समानताओं के बावजूद भिन्नताएँ कुछ ज्यादा ही हैं। कविता में मढेंकर-अज्ञेय, कहानी में माडगूलकर-रेणु, नाटक में तेंडूलकर-राकेश, ये चंद समानताएँ छोड़ दें तो, कमलेश्वर, ज्ञानरंजन, काशीनाथ या रघुवीर सहाय, श्रीकांत वर्मा और आगे मुक्तिबोध, धूमिल, देवताले की समाजार्थिक मुद्रा मराठी में विकसित नहीं हो सकी। चित्रे-खानोलकर-कोलटकर इनकी व्यक्ति-केंद्रित अतियथार्थवादी मुद्रा हिंदी में नहीं आ पायी। यह बात कुछ सशक्त रचनाकारों की हुई। लेकिन दोनों भाषाओं की ये विभिन्नताएँ जब कमजोर या दोयम दर्जे के रचनाकारों के हाथों निर्माण की प्रक्रिया पाती रहीं, वैसे इन पर 'वाद' हावी होते रहे। परिवेशगत प्रेरणाओं से कटी करने के कारण मनोवैज्ञानिक सर्जना रूपवाद-कलावाद का आश्रय लेने लगी। इसके विपरीत परिवेशगत प्रेरणाओं से पूरी तरह जुड़ी रहने के कारण समष्टि-केंद्रित सर्जना जीवनवाद-विचारवाद का आश्रय लेने लगी। नतीजा यह हुआ कि मराठी की आलोचना अक्सर कलावादी आग्रहों और हिंदी की आलोचना अक्सर जीवनवादी आग्रहों को लेकर चलती रही है।

नवलेखन के बाद के लगभग ढाई-तीन दशक भारतीय साहित्य में उरूज के दशक रहे हैं। हिंदी में चंद लक्षणीय अपवादों को छोड़कर शोषण-मुक्त मानवीय चरित्र की परिवर्तनमुखी प्रतिमा को कई कोणों से निखारा-सँवारा गया। मराठी में दलित साहित्य के लक्षणीय अपवाद को छोड़कर अस्तित्ववादी-अतियथार्थवादी मानवीय चरित्र की अंतर्मुखी प्रतिमा को विविध कोणों से निखारा गया। लेकिन पता नहीं क्या हुआ, पिछले डेढ़-दो दशकों से समूचे भारतीय साहित्य में एक ठंडा ठहराव आ गया है। कुछ सरक नहीं रहा है। मराठी के दलित साहित्य ने तमाम मध्यवर्गीय-ब्राह्मणी सौंदर्य प्रतिमान तोड़े थे और मराठी को कुछ ऐसा दिया जो निहायत ताजा, चौंकानेवाला, नया असौर हद दर्जे का परंपरा-भंजक था। लेकिन जब उसकी आवृत्तियाँ-पुनरावृत्तियाँ होने लगी और जब दलित रचनाकारों की दूसरी-तीसरी पीढ़ी ने लिखना शुरू किया, जाहिर था उसमें वह भुक्तभोगी की ताजगी नहीं आ सकती थी। इसलिए विद्रोह-निषेध का बौद्धिक स्तर तो सुरक्षित रहा, उसमें कला की प्रौढ़ता नहीं आ सकी। इधर मराठी का स्थापित लेखक-वर्ग खुद को दोहराता रहा है। उसके मध्यवर्गीय दायरे में नये सिरे से कहने जैसी कोई चीज बच नहीं गयी है। वह पश्चिम की अतियाथार्थवादी उलझनों की नकल कर रहा है। इसलिए ठहराव दोनों जगह है।

हिंदी में मराठी की तरह 'दलित साहित्य' का कोई आंदोलन नहीं उभरा। वहाँ शोषित जनों की पीड़ाओं को उच्चवर्णीय लेखकों ने ही व्यक्त किया है। इसलिए जब तक इस वर्ग में अपने वर्ग-वर्ण की मानसिकता को लाँघने की रचना-क्षमता बरकरार

रही, कुछ क्रांतिकारी चीजें सामने आयीं। लेकिन आगे चलकर यह वर्ग मार्क्सिस्ट विचारधारा और उससे जुड़े सौंदर्यशास्त्र में इतना उलझ गया कि अब रचनाएँ बौद्धिक लफ्फाजी का पर्याय-सी बन गयीं। हिंदी में शोषित वर्ग बहुत कम लिख रहा है। लेखन का थोड़ा-सा अभ्यास होते ही और हल्की-सी शोहरत मिलते ही यह वर्ग उच्च मध्यवर्गीय रचना-पैटर्नों की नकल करने लगता है। ऊँचा वर्ग चाहता भी यही है। वह इन्हें अपने खेमे में बाइज्जत दाखला दे देता है। और फिर दोनों वर्ग एक ही बिरादरी के बनकर लेखन-कर्म की अय्याशी करने लगते हैं। और फिर वाम रचनाशीलता भी तो कितने खानों में बँटी है। हालाँकि विद्रोहमुखी वामचेतना में सृजन की जितनी संभावनाएँ आज हैं, शायद कभी नहीं थीं। पर वह ऊँचे वर्ग के खेमेवाली साजिश की शिकार बन गयी है। और फिर महानगर के आकर्षण, प्रकाशन, संस्थाओं की लालचें, नये-नये माध्यमों की तामझाम, और फिर कमिटियों, सेमिनारों, पुरस्कारों, सम्मानों, विदेश यात्राओं ने हमारी समूची साहित्यिक संस्कृति को विकृत और खोखला कर दिया है। वह बेहद सर्द और स्थिर हो गयी है।

नवलेखन में कुछ बहुत अच्छी चीजें नये उभरते भारतीय गाँव को लेकर लिखी गयी। रेणु, शिवप्रसाद सिंह, श्रीलाल शुक्ल की कुछ चीजें 'ग्रामीण' चेतना की संकुल करवट को बखूबी पकड़ सकीं, लेकिन बाद में इस परंपरा में जो भी लिखा गया, उसमें आत्मकथात्मक अनुभवों की कमजोरी और संसक्ति की कमी इतनी खलती रही कि चीजें जैसे कारीगरी का कमाल दिखाने के लिए सुनियोजित की गयी हों, इनमें कला की गहराई नहीं आ पायीं। इन लोगों ने प्रेमचंद की विरासत से खुद को जोड़ने के नारे जरूर लगाये थे, पर इनका अपनी रचना से वास्ता, मात्र बचपन की स्मृतियों तक सीमित रहा। इसलिए उसमें प्रेमचंद की युग के समानांतर चलने की कला-सूझ कतई नहीं आ सकी। ये लोग आगे चलकर या तो समाजवाद-साम्यवाद की पूँछ पकड़कर क्रांति एवं परिवर्तन की बौद्धिक चर्चा करने लगे या फिर गाँधी का पल्ला पकड़कर भारतीय अध्यात्म की दुहाई देने लगे। जिन प्रदेशों की संवेदनशील प्रतिभा अपने युग के समानांतर चली वहाँ कुछ अच्छीं चीजें सामने आयीं। मराठी के दलित साहित्य में आत्मकथ्य का एक नितांत नया प्रवाह उभरकर जरूर आया, पर कुछ अपवादों को छोड़कर यहाँ भी स्मृतियों का आधार लेकर निषेध के बौद्धिक जाल बुने गये। वे चीजें इनसे मुक्त थीं जो या तो महानगरीय उच्च संस्कृति और उसके भौतिक आकर्षणों से दूर थीं या फिर अपनी बयानी में निहायत ईमानदार और ठेठ थीं। यूँही नहीं दलित आत्मकथाओं में मराठावाड़ा और उसके आसपास के महानगरीय अभिशाप से कटे आँचल के लेखकों की चीजें ज्यादा बेहतर और कलात्मक हैं। प्र. ई. सोनकांबळे की 'आठवीणीचे पक्षी' (यादों के पंछी) शरणकुमार निंबाले की 'अक्करमाशी' और अभी साहित्य अकादमी से पुरस्कृत लक्ष्मण गायकवाड की 'उचल्या' इन्हें परखा जा सकता है। हिंदी प्रदेश में यह नहीं हो सका, हालाँकि वहाँ दलितों की संख्या और शोषण की दाहकता भी बहुत अधिक है। पर उधर कोई

आंबेडकर पैदा नहीं हुआ। और फिर हिंदी प्रदेश की सांस्कृतिक परंपरा में ही 'कविता' को उभारनेवाली अंतर्मुखी तल्लीनता कुछ अधिक ही है। इसलिए हिंदी बेल्ट में और प्रदेशों की तुलना में 'गद्य' की बहिर्मुखता नहीं आ सकी। और फिर वहाँ सामाजिक-सांस्कृतिक सुधारों की परंपरा भी तो उतनी तेज नहीं थी। सामंती का दबाव कुछ ज्यादा ही था। जीने के लिए संघर्ष की कमी, जरखेज मिट्टी के कारण आम लोगों में पनपी अल्प-संतुष्टता, अंध श्रद्धाओं ने दिया निठल्लापन और नियति तथा भाग्यवाद को शरण से निपजी 'धर्म' चेतना, ये कुछ ऐसे कारण हैं जिससे इस प्रदेश में बंगाल एवं महाराष्ट्र की तरह न तो तीखा व्यंग्य, न पैना विनोद और न संघर्षधर्मी नाटक उभर सका। राधाकृष्ण की लीलाभूमि में संस्कारित लेखक कथा की बहिर्मुखता कम ही हासिल कर सका।

अब एक आखिरी बात इस ठहराव के बारे में। ऊँचे दर्जे का लेखक अक्सर मध्यवर्गीय चेतना में संस्कारित प्रतिभा का धनी होता है। मतलब यह कि वह वर्गहित का शिकार भी होता है, पर प्रतिभावान होने के कारण वर्गहित के पूर्वाग्रहों से मुक्त होने की क्षमता भी रखता है। इसी को सही मायने में—'डी-क्लास'—होने की प्रक्रिया कहते हैं। लेकिन दोयम दर्जे के साहित्यकार एक वक्त में दोनों में से किसी एक पक्ष पर ज्यादा तूल देते हैं, जिससे परिणाम रचना के असंतुलन में होता है। इसे यों समझें। औसत किस्म की मध्यवर्गीय संवेदनशीलता जब ऊँचे एवं सत्ताधीश वर्ग के हित में अपनी सर्जना को ढालती है, तब वह अक्सर रूपवाद का प्रश्रय लेकर या तो रुग्ण व्यक्ति-मनोविज्ञान के अनोखे चित्र प्रस्तुत करती है या परिवेशगत शक्तियों के रूबरू मनुष्य की हताश नियति की फंतासियाँ बुनती है। दोनों जगह वह मनुष्य की स्वाधीन गरिमा को उच्च वर्ग के हित में इस्तेमाल किये जाने की साजिश का अनजाने शिकार हो जाती है। इसके विपरीत जब यही संवेदनशीलता अपने वर्गसंस्कारों से मुक्त होने की क्षमता का कुछ-कुछ परिचय देती है, तब अक्सर वह निम्न मध्यवर्ग या शोषित बहुसंख्यक वर्ग के हित में अपनी सर्जना को ढालती है। इस बिंदु पर ज्यादातर वह जीवनवाद का पश्रय लेकर या तो परिवर्तनमुखी समाज-मनोविज्ञान के विद्रोहात्मक चित्र प्रस्तुत करती है या परिवेशगत ताकतों के मध्य मनुष्य की बेहतरी के रोमांटिक सपने देखती है। दोनों जगह वह मानव-मुक्ति की अतिरिक्त हिमायत करती हुई प्रचार-वाहिता की शिकार बन जाती है। आज स्थिति कुछ ऐसी ही है। अच्छी रचनाएँ इसलिए शायद नहीं आ पा रही हैं, क्योंकि संवेदनशील लेखक अपने व्यक्तित्व और स्थितियों के द्वंद्व की पीड़ा को पचाकर उसके पार नहीं जा पा रहा है। वह सस्ते किस्म के कलावाद या जीवनवाद जैसे दो सिरों को पकड़कर साहित्यकार बनने का दंभ पाले बैठा है। ऐसी रचनाएँ इधर नहीं आ रही हैं, जिनमें रूपवाद नहीं, रूप की स्वायत्तता हो, जिसमें जीवनवाद नहीं, मानवीय गरिमा से रचना की संसक्ति हो। इधर मराठी का साहित्य पहले खेमे में पड़ता है, तो हिंदी का दूसरे।

तुलनात्मक अध्ययन : समस्याएँ (4)

□ डॉ. चंद्रकांत बांदिवडेकर

तुलनात्मक अध्ययन के लिए भारतीय भाषिक और साहित्यिक परिवेश जितना प्रेरणादायी है उतना ही कठिनाइयों से ओतप्रोत भारतीय भाषाओं का साहित्य समान स्रोतों तथा समान प्रभावों से प्रभावित है। अतः उसमें साम्य का होना स्वाभाविक है। समान संस्कृति एवं परंपरा, समान लोक-स्वभाव से उत्पन्न लोकसाहित्य की पीठिका, वेद से लेकर जगन्नाथ पंडित तक के प्रचुर संस्कृत साहित्य का समान आधार, विभिन्न संप्रदायों को समाहित कर वैविध्य से समृद्ध होनेवाली सहिष्णु धार्मिक भावना, संत-साहित्य की पवित्र गंगा से आप्लावित मानस भूमि का समान परिदृश्य प्रकृति एवं जीवजंतुओं के प्रति आत्मीय रिश्ता कायम करने की आकांक्षी आत्मानुभूति, साक्षात्कारी महामानवों का महात्मा गाँधी तक अविच्छिन्न अविरल अवतरण—ये कुछ ऐसी स्थितियाँ हैं जिन्होंने भारतीय मानस को विशिष्टता और आकार दिया है। भारतीय संस्कृति के सामाजिक रूप ने शक और हूणों से लेकर अंग्रेजों तक के आक्रमणों को समान रूप से झेला है और विविध धार्मिक आक्रमणों को भी पचाया है। अगर यह बात मान्य है कि सांस्कृतिक परिवेश और लेखकीय मानस का रिश्ता अटूट होता है तो यह स्वीकार करना ही पड़ेगा कि भारतीय परिवेश में उत्पन्न साहित्य अपनी मूल आत्मा में एक है। इसका दूसरा अनुषंग यह भी है कि इस मूलभूत एकात्म को अस्वीकार कर लिखा गया साहित्य भारतीय नहीं है या उसकी जड़ें यहाँ नहीं जमी हैं। भारतीय साहित्य में भाषिक भिन्नता है और भाषिक भिन्नता समृद्धि की परिचायक है क्योंकि साहित्य एक ऐसा क्षेत्र है जहाँ भाषागत वैविध्य समृद्धि से जोड़ता है; चूँकि ये उपरोक्त स्थितियाँ कालक्रम में आगे-पीछे उत्पन्न हुई हैं, अवकाशगत प्रभाव भी कुछ अलग है, प्रादेशिक या आंचलिक विशिष्टता, जो साहित्य में अपना सौंदर्य लेकर अवतरित होती है, भिन्न है और साहित्य से अभिन्न रूप से जुड़ी शब्द-संपदा का ध्वनि-लय-गत विन्यास भी कुछ अलग है। भारतीय साहित्य

में भाषिक भिन्नता प्रचुर मात्रा में है। सारांश विभिन्नता में अभिन्नता की खोज और अभिन्नता में विशिष्टता की खोज तुलनात्मक अनुसंधान की एक दिशा है। इस अनुसंधान में समानता की उपलब्धि से प्राप्त भावनात्मक एकता का एहसास आनुषंगिक लाभ है जो भारतीय संदर्भ में आज महत्त्वपूर्ण है। असल में तुलनात्मक नजरिये से देखने पर रचनाओं का सापेक्ष महत्त्व दृष्टिगोचर होता है, विशिष्टता की गहरी पहचान होती है, तथा मूल्यांकन में एक व्यवस्था एवं क्रम कायम करने में सहायता होती है। साहित्य की पहचान अधिक समग्र होने में सहायता होती है। विशिष्टता के साथ वैश्विकता का सहअस्तित्व अवगत करने में मदद मिलती है, अंतिम परिणति में सकल साहित्य की आलोचना और तुलनात्मक साहित्य आलोचना का उद्देश्य भिन्न नहीं है।

भारतीय संदर्भ में तुलनात्मक अध्ययन की पहली समस्या भारतीय बौद्धिकों की मानसिकता है जो आज भी उपनिवेशवाद से प्रभावित है। भारतीय अस्मिता को निष्प्रभ करने की जितनी युक्तियाँ संभव बन सकती हैं वे इनके द्वारा इसी काल में लायी जाती हैं। इन युक्तियों में एक यह है कि भारतीय साहित्य नामक कोई एक इकाई है ही नहीं, वस्तुतः यह तर्क किसी तुलनात्मक निरीक्षण से निष्कर्षित नहीं है। हवा में उछाला गया है। परंतु भारतीय एकात्म मानस की अस्मिता पर इससे खरोंच जरूर उठती है। वैसे तुलनात्मक अध्ययन कम-से-कम दो भिन्न भाषाओं के संदर्भ में किया जाने वाला अध्ययन है अतः भारतीय साहित्यों की भिन्नता पर बल देने से तुलनात्मक अध्ययन की प्रक्रिया पर इससे आघात नहीं होना चाहिए परंतु आघात एक दूसरी दिशा से होता है। इसमें अंतर्ध्वनि यह है कि भारतीय भाषाएँ समान रूप से सशक्त नहीं है और दो भारतीय भाषाओं के बीच तुलनात्मक अध्ययन उतना ही महत्त्वपूर्ण है जितना भारतीय भाषा और किसी अभारतीय भाषा में महत्त्वपूर्ण है। परिणामतः अपनी भाषा के प्रति अतिरिक्त अभिमान हो और अन्य भारतीय भाषाएँ उसकी समकक्षता कर सकती है, यह अशंका भी न हो तो फिर एक ही रास्ता रह जाता है—अपनी भाषा के साहित्य की पश्चिमी साहित्यों से तुलना। पिछले सौ वर्षों में भारतीय भाषाओं के साहित्यों के तुलनात्मक अध्ययन की अपेक्षा यही बात अधिक हावी रही। परिणामतः भारतीय साहित्यों में जो आदान-प्रदान की गति तेज होनी चाहिए थी वह उतनी नहीं रही।

वहीं पर एक दूसरी समस्या सामने आती है। तुलनात्मक अध्ययन की आधार भाषा क्या हो। यहाँ तीन विकल्प सामने आते हैं : (1) तुलनात्मक अध्ययन अंग्रेजी भाषा के माध्यम से हो सकता है; (2) वह हिंदी के माध्यम से हो सकता है; और (3) वह विभिन्न भारतीय साहित्य में अपनी-अपनी भाषा को आधार मानकर हो सकता है। मुझे ये तीनों प्रक्रियाएँ एक साथ चलने देना आवश्यक लगता है। दुर्भाग्य से अंग्रेजी के माध्यम से तुलनात्मक अध्ययन करनेवालों के मन में भारतीय

भाषाओं के प्रति वह समादर की भावना नहीं है। अतः यह कार्य ऐस दोयम दर्जे के विद्वान् के जिम्मे चलता है जो अंग्रेजी अच्छी लिख-बोल लेते हैं परंतु न इनको अपनी मातृभाषा में सम्मानित स्थान प्राप्त है न दूसरी भाषा में जिसका सहारा वे तुलनात्मक अध्ययन के लिए लेना चाहते हैं। मेरी राय में सर्वोत्कृष्ट विकल्प तो तीसरा है अगर हर भारतीय भाषा में अन्यान्य भाषाओं के साहित्यों के साथ तुलना का कार्य गतिशील होगा तो वह अधिक गहन स्तर पर भी होगा और भाषिक गति से होगा। महाराष्ट्र में मराठी-भाषी छात्रों में या अध्येताओं में मराठी के सांस्कृतिक और साहित्यिक परिवेश के प्रति अधिक आत्मीय संबंध होने के कारण और परायी भाषा के विचारों एवं अनुभवों को व्यवधान पहुँचानेवाली बाधाएँ न होने के कारण तुलनात्मक अध्ययन का कार्य अधिक प्रभावपूर्ण ढंग से होगा। तीसरा विकल्प अंग्रेजी के स्थान पर हिंदी में तुलनात्मक अध्ययन किया जाय। आज हिंदी में अनेक तुलनात्मक अध्ययन प्रस्तुत हो रहे हैं। सबसे बड़ी खामी जो इनमें नजर आती है वह यह कि मातृभाषा का भाषा के स्तर पर भले ही परिचय हो परंतु साहित्य संस्कार क्षीण होता है और इसलिए ये अध्ययन केवल स्थूल परिचय प्रस्तुत करने के अतिरिक्त अधिक गहराई में नहीं ले जाते।

इन तीनों विकल्पों के अपने लाभ हैं और कठिनाइयाँ भी। संपर्क भाषा के रूप में भारतीय साहित्यों का तुलनात्मक अध्ययन अंग्रेजी माध्यम से बहुत सहायता नहीं करता। विशेषतः कविता के तुलनात्मक अध्ययन में इसकी सीमाएँ उजागर होती हैं फिर पिछले डेढ़ सौ वर्षों में अंग्रेजी ने जो काम किया है वह उस पर किये गये व्यय की तुलना में बहुत नगण्य है और हमारी संवेदना अभिव्यक्ति की भाषा अंग्रेजी नहीं हो सकती यह विस्तार से स्पष्ट करने की जरूरत नहीं है। हिंदी अंग्रेजी की तुलना में संपर्क भाषा का कार्य अधिक शक्तिपूर्ण ढंग से कर सकती है। दुर्भाग्य से हिंदी-भाषी क्षेत्रों में अहिंदी भाषाओं को पढ़ने की प्रवृत्ति क्षीण है और अहिंदी-भाषी क्षेत्रों में हिंदी का विरोध अपने स्थान पर है। परंतु सबसे बड़ी कमजोरी साहित्य का साहित्य के स्तर पर अध्ययन करने की प्रवृत्ति कम है। परिणामतः साहित्य के स्वरूप-विश्लेषण में एवं मूल्यांकन में अनेक गड़बड़ियाँ पैदा होती हैं। असल में आदर्श स्थिति तो यह है कि विभिन्न भाषाओं के साहित्यों को बिना किसी अन्य संपर्क भाषा के सीधे एक-दूसरे के संपर्क में आना चाहिए। परंतु इसके लिए हर प्रांत में दूसरे प्रांतों की भाषाएँ सीखने और साहित्य का अध्ययन करने की प्रवृत्ति को बढ़ावा देना आवश्यक है। हर विश्वविद्यालय में विविध भाषा-भाषियों को सुविधाएँ देकर भाषा एवं साहित्य का अध्ययन करने के लिए प्रेरित किया जाए तो दस-पंद्रह वर्षों में इसके अच्छे नतीजे निकल सकते हैं। परंतु हमारे राजकर्ताओं के पास 'अपना उत्सव' या फ्रांस ट्रस्ट की चकाचौंध के लिए पैसे की कमी नहीं है, परंतु दस-पंद्रह वर्षों के बाद फल देनेवाली मूलभूत मानवीय कल्याण की योजनाओं पर खर्च करने के लिए पैसा नहीं

है। असल में आंतरभारती की संकल्पना का योजनापूर्वक उपयोजन किया जाय तो बहुत बड़ा कार्य सिद्ध हो सकता है। परंतु हमारी राजनैतिक महत्त्वाकांक्षा भावनात्मक एकता के नाम पर एक-दो दिन दौड़ लगाने के हास्यास्पद कार्यक्रम के आगे ऊँचे उठती ही नहीं है।

यहाँ एक महत्त्वपूर्ण मुद्दा उभरता है। अनुवाद प्रक्रिया को एक आंदोलन के रूप में उठाने का। अनुवाद तुलनात्मक अध्ययन की महत्त्वपूर्ण आधारशिला है। जिन दो या अधिक भाषाओं के साहित्यों में तुलनात्मक अध्ययन करना है उनका प्रत्यक्ष ज्ञान और अच्छा ज्ञान एक आदर्श चित्र है। परंतु आज के बढ़ते संपर्क के फलस्वरूप उत्पन्न होनेवाली निकटता के कारण भारतीय परिवेश में ऐसी स्थिति है कि वैश्विक स्तर पर रचनाओं का हिंदी में त्वरित अनुवाद हो ताकि अन्य भाषाओं के लिए भी वह सुलभ हो, चूँकि संख्या की दृष्टि से हिंदी-भाषी राज्य भी अधिक हैं और जाननेवाले भी अधिक हैं। हिंदी में महान ग्रंथों का अनुवाद आवश्यक कार्य है, इस संबंध में एक व्यावहारिक योजना प्रस्तुत करना चाहूँगा। भारतीय भाषाओं के ऐसे महत्त्वपूर्ण ग्रंथों की सूचियाँ बननी चाहिए जो दूसरी भाषाओं के लिए भी योगदान करने का सामर्थ्य रखती हों। इन आधिकारिक सूचियों की सहायता से अनुवाद कार्य किया जाय तो पिष्टपेषण पुनरुक्ति या अनावश्यक परिश्रम से बचा जा सकता है। असल में अनुवाद साहित्य का ही नहीं साहित्येतर ग्रंथों का भी किया जा सकता है। किसी भी भाषा में ऐसे ग्रंथ जो ज्ञान के आधारभूत और मौलिक ग्रंथ हों, संख्या में अधिक नहीं होंगे। उनको अनूदित करने के लिए हर राज्य की अकादमियों को, विश्वविद्यालयों को, स्वतंत्र विभाग खोलकर प्रबंध करना चाहिए। एक उदाहरण प्रस्तुत करना चाहूँगा। महाराष्ट्र राज्य में मराठी में विश्वकोश का कार्य हो रहा है। हर राज्य में विश्वकोश नये सिरे से करने की आवश्यकता नहीं है। अपने राज्य की भाषा एवं साहित्य की जरूरतों के अनुसार परिशिष्टों में अधिक प्रविष्टियाँ भरकर मराठी विश्वकोश का भारतीय भाषाओं में अनुवाद किया जाय तो आसानी रहेगी। अनुवाद कार्य को सम्मान देने के लिए केवल पुरस्कार का लालच पर्याप्त नहीं है। अनूदित ग्रंथों का महत्त्व ज्ञापित करनेवाली समीक्षाएँ लिखी जाये, चर्चाएँ आयोजित की जाये तो अनूदित ग्रंथ का महत्त्व बढ़ सकता है। भारतीय बौद्धिकों की मानसिक दासता का एक लक्षण यह है कि अपनी रुचि की पुस्तकों की चर्चा करते समय हम जितना उत्साह विदेशी भाषाओं के साहित्य का गुणगान करने में दिखाते हैं उतनी ही उदासीनता हमारी भाषाओं की रचनाओं में दिखाते हैं। मैं प्रश्न रखना चाहता हूँ—किसी भी भारतीय भाषा में अन्य भारतीय भाषा की रचना पर उत्साहपूर्वक चर्चा हुई है? जब तक भारतीय भाषाओं में अनुवाद-आंदोलन प्रभावी नहीं किया जाता तब तक तुलनात्मक अध्ययन को गति मिलना मुश्किल है।

भारतीय साहित्य के अनूदित ग्रंथों की सूचियाँ बनाने का कार्य भी अधिक

महत्त्वपूर्ण है। मुंबई विश्वविद्यालय के तुलनात्मक विभाग ने मराठी में अनूदित ग्रंथों और मराठी से अन्य भाषाओं में अनूदित ग्रंथों की सूची बनाने का कार्य शुरू किया था। और वह आज एक शोधछात्रा के सहारे चल रहा है।

तुलनात्मक अध्ययन में महत्त्वपूर्ण समस्या अध्येता के व्यापक अध्ययन की है। आज तो कुल साहित्य के अध्ययन के प्रति ही हमारी रुचि और निष्ठा क्षीण हो रही है। तुलनात्मक अध्ययन की प्रेरणा साहित्य की गहरी पहचान, व्यापक स्तर पर मूल्यांकन आदि न रहकर वह उपाधि प्राप्त करने का एक आसान साधन बन गया है। तुलनात्मक अध्ययन के लिए पहली शर्त साहित्य के प्रति गहन लगाव है। साहित्यानुभव जीवन को सार्थक करनेवाला एक महत्त्वपूर्ण संस्कार है, यह निष्ठा अगर नहीं है तो सारा प्रयास एक पंगु व्यक्ति का दौड़ में भाग लेकर विजयी होने की आकांक्षा रखना है। दुर्भाग्य से किसी एक भाषा के साहित्य से थोड़ा-सा ठीक ढंग का परिचय और दूसरी भाषा का पढ़ने-लिखने लायक ज्ञान ही तुलनात्मक अध्ययन के लिए पर्याप्त माना जाता है; असल में जिन साहित्यों की तुलना करनी है उनका समूचा सांस्कृतिक संदर्भ, सामाजिक-राजनैतिक परिवेश, धार्मिक अभिवृत्ति, साहित्य के इतिहास की संवेदना, भाषा का ज्ञान, साहित्यिक भाषा का गहन परिचय आदि अध्येता के बुनियादी सरोकार हैं। इनकी मजबूत तैयारी के बिना तुलनात्मक क्षेत्र में उतरना ही नहीं चाहिए। भारतीय आधुनिक साहित्य के तुलनात्मक अध्ययन के लिए एक और सरोकार महत्त्वपूर्ण है वह है पाश्चात्य साहित्य और भारतीय साहित्यिक परंपरा के संपर्क, टकराव और समन्वय का गहरा अध्ययन। पश्चिमी सरोकार से न केवल हमारी वाङ्मय विधाएँ आमूलचूल बदली हैं, अपितु आधुनिकता के संक्रमण से हमारी संवेदना भी किसी हद तक बदली है। कभी ऐसा भी लगता है कि पश्चिमी तेज हवा ने हमारी जातीय साहित्यिक/सांस्कृतिक स्मृति को ही इतना धूमिल किया है कि आधुनिक साहित्य का अध्ययन करते समय हम इसको पूरी तरह भूल जाते हैं। जब तक इसका भली भाँति ज्ञान आत्मसात नहीं होता तब तक तुलनात्मक अध्ययन ऊपरी स्तर को छूनेवाला और केवल सूचनात्मक ही हो सकता है। वस्तुतः भारतीय आधुनिक साहित्य के अध्येता को वह अध्ययन एकल साहित्य का होना भी, अनिवार्यतः तुलनात्मक दृष्टिकोण को अपनाना पड़ता है क्योंकि आधुनिक भारतीय साहित्य तो पश्चिमी दृष्टि से प्रभावित है ही, प्राचीन और मध्ययुगीन साहित्य के स्वरूप विश्लेषण एवं मूल्यांकन में भी पश्चिमी समीक्षा-दृष्टि का प्रचुर उपयोग किया जाता है। यह भी कहना अतिशयोक्तिपूर्ण नहीं होगा कि साहित्य की ओर देखने की समीक्षात्मक दृष्टि पूर्णतः पश्चिमी दृष्टिकोण के टकराव का परिणाम है।

तुलनात्मक अध्ययन के अध्येता को एक और सावधानी बरतने की जरूरत है। प्रायः तुलनात्मक अध्ययन में कलाकृति के पृथगात्म वैशिष्ट्य की पहचान

धुँधली पड़ने की संभावना होती है। कलाकृति का संरचनात्मक दृष्टिकोण से अध्ययन उपेक्षित हो जाने का डर रहता है। कलाकृति एक स्वायत्त सौंदर्यसंपन्न वस्तु है। इस बात का भान धूमिल होने पर कलाकृति से ऐसे प्रश्न पूछे जाते हैं जो असंगत हैं और संभवतः गौण कलाकृतियाँ अधिक महत्त्व पा जाती हैं। अगर साहित्य का सजग अध्ययन अंततोगत्वा कलाकृति के सौंदर्यबोध को, जो उसकी प्रमुख शक्ति है और सत्य का महत्त्वपूर्ण आयाम भी, उत्कटतापूर्वक संवेदित करना है तो तुलनामक अध्ययन का उद्देश्य भी अन्य नहीं होना चाहिए। कलाकृति से संबंधित अन्य प्रश्न कम महत्त्वपूर्ण नहीं हैं। परंतु अंतिम उद्देश्य से उन्हें किसी तरह जोड़कर ही विचार करना चाहिए। अगर कोई लेखक विस्तृत जानकारी समाविष्ट होने के लिए अन्य लेखक से जिनमें जानकारी का उपयोग स्प्रिंग बोर्ड की तरह किया गया हो, अधिक महत्त्व पा रहा हो तो खबरदार आवश्यक है। इसलिए तुलनात्मक अध्येता को कलाकृति के सौंदर्य-विषयक संवेदन को तरोताजा तो रखना ही चाहिए। उसके सांदर्भिक संबद्ध प्रश्नों से अपनी विवेचनात्मक मेधा को पुष्ट रखना चाहिए। अतः कलाकृति के रूपबंध की समस्याएँ शिल्प की समस्याएँ तथा कलाकृति को उसका स्वतंत्र अस्तित्व प्रदान करनेवाली विशेषताएँ आदि के प्रति भी विलक्षण दक्ष रहना जरूरी है। दुर्भाग्य से हमारी अध्यापन पद्धति में मूलभूत खामियाँ हैं जिनकी वजह से हमारे छात्र केवल साहित्य की जानकारी लेकर चले जाते हैं, संवेदनात्मक समृद्धि नहीं।

भारतीय संदर्भ में तुलनात्मक अध्ययन करते समय एक कठिनाई सामने आती है। यूरोप में अभिजातवाद, स्वच्छंदतावाद, यथार्थवाद एवं उनके अन्यान्य अंकुरों का बड़ा या छोटा एक क्रमिक इतिहास मिलता है। क्योंकि ये वाद या विचारधाराएँ ऐतिहासिक क्रम में परिवेश के दबाव से वहाँ उत्पन्न हुईं। भारत में उनका लगभग एक साथ प्रभाव पड़ने लगा। अतः यहाँ स्वच्छंदतावाद और यथार्थवाद के बीच कालिक क्रम दिखाना मुश्किल हो जाता है। हिंदी में प्रेमचंद यथार्थोन्मुख थे तो प्रसाद आदर्शोन्मुख रहे। दोनों समकालीन थे। फिर प्रसाद कविता में स्वच्छंदतावादी रहे तो 'कंकाल' जैसे उपन्यास में घोर यथार्थवादी। अभिजातवाद की वे मान्यताएँ जो यूरोपीय साहित्य में परिगृहीत है क्या भारतीय लेखकों के संदर्भ में हू-ब-हू लागू होती हैं? कालिदास को अभिजातवादी कहेंगे कि स्वच्छंदतावादी? प्रसाद कितने अभिजातवादी हैं, कितने स्वच्छंदतावादी? अतः भारतीय लेखकों का मूल्यांकन करते समय ही नहीं स्वरूप-विश्लेषण करते समय भी हमें उक्त मतवादों का बहुत ही सावधानी से उपयोग करना चाहिए। वैसे ही अंतर्मुख, बहिर्मुख आदि शब्द भी इतने मोटे हैं कि बहुआयामी लेखक की यात्रा जो इनके पारस्परिक संयोजन से चलती है (और किसी भी महान लेखक में इन दोनों अभिवृत्तियों का एक साथ होना आवश्यक है) को समझने में ये शब्द बहुत अधिक सहायता नहीं करते। हमें भारतीय

साहित्यकारों के स्वरूप-विश्लेषण के लिए या तो नये शब्द गढ़ने पड़ेंगे अथवा उक्त शब्दों का सावधानी से उपयोग करना चाहिए।

भारतीय साहित्यों के तुलनात्मक अध्ययन के लिए कुछ आधार ग्रंथों को तैयार करने की आवश्यकता है। भारत की द्रविड़ एवं आर्य कुल की महत्त्वपूर्ण भाषाओं के साहित्यों का एक समग्र इतिहास बनाने की दिशा में पहल करना आवश्यक है। इधर कंपेरेटिव भारतीय साहित्य पर दो बृहत् खंड प्रकाशित हुए हैं परंतु वस्तुतः वह तुलनात्मक अध्ययन नहीं है। विभिन्न भारतीय साहित्यों का सर्वेक्षण है और हर विधा की प्रस्तावना में कुछ तुलनात्मक सूचनाएँ दी गयी हैं। यह एक महत्त्वपूर्ण आधार ग्रंथ अवश्य है। तुलनात्मक इतिहास में विभिन्न भाषाओं के साहित्यों पर स्रोत ग्रंथों का प्रभाव किस तरह पड़ा इसका विशद विवेचन आवश्यक है। वेद, वाङ्मय, उपनिषद्, रामायण, महाभारत, पुराण, बौद्धचिंतन, जैनमत, इस्लाम विचार का प्रभाव समस्त भारतीय साहित्य पर है। यह प्रभाव आधुनिक साहित्यों पर भी परिलक्षित होता है। (मुंबई विश्वविद्यालय के तुलनात्मक अध्ययन टैगोर पीठ ने 'रामायण/महाभारत' का आधुनिक भारतीय साहित्यों पर प्रभाव'—ग्रंथ सिद्ध करने की दिशा में कार्य आरंभ किया है) हर भारतीय भाषा में उक्त स्रोत ग्रंथों के प्रभावों का अध्ययन किया जाय तो एक समग्र भारतीय साहित्य के इतिहास के लिए आधार सामग्री बन सकती है। मध्ययुगीन संत-साहित्य के स्वरूप को लेकर भी कतिपय समस्याएँ अनुसंधित्सु का सामना करने के लिए खड़ी हैं। शैव और वैष्णव धाराओं के स्वरूप का विवेचन जो भांडारकर जी ने किया था, उसके बाद इस दिशा में काफी कार्य किया जा सकता है। मध्ययुगीन भारत के विभिन्न संप्रदाय एक-दूसरे से कैसे संबद्ध हैं, कहाँ काटते हैं या अलग पड़ते हैं, इसका विचार किया जाना आवश्यक है। मेरी अल्प जानकारी में मराठी संत-साहित्य का अध्ययन करने के लिए पूरक रूप में कन्नड़-मराठी संबंधों का स्वरूप भी देखना जरूरी है। महानुभाव पंथ महाराष्ट्र के बाहर किन रूपों में फैला, इसका अध्ययन करना हो तो महाराष्ट्र के बाहर जाना जरूरी होगा। एक सामान्य प्रश्न यह है कि चक्रधर गुजरात छोड़कर महाराष्ट्र में क्यों आये? कौन-सी धार्मिक स्थितियाँ कहाँ थीं जो इस महात्मा को बेचैन कर रही थीं? भाषिक भारतीय साहित्यों में रामभक्ति की धारा का क्या स्वरूप रहा, कृष्णभक्ति के स्वरूप को विशिष्टता देनेवाली भाषिक/प्रांतीय/क्षेत्रीय स्थितियाँ कौन-सी थीं? क्या मधुरा भक्ति और सूफियों की तल्लीनता में परस्पर आदान-प्रदान की प्रक्रिया ने कुछ योगदान किया है? निर्गुणबंध की महाराष्ट्र में अभिव्यक्ति कितनी जोरदार रही? हिंदीभाषी क्षेत्रों में निर्गुण पंथ का जो प्रभावपूर्ण रूप प्रकट हुआ उसके समकक्ष अन्य क्षेत्रों में स्थिति क्या रही? ये कुछ ऐसे प्रश्न हैं जो समग्र भारतीय साहित्य के संदर्भ में ही विवेचित हो सकते हैं। संत-काव्य में प्रयुक्त विविध छंदों का, रूपकों और प्रतीकों का भी सूक्ष्म अध्ययन बाद में किया जा सकता है। हिंदीभाषी क्षेत्र में तुलसी, सूर,

मीरा आदि भक्त कवि संगीत के अच्छे जानकार थे, महाराष्ट्र में रामदास भी शायद अच्छे संगीतज्ञ थे। क्या वह संत-साहित्य और संगीत का यह सामंजस्य सभी क्षेत्रों में वर्तमान है? संत-साहित्य में एक समन्वयवादी प्रवृत्ति न केवल हिंदीभाषी प्रदेश में अपितु महाराष्ट्र में भी मिलती है—निर्गुण-सगुण ही नहीं, अद्वैत विशिष्टाद्वैत आदि दार्शनिक मत एक-दूसरे में घुल गये हैं। इसके पीछे कोई खास तत्त्व-पीठिका है या यह जनता की भेदों को समा लेने की प्रवृत्ति का परिणाम है? लोक-साहित्य का ही नहीं लोक में प्रचलित विविध गीत शैलियों का भी तौलनिक अध्ययन आवश्यक है। महाराष्ट्र की पंडित काव्य परंपरा और हिंदी की रीतिपरंपरा के समकक्ष क्या उसी काल में अन्य क्रमों में भी विदग्धकाव्य परंपरा उभार पर थी? उसका तत्कालीन स्थिति से क्या रिश्ता था?

हम आधुनिक साहित्य की ओर आते हैं तो कतिपय प्रश्न उत्पन्न होते हैं। पहला प्रश्न तो यह कि भारतीय संस्कृति समृद्ध परंपरा की स्मृति क्षीण करने का जो प्रयास उपनिवेशवादी राजनीति का एक पैंतरा था, उसका स्वरूप विभिन्न क्षेत्रों में कैसा था? उसका प्रतिवाद पुनरुत्थानवाद या प्रबोधन युग के विचारकों ने कैसे किया? मिशनरियों का सार्वदेशिक प्रभाव किन रूपों में पड़ा? आधुनिक साहित्य ने कथ्य एवं रूपबंध में परंपरा के साथ रिश्ता कायम करते हुए आधुनिकता से उसे कैसे जोड़ा? राष्ट्रीयता, गाँधीवाद, मार्क्सवाद का प्रभाव विभिन्न क्षेत्रों पर किस प्रकार पड़ा? इनका अध्ययन बहुत ही महत्त्वपूर्ण सिद्ध हो सकता है।

इस प्रकार का अध्ययन करते समय राजनीतिशास्त्र, समाजशास्त्र इत्यादि साहित्येतर ज्ञानशाखाओं की पृष्ठभूमि आवश्यक है परंतु एक खतरा भी है। वह खतरा यह कि अध्येता को भूलना नहीं चाहिए कि वह साहित्य का अध्ययन कर रहा है। आज के प्रचुर शोध साहित्य को देखते हुए यह कहना पड़ता है कि आज साहित्य को केवल साधन मानकर समाजशास्त्र, दर्शन इत्यादि की अधकचरी सामग्री ही प्रस्तुत की जाती है। यह काम न साहित्य को न्याय देता है, न नानाविध शास्त्रों को। अतः जिसकी साहित्यक संवेदना जीवंत साहित्य के आस्वाद पर ही पुष्ट हो रही हो वही व्यक्ति तुलनात्मक अध्ययन में हर खतरे से बच सकता है।

साहित्यदर्शन साम्य, विरोध का संधान करते समय बहुत बार सार संकलन की प्रवृत्ति ही सामने आती है। अध्ययन काव्य का न हो तो यह प्रवृत्ति अधिक हावी होती है। तुलनात्मक अध्ययन में साम्य-वैषम्य की खोज कुल साहित्य कृतियों, साहित्य प्रवृत्तियों, लेखकीय सामर्थ्यों, वैकल्पिकों का संकेत करने के लिए प्रयोजनीय है। भाव भूलकर किया गया अनुसंधान स्थूल जानकारी का संचयन मात्र होता है।

अभी तक भारतीय साहित्यकारों के अन्यान्य भाषाओं में स्वागत का अध्ययन बहुत कम हुआ है। टैगोर और शरतचंद्र ने प्रायः सभी भारतीय साहित्यों पर कुछ प्रभाव डाला है। इसके स्वरूप का गहरा विश्लेषण आवश्यक है। क्या कारण है कि

स्वातंत्र्योत्तर काल में जब साहित्य के विकास के लिए अनुवाद कार्य संपन्न करने के लिए तथा प्रचार के लिए अनेक सुविधाएँ उत्पन्न हुईं, साहित्य अकादमी, नेशनल बुक ट्रस्ट जैसी संस्थाएँ प्रतिष्ठित हुईं, ज्ञानपीठ पुरस्कार की गरिमा बढ़ी, फिर भी यह कहना होगा कि आज के साहित्य की ओर कुल उत्सुकता कम ही है। कहीं हमारे मानस में अपनी भाषा की अतिरिक्त अस्मिता के साथ विदेशी भाषाओं के प्रति अतिरिक्त मोह जो उपनिवेशवाद की देन है, घर कर बैठा है। हमें लगता है कि दूसरी भारतीय भाषाओं के पास देने को कुछ है ही नहीं और अगर कुछ हमें दे सकती हैं तो पश्चिमी भाषाएँ। संभवतः बँगलाभाषियों में यह धारणा अधिक प्रबल है और उसके बाद मराठीभाषियों में इस मानसिकता का सामना करने के लिए हमारा यह कर्तव्य बनता है कि अन्यान्यभाषियों के साहित्यिक अवदान का रूप हम अपने क्षेत्र में प्रस्तुत करें। हिंदी जानकारों की भूमिका इसमें इसलिए अहम है क्योंकि आज भारतीय भाषाओं की श्रेष्ठ कृतियों का अनुवाद हिंदी में उपलब्ध है और उपलब्ध किया भी जा सकता है। हिंदी जानकारों को एक साथ दो मोर्चों पर लड़ना है। एक, मातृभाषाओं में अन्य भाषाओं के साहित्य के स्वागत का प्रयास; दो, हिंदी में अपनी मातृभाषा के साहित्य का गहन स्वरूप परिचय देते रहना ताकि वह हिंदी के माध्यम से अन्यान्य भाषाओं में भी जा पहुँचे। ऐसे कतिपय विषय हैं जो अभी छुए ही नहीं गये मसलन मराठी में ग़ज़ल काव्य प्रकार लोकप्रिय हुआ है। उर्दू के मार्फत आये इस काव्य प्रकार की गहरी पहचान के लिए उर्दू के साथ संदर्भ में उसका तुलनात्मक अध्ययन मराठी ग़ज़ल की पहचान को एक नया आयाम दे सकता है। इस संदर्भ में हिंदी में दुष्यंतकुमार ने ग़ज़ल के रूपबंध और विशिष्ट प्रकार के प्रभाव से लाभ उठाकर उसे सामाजिकता के साथ जोड़ते हुए व्यंग्य की धार को कैसे तेज किया, इसका विश्लेषण रोचक ही नहीं 'ग़ज़ल' की जानकारी को पैना बना सकता है। आज विजय तेंडुलकर, बादल सरकार, गिरीश कर्नाड, सत्यदेव दुबे जैसे नाटककार अखिल भारतीय थिएटर का निर्माण कर रहे हैं। इनके 'स्वागत' का अध्ययन हिंदी में और अन्य भाषाओं में भी रोचक हो सकता है। तमिल में तथा गुजराती में खाडेकर का अभूतपूर्व स्वागत हुआ। इसका अध्ययन भी काफी चुनौतीपूर्ण है। काका कालेकर मराठीभाषी थे परंतु उनका सारा साहित्यिक कृतित्व गुजराती में है। भारती तमिलभाषी थे परंतु उनका कृतित्व कन्नड़ में है। बेंद्रे मराठीभाषी थे, उनका समृद्ध कृतित्व कन्नड में है। लोकमान्य तिलक का अभूतपूर्व स्वागत अनेक भाषाओं में हुआ है। ऐसे अनगिनत विषय खोज के लिए मुँह बाये खड़े हैं। परंतु हम उसी पर कार्य करना चाहते हैं जिसमें खोज न हो। आसानी से उपलब्ध सामग्री का सार संकलन करके उसे चतुराई से प्रस्तुत करा दिया जा सके। मराठी पर उर्दू का अभूतपूर्व प्रभाव है जिसका साहित्यक और भाषिक अध्ययन बहुत रोचक हो सकता है। माधवराव पटवर्धन, जो पारसी के विद्वान् थे, का उस संदर्भ में

अध्ययन संभवतः नहीं हुआ है। (1) नारायण सुर्वे की कविता हिंदी में प्रचुर रूप में अनूदित हुई है। हिंदी के साहित्यकार और पाठक उसके संबंध में क्या सोचते हैं, इसका विचार रोचक हो सकता है। भारतीय साहित्य में दलित चेतना का विचार किया जा सकता है। (2) अंग्रजी में लिखनेवाले भारतीय लेखकों का भारत में स्वागत और अंग्रेजी क्षेत्रों में स्वागत एक अच्छा विषय है जिसमें बहुत सारी समस्याओं का चुनौतीपूर्ण सामना करना पड़ सकता है। (3) ग्रामीण चेतना ने नागर अतिक्रमण को और औद्योगीकरण के घातक हमले को कैसे झेला यह भी विषय विचार के लिए उत्तेजित करता है।

किसी विशिष्ट विधा का भारतीय स्तर पर अध्ययन महत्त्वपूर्ण है। मुंबई विश्वविद्यालय की ओर से अखिल भारतीय परिदृश्य में उपन्यास विधा का अध्ययन करने की परियोजना विचाराधीन है।

हमारे विश्वविद्यालयों में सैद्धांतिक चर्चा बहुत होती है। प्रत्यक्ष कार्यक्रम। उदाहरण के लिए अनुवाद प्रक्रिया पर शिविर होते हैं, सेमिनार होते हैं, परंतु अनूदित रचनाओं पर जमकर परिचर्चा कहीं हुई हो, इसका मुझे ज्ञान नहीं है। अनुवाद शिविरों में कुछ पचास कविताओं, दो-चार कथाकृतियों, नाटकों का प्रत्यक्ष अनुवाद कराया जाये तो वे शिविर सार्थक कहे जा सकते हैं। प्रस्तुत तुलनात्मक अध्ययन की परिणति हमें इस संकल्प के लिए ले जाये कि हम अपनी भाषा के महत्त्वपूर्ण ग्रंथों की, जो आंचल भाषाओं को योगदान कर सकते हैं, सूची बनायें तो मैं समझूँगा कि यह संगोष्ठी सफल हो गयी।

भारतीय संदर्भ में तुलनात्मक अध्ययन की उत्साहपूर्वक चर्चा करते समय हमें साहित्य का वैश्विक संदर्भ भी आँख-ओट नहीं करना है। मुंबई विश्वविद्यालय में तुलनात्मक टैगोर पीठ और मराठी विभाग के संयुक्त तत्त्वाधान में साहित्य की महानता और विश्व साहित्य के मानक के अंतर्गत चार संगोष्ठियाँ आयोजित की गयी थीं। पहली दो संगोष्ठियों को जिन बारह लेखकों एवं बौद्धिक स्तर की रचनाओं पर साहित्य की महानता के सूत्र में आलेख प्रस्तुत किये गये उनका संकलन शीघ्र ही प्रकाशित होगा। दूसरा भी प्रकाशित किया जा रहा है। मौलिक संदर्भ के अभाव में हमारी भारतीय अभिन्न अपेक्षित ऊँचाई और गहराई प्राप्त कर नहीं सकेगी। आखिर तुलनात्मक अध्ययन का अंतिम उद्देश्य वही है जो किसी भी साहित्य के सामने होता है। साहित्य के संस्कार की समृद्धि।

तुलनात्मक अध्ययन : आलोचना-प्रविधि

□ डॉ. जयप्रकाश

आलोचना साहित्य के अध्ययन का उतना ही महत्त्वपूर्ण अनुषंग है, जितनी महत्त्वपूर्ण साहित्य-सर्जना हुआ करती है। पश्चिमी साहित्य-जगत् में इस बात पर लंबी बहस हुई है कि आलोचना की वास्तविक भूमिका और महत्ता क्या है? लेविस महोदय ने जब अपनी पुस्तक 'ऐन एक्सपेरीमेंट इन क्रिटिसिज़्म' लिखी थी, तो उनके सामने मुख्य रूप से दो प्रश्न उपस्थित थे : (1) क्या यह आरोप सही है कि आलोचक एक नितांत परोपजीवी (पैरासाइट) व्यक्ति हुआ करता है और उसके आलोचना-कर्म का महत्त्व प्राथमिक नहीं हो सकता? (2) क्या आलोचना की भी कोई प्रविधि या 'सिस्टेम' हो सकता है? इन दोनों प्रश्नों के उत्तर खोजते-खोजते लेविस महोदय इस निष्कर्ष पर पहुँचे थे कि आलोचना-कर्म न द्वैतीयक महत्त्व का होता है और न ही यह प्रविधि-विहीन हो सकता है। लेविस महोदय ने घोषणा की थी कि आलोचना एक गैर-रचनात्मक कर्म तब होती है, जब वह साहित्य की आलोचना हुआ करती है, साहित्य में निहित कला की आलोचना नहीं। उनकी मान्यता थी कि यह आलोचना रचना में अन्तर्हित कला की आलोचना तभी कर सकती है, जब वह प्रविधि-भरी (सिस्टेमिक) हो, अविचारित, पूर्व-निर्धारित लक्ष्याभिगामी तथा स्वेच्छाचारी न हो। इसलिए रचना की ठीक-ठीक और सही पहचान कराना ही उसका परम अभीष्ट हो जाता है। किसी आलोचना की सार्थकता इस बात में निहित रहती है कि वह किसी रचना की बनावट (स्ट्रक्चर) तथा बुनावट (टेक्सचर) को यथासंभव निस्संगता के साथ इस प्रकार निरूपित कर दे कि रचना का अंतरंग और बहिरंग दोनों इस प्रकार उद्भासित हो उठें कि और उनका सामंजस्य उसके कलामर्म की स्वतः ही समझ देने लगे। इस लक्ष्य की सिद्धि के लिए जिस निस्संगता और विवेक की आवश्यकता होती है, उसकी संभाव्यता प्रविधि के अंतर्गत ही हो सकती है।

आलोचना की प्रविधि की आवश्यकता इसलिए भी होती है कि इसके बिना

आलोचना निराधार उक्तियों तथा अविचारित घोषणाओं का एहसास कराने लगती है। प्रविधि न केवल कृति की समझ के लिए एक क्रमबद्ध वैज्ञानिकता देती है, वरन् आलोचक की निराधार बात कहने से रोकती भी है। 'सूर सूर तुलसी ससी' जैसी उक्तियाँ प्रविधि-विहीन आलोचना का ही उदाहरण प्रस्तुत करती हैं तथा एक आलोचक के द्वारा अज्ञेय को हिंदी कथा-साहित्य में गुलशन नंदा के समतुल्य प्रतिष्ठित किये जाने में इसी प्रविधि-हीनता का आभास होता है या उनके द्वारा यह कहे जाने पर कि अज्ञेय ने भाषा का व्यावसायिकीकरण कर दिया है, इस प्राविधिक असंपृक्ति से उत्पन्न आलोचना की विद्रूपता का आभास पाया जा सकता है। ऐसी आलोचना तो निरभ्र आकाश से गिरी हुई बिजली की तरह होती है, जिसके सहसा हाथों में आ जाने पर पाठक यह सोचता ही रह जाता है कि यह क्यों और कैसे संभव है? तब तक आलोचक अपनी जादूगरी दिखा पृष्ठभूमि में जा चुका होता है। उसकी उपलब्धि उसकी विस्मय-विमुग्धता भर होती है, रचना की समझ का इससे दूर-दूर तक कोई संबंध नहीं होता। प्राविधिक अनुपालन की अनुपस्थिति में आलोचना 'कोलाज शैली' की चित्रकला के समान दिखायी देती है और निस्साहय पाठक उस द्रष्टा की तरह हो जाता है, जिसे केवल इतना समझ में आता है कि इसमें पारिभाषिकों, नामों, उद्धरणों, और विचार-सूत्रों को काट-काट कर एकत्र तो कर दिया गया है, किंतु एकसूत्रता को न पाकर पृष्ठ-दर-पृष्ठ, प्रोक्ति-दर-प्रोक्ति वह खीझता रहता है। इस प्रकार की आलोचना अपने पाठक को क्रमथः कलामर्म तक नहीं ले जाती है, वरन् उसकी पूर्वागत समझ को भी विखंडित कर डालने के लिए वह 'शॉक ट्रीटमेंट' करती है। खराब आलोचना वही होती है, जो रचना की समझ देने में असफल रहती है। यह असफलता इन दोनों प्रकार की आलोचनाओं में भरपूर देखी जा सकती है। इसलिए यह और भी आवश्यक हो जाता है कि आलोचना सर्वथा प्रविधि-युक्त हो, प्रविधि-मुक्त नहीं।

आलोचना की प्रविधि का पहला सोपान कृति-विषयक चयन होता है। आलोचक को इतने विवेक का तो परिचय देना ही चाहिए कि कौन-सी कृति आलोच्य है और कौन-सी नहीं। समकालीन आलोचना में यह चयन-विवेक पूरी तरह अनुपस्थित है। मित्रता निभाने के लिए अथवा दलगत प्रतिबद्धता के कारण अथवा शिविरगत वैमनस्य के कारण कृतियों का चयन और त्याग कर दिया जाता है। 'संग्रह त्याग न बिनु पहिचाने' के सत्य को पूरी तरह से अनदेखा कर दिया जाता है। रचनाकार जानता है कि उसे अब तक आलोचक नहीं मिलता, वह लोगों की दृष्टिक्षेप में नहीं आ पायेगा और जब तक पाठ्यपुस्तकों में उसकी रचना को अनुप्रवेश नहीं मिलता, तब तक वह कालजयी नहीं हो पायेगा। इसलिए उसे निरंतर आलोचक की तलाश करनी पड़ती है। अज्ञेय ने एक स्थल पर लिखा था कि उनको अपने समकालीन लोगों में से आलोचक नहीं मिला। इसलिए उनको रचना-कर्म तथा

आलोचन-कर्म दोनों का ही निर्वाह करना पड़ा। मित्रता के नाम पर आलोचक ऐसी कृतियों की भी आलोचना कर दिया करते हैं जिन पर लिखना कदापि उचित नहीं कहा जा सकता। आचार्य मम्मट के विषय में प्रसिद्धि है कि उन्होंने अपने भांजे की कृति पर टिप्पणी करने से इनकार कर दिया था। आज की हिंदी-आलोचना में कृति-विषयक चयन-विवेक पूरी तरह अनुपस्थित है। जो 'रचना' ही नहीं बन पाती, उस पर भी लिखने के लिए आलोचक सुलभ हो जाते हैं।

आलोचना-प्रविधि का दूसरा सोपान होता है—कृति का पाठ। आलोचक की प्राथमिक भूमिका पाठक की होती है। कृति का पाठ कैसे किया जाये, यह एक जटिल प्रश्न है। प्रायः पाठक तीन प्रकार के होते हैं—असाहित्यिक, गैर-साहित्यिक तथा साहित्यिक। असाहित्यिक (अनलिट्रेरी) पाठक वे होते हैं, जो रचना का पाठ करते समय कलामर्म की चिंता ही नहीं करते। उनकी दृष्टि रचना में अंतर्हित घटनाओं को यथाशीघ्र जान लेने की होती है। 'गोदान' पढ़ते समय वे मेहता के भाषणों के पृष्ठ पलट कर आगे बढ़ जाते हैं। ग़ैर-साहित्यिक (ऐंटीलिट्रेरी) पाठक वे होते हैं, जो रचना में अपनी मनपसंद वस्तु की तलाश में जुटे रहते हैं। 'सुभाषिरत्न-भांडागार' में 'कुकविनिंदा' नामक अध्याय में ऐसे ही पाठकों के लिए कहा गया था—

काव्यास्वादकाले तु शब्दोत्पत्तिविचन्तकाः।
नीवीविक्षोभवेलायां क्षौम्यमौल्यविचिन्तकाः।।

इन आलोचकों के लिए रचना के अपने कलानियम कुछ भी अर्थमय नहीं हुआ करते। उनका अभीष्ट पूर्वनिर्धारित हुआ करता हैं यह अभीष्ट संज्ञाओं, सर्वनामों की तालिका से लेकर वर्ग-संघर्ष की भाषा तक का हो सकता है। तीसरी कोटि के पाठक साहित्यक (लिट्रेरी) माने जाते हैं। ये शब्दों की, वाक्यों की, प्रोक्तियों की परस्पर संसक्ति में कृति के कलामर्म की समझ उत्पन्न करते हुए कृति का पाठ करते हैं। विरामादि चिह्नों की भी उपस्थिति उनके लिए साभिप्राय होती है। पाठक रचना के मर्म को किस प्रकार और किस सीमा तक आत्मसात् करते हैं, इस दृष्टि से पश्चिम के एक विचारक ने उनको स्पंजेज, सैंड ग्लासेज़, तथा चाइना क्ले आदि वर्गों में भी विभाजित किया है। विस्तार-भय से इनकी चर्चा यहाँ अनपेक्षित है। ध्यातव्य इतना है कि कृति की पाठ-विधि से रचना के मर्म की समझ का रिश्ता बहुत गहरा है। इसीलिए संभवतः वेदों के पाठ की अनेकविध पद्धति विद्यमान थी। जार्ज एलिएट से यह पूछे जाने पर कि श्रेष्ठ रचना के विषय में उनका विचार क्या है, उन्होंने कहा था कि रचना की समझ से इसका उत्तर जुड़ा हुआ है। और रचना की समझ के लिए रचना के कम-से-कम दो पाठ करने पड़ते हैं। पहले पाठ में उनका प्रश्न होता है—रचना अंधी है या पारदर्शी और यह उत्तर मिलने पर कि रचना अंधी नहीं, पारदर्शी है उनका दूसरा प्रश्न स्वतः से होता है—रचना के अंदर उनको कितनी दूर तक

दिखायी दे रहा है।

आलोचना-प्रविधि का तीसरा चरण होता है—अभिगम की दृष्टि से तथ्यों का चयन। अभिगम (एप्रोच) आलोचक के अभीष्ट को व्यक्त करता है। यहीं पर उसकी प्रतिबद्धता और तटस्थता का उद्घाटन हो जाता है। प्रतिबद्ध आलोचक तथ्यों का चयन एकांगी दृष्टि से करता है और अपने प्रतिकूल पड़नेवाले तथ्यों को या तो वह किनारे कर देता है अथवा उनको तोड़-मरोड़कर या उनको प्रकरण से काटकर प्रस्तुत कर देता है। यहाँ अभीष्ट रचना की पूरी समझ देने का नहीं होता है, यहाँ मनोरथ तो मनोनुकूल निष्कर्ष निकाल लेने का होता है। इसी प्राविधिक चरण में रचनाकारों को उठाने और गिराने का खेल भी आरंभ हो जाता है, एक परंपरा के सम्मुख दूसरी परंपरा को खड़ा कर दिया जाता है, पर्वत को सर्षप और सर्षप को पर्वत की तरह व्याख्या दे दी जाती है तथा निंदा और प्रशंसा की मनोभूमि पर कृति को स्थापित कर दिया जाता है। रचना के कभी अंतरंग को, तो कभी बहिरंग को पकड़ा जाता है, दोनों को नहीं। इस प्रकार आलोचक अपनी सापश्वध कुशलता को छिपाता हुआ रचना का उतना ही अंश आलोकित करता है, जितने से उसका अभिप्राय सधता है। ऐसी आलोचना किसी अँधेरे कमरे में पड़नेवाली टार्च की कोणीय रोशनी की तरह होती है।

इसके बाद का सोपान होता है—तथ्यों का विश्लेषण। किसी भी कृति के तथ्य द्वि-आयामी होते हैं। इनका एक आयाम विषय-वस्तु की दिशा में प्रवृत्त होता है और दूसरा आयाम रूप व शिल्प की दिशा में। विषय-वस्तु रचना का अंतरंग होती है। विषय-वस्तु का विश्लेषण किस प्रकार करना चाहिए, यह भी एक जटिल प्रश्न है। पश्चिम के प्रसिद्ध आलोचक नार्थ्रप फ्राइ ने अपनी पुस्तक 'एनाटॉमी ऑफ़ क्रिटिसिज़्म' की भूमिका में, जिसे उन्होंने 'पोलेमिकल इंट्रोडक्शन' नाम दिया था, कथ्य के विश्लेषण का मार्ग सुझाया है। उनकी मान्यता है कि कथ्य की संरचना घटनात्मक या आवयविक (ऑर्गेनिक) हुआ करती है। इसके प्रमुख घटक दो होते हैं—इतिहास और दर्शन। इतिहास किसी भी रूप में हो सकता है—व्यक्ति का इतिहास (जीवनी), समूह का इतिहास, राजाओं और युद्धों का इतिहास, पुरा इतिहास (मिथक) या कुछ क्षणों का इतिहास। निराला की कविता 'सरोज स्मृति' व्यक्ति-इतिहास को ही प्रकट करती है, 'कवितावली' व 'विनय पत्रिका' में समूह का इतिहास विद्यमान है, 'पृथ्वीराज रासो', 'पद्मावत', 'वीरसिंहदेवचरित', 'शिवा बावनी' में राजाओं और युद्धों का ही इतिहास है, 'कामायनी', 'अंधायुग' आदि में पुरा-इतिहास विद्यमान है और छायावाद में क्षणों का इतिहास है जैसे—'आँसू की बालिका' में। इस इतिहास के साथ जब दर्शन का संयोग हो जाता है, तो कलाकृति का जन्म होता है। कला-वस्तु इतिहास व दर्शन की एकस्थ दशा ही होती है। दर्शन भी कला-वस्तु में विविध भंगिमाओं में उपस्थित होता है। कभी यह दर्शन ब्रह्मचर्या बनकर उपस्थित

होता है तो कभी यह भक्तिभाव की स्रोतस्विनी बन जाता है। कभी यह 'प्रेम की पीर' में पर्यवसित होता है तो कभी यह 'लीला' बनकर लोकानुरंजन करता है। यह दर्शन ही कभी 'राधिका कन्हाई को सुमिरन को बहानो' के रूप में अनुध्वनित होता है, तो कभी यह मुक्ति का संधान 'तंत्रीनाद कवित्तरस' में करता है। दर्शन की वैयक्तिक भंगिमा 'जीवनदृष्टि' बन जाती है और इसकी समुच्चयात्मक तथा बहुविचारित धारणा दार्शनिक ऊहापोह का विषय बन जाती है। ब्रह्म और जीव के अक्ष से हटकर यह दर्शन जब केवल 'जगत्' पर केंद्रित होता है, तो मानववाद, यथार्थवाद, भौतिकवाद, मार्क्सवाद आदि की अभिधा पाने लगता है। इस प्रकार दर्शन की कलात्मक भंगिमता व्यक्तिवाद, अस्तित्ववाद, कलावाद, रूपवाद में भी अप्रत्यक्षतः प्रकट होने लगती है। कलामर्म का प्रत्यभिज्ञान इन दोनों के उस सह-अस्तित्व से होता है, जिसकी युगपत् स्थिति एक प्रकार से रासायनिक मिश्रण की सूक्ष्मता लिये रहती है। अस्तु, समझदार पाठक तथा विवेकशील आलोचक इन दोनों कथ्याधारों का सामना करता है तथा उनकी पारस्परिक अंतर्भुक्ति से उत्पन्न संरचना से कलामर्म को समझता है और दूसरों को समझाता है। प्रेमचंद के कथा-साहित्य की समझ के लिए प्रगतिशील दर्शन के साथ-साथ गाँधी-दर्शन के उपकरण का भी प्रयोग करना पड़ता है तथा तत्कालीन सामाजिक-आर्थिक इतिहास में भी झाँकना पड़ता है। इतिहास और दर्शन के दोनों ध्रुवांत उस सरिता-तट की तरह कलाकृति में झाँकते हैं, जिनका स्वतंत्र अस्तित्व तो नाममात्र का होता है, कला-जल उनको इस प्रकार एकाकार और परस्पर अनुस्यूत किए रहता है कि वे देखने में एक और अविभाज्य इकाई बन जाते हैं। आलोचना की सफलता-असफलता इन दोनों की अंतःसंगति की पहचान पर निर्भर रहती है। तथ्यों के विश्लेषण में इन दोनों कला-घटकों की अलग-अलग पहचान करना तथा इन दोनों के रासायनिक सम्मिश्रण को रेखांकित करना आलोचना के क्षेत्र में दो ज्ञानानुशासनों के एकस्थ अध्ययन का विधान बन जाता है और तुलनात्मक अध्ययन की दिशा यहीं से प्रशस्त होने लगती है। तथ्यों के चयन और उनके विश्लेषण में अभिगम अनुकूलता और प्रतिकूलता का द्वंद्व भी उपस्थित करता है। समतुल्यता और विषमतुल्यता अभिगम के अक्ष पर ही सक्रिय हो उठती है। रचनाकार के अनुभवों की प्रामाणिकता और गैर-प्रामाणिकता की पहचान इतिहास के गवाक्ष से झाँकने पर होती है–अर्थात् इतिहास को सम्मुख रखकर, उसकी समतुल्यता में रचना के अनुभवों की परीक्षा करते हैं। निराला की ये पंक्तियाँ–

आँखें अलियों सी
किन मधु की गलियों में फँसी
बंद कर पाँखें
पी रही हैं मधु मौन

बंद हो रहा है गुंजार!
जागो फिर एक बार!!

तत्कालीन समाज के जड़ता-भरे सांस्कृतिक इतिहास (समकालीन) को उजागर करती हैं और पंत की कविता 'प्रथम रश्मि' में नवजागरण का दौर प्रकट होने लगता है। मैथिलीशरण गुप्त की रचनाओं की समझ के लिए द्विवेदी-युग के संघर्षशील परिवेश में उतरना ही पड़ता है और बाबू बालमुकुंद गुप्त के 'शिवशंभु के चिट्ठों', भारतेंदु युग के निबंधों—'एक अद्‌भुत अपूर्व स्वप्न', 'स्वर्ग में विचार-सभा का अधिवेशन', 'राजा भोज का सपना', 'कंकड़ स्रोत',—प्रतापनारायण मिश्र तथा बालकृष्ण भट्ट के लेखों की सवेंदना की पूरी समझ तभी आ सकती है, जब हम उस कालखंड के सामाजिक-राजनैतिक इतिहास से रू-ब-रू हों। इतिहास और दर्शन को आमने-सामने रखकर 'तमस', 'आधा गाँव', 'राग दरबारी' तथा 'महाभोज' की संवेदना को हृदयंगम किया जा सकता है। इतिहास तथा दर्शन के साथ साहित्यिक रचनाओं की तुलनीयता ही हमें वह दृष्टि देती है, जो 'प्रासंगिकता', 'प्रामाणिकता', 'जीवंतता', 'अर्थवत्ता' आदि पारिभाषिकों को उत्पन्न करती है तथा साहित्य की संवेदना की समझ के लिए हमें ये उपकरण देती है।

आलोचना के इस प्राविधिक सोपान में एक तुलानाधारित प्रक्रिया और भी कार्यरत रहती है, वह है संवेदना और शिल्प की अंतःसंगति की विचारणा। किसी भी साहित्यिक कृति के रूप-विधान, उसकी भाषिक विच्छित्ति, उसके शिल्पगत औचित्य की परीक्षा का मुख्य आधार यही होता है कि वह कलाकृति के रसबोध में कितनी सहायता देती है। हमारे प्राचीन काव्यशास्त्र में औचित्यगत इसी कसौटी का निरंतर आख्यान करता है। अलंकार, गुण, रीति, प्रवृत्ति, वृत्ति आदि काव्यांगों की उपस्थिति की प्रशंसा या निंदा इसी बात पर अवलंबित होती थी कि उनसे रस-विधान तो नहीं होता है। भरत ने इसे अनुरूपता कहा था और इसे नाट्य का एक महत्त्वपूर्ण आधार घोषित कर दिया था—

वयोऽनुरूपः प्रथमस्तु वेषः
वेषानुरूपस्तु गतिप्रचारः।
गतिप्रचारानुगंत च पाठ्यं
पाठ्यानुरूपस्तु अभिनयश्च कार्यः।।

संवेदना और शिल्प की पारस्परिक संगति का विचार पूरी तरह अविचारित, स्वतः होनेवाली ऐसी तुलना है, जिसकी अंतःप्रक्रिया सहज, स्वाभाविक तथा आयासहीन हुआ करती है। किसी भी रचना के अपने कलानियमों को इसी प्रक्रिया से पकड़ा जाता है और उसकी बनावट और बुनावट दोनों की समझ इसी प्रकार के विश्लेषण से आती है। यह तुलना इतनी अंतः क्रियात्मक तथा सहजज्ञानात्मक होती है कि यह सामान्य पद्धति की तुलना से बहुत कुछ भिन्न हो जाती है।

आलोचना का अंतिम सोपान होता है–मूल्यांकन। प्रायः यह मूल्यांकन दो प्रकार से किया जाता है–आत्मनिष्ठ रूप में तथा वस्तुनिष्ठ रूप में। आत्मनिष्ठ रूप में मूल्यांकन के लिए प्रायः प्रविधि आवश्यक नहीं रह जाती। यहाँ कृति के विषय में धारणा पूर्व-निर्मित हो जाया करती है और उसी का समर्थन जुटाने के लिए आलोचक अपना मानस-व्यायाम करता है। इस प्रकार का मूल्यांकन एकांगी भी होता है तथा आधारहीन भी। यहाँ तुलना का भी उपयोग होता है और यह तुलना किसी रचनाकार को उठाने या गिराने के उद्देश्य से की जाती है। इसी प्रकार के मनोरथ की सिद्धि के लिए मुक्तिबोध, राजकमल चौधरी, धूमिल, रघुवीरसहाय, शमशेर, सर्वेश्वर को एक ओर रख दिया जाता है, दूसरी ओर अज्ञेय, धर्मवीर भारती आदि को प्रतिष्ठित किया जाता है और घोषणा कर दी जाती है कि अज्ञेय कुछ उसी तरह मनहूस दिखायी देते हैं, जैसे चिड़ियाघर में चिम्पाजी।

किसी कृति के सही और सटीक मूल्यांकन के लिए आवश्यक हो जाता है कि मूल्यांकन न केवल वस्तुनिष्ठ हो अपितु सर्वांगीण भी हो। यह सर्वांगीणता तुलना के बिना नहीं आ सकती। यह तुलना इन बिंदुओं पर हो सकती है–

1. कृति के अपने कला-नियमों के अक्ष पर तुलना
2. समकालीन रचनाकारों के संदर्भ में तुलना
3. कृति की विधागत परंपरा के संदर्भ में तुलना

कृति के अपने कला-नियम किस प्रकार स्वयमेव तुलनीय बन जाते हैं, इसकी चर्चा की जा चुकी है। मूल्यांकन का दूसरा बिंदु होता है समकालीन रचनाकारों के संदर्भ में तुलना। प्रायः ऐसा कम ही किया जाता है। समकालीन रचनाकारों की रचनाधर्मिता, उनके अनुभव, उनकी संवेदना, उनकी अभिरूचि, उनके इतिहास-बोध, उनकी जीवन-दृष्टि आदि को समग्रता में दृष्टिपथ में रखकर जब किसी रचनाकार का मूल्यांकन किया जाता है, तो उसकी रचनात्मक ऊर्जा तथा सर्जनात्मक कौशल का सम्यक् मूल्यांकन संभव हो पाता है। जिस कवि का अनुभव जितना विस्तृत होगा, उसकी रचना में उतनी ही अधिक ऊर्जा होगी। जिस कवि का इतिहास-बोध अपने समकालीनों की तुलना में जितना अधिक विस्तीर्ण एवं बहुआयामी होगा, वह रचनाकार अन्य रचनाकारों की तुलना में उतना ही अधिक तेजस्वी होगा। भक्तिकाल के अनेक कवियों के विद्यमान रहते हुए जब हम सूर, तुलसी, कबीर, जायसी का ही नाम लेकर अर्द्ध-विराम लगा देते हैं, तो हम मन-ही-मन अन्य समकालीन कवियों की सर्जनात्मक ऊर्जा से उनकी तुलना कर रहे होते हैं। जब हम रीतिकाल के शताधिक कवियों के बीच घनानंद का अभिनंदन यह कहकर करते हैं कि 'किराये पर आँसू बहानेवाले सैकड़ों कवियों के बीच यह अकेला ऐसा कवि है, जो अपनी ही पीड़ा से रो रहा है' तो हम उसकी सर्जनाशीलता का आकलन तुलनात्मक रूप से ही कर रहे होते हैं। जब हम भारतेंदु की वर्चस्विता का

अभिनंदन करते हैं, तो निश्चय ही हम यह अनुभव करते हैं कि भारतेंदु अपने समकालीन रचनाकारों में सर्वाधिक संवेदनशील और इतिहासबोध से समृद्ध रचनाकार हैं। जब हम प्रेमचंद को हिंदी-कथा-साहित्य का सम्राट् कहते हैं, तो अन्य रचनाकारों की तुलना में हम उनकी प्रगतिशील दृष्टि को अधिक भविष्योन्मुख तथा मंगल-विधायिनी पाते हैं और जब हम उनको 'द्वितीय कोटि का लेखक' घोषित करते हैं, तो भी हम उनकी तुलना उन रचनाकारों से कर रहे होते हैं, जो राष्ट्रीय धारा से प्रगट रूप में जुड़े हुए थे और जो वर्ग-संघर्ष की नयी तर्ज छेड़कर अंग्रेजों के विरुद्ध भारतीय स्वतंत्रता के संघर्ष को मंद होता हुआ नहीं देखना चाहते थे। श्रीधर पाठक, मुकुटधर पांडेय, रामनरेश त्रिपाठी का ऐतिहासिक महत्त्व यही है कि उन्होंने अपने समकालीन रचनाकारों की तरह कविता के प्रवर्तमान मुहावरे को बदलने की कोशिश की और एक नयी किस्म की रचनाशीलता के लिए द्वार खोले। प्रसाद, पंत, निराला, महादेवी, मुक्तिबोध, अज्ञेय आदि कवि इसीलिए स्मरणीय हैं कि उन्होंने अपने समकालीन रचनाकारों की तुलना में अधिक सप्राणता का परिचय दिया। अस्तु, समकालीनता के अक्ष पर किसी रचना का मूल्यांकन करते समय हमें यह देखना पड़ता है और देखना चाहिए कि आलोच्य कृति का इतिहास-बोध, आलोच्य रचनाकार की जीवनदृष्टि दूसरों की तुलना में कितनी अधिक गहरी और व्यापक है तथा उसका कलामर्म का ज्ञान कितनी सर्जनात्मक संभावनाओं को उद्भूत करता है। यह तुलना केवल उसी विधा की रचनाओं में ही नहीं, अन्य विधाओं से भी हुआ करती है और होनी चाहिए। एक काल-बिंदु पर खड़े होकर आलोचक को देखना चाहिए कि उसके रचनाकार के चारों ओर किस प्रकार की सर्जना हो रही है और उसकी सर्जना उनकी तुलना में कितनी विशिष्ट और अप्रतिम है।

मूल्यांकन के बिंदु पर तुलनात्मक अध्ययन इस बात का भी किया जाता है कि कोई कृति अपनी विधापरक परंपरा में कहाँ पर अवस्थित है। इस प्रकार की स्थितियाँ तीन हो सकती हैं—एक, कोई कृति केवल परंपरा का अनुवर्तन ही कर रही हो। भक्तिकाल के बहुसंख्यक स्तुतियों, स्तोत्रों, भक्ति-पदों तथा मंगलकाव्यों के रचनाकार इसी कोटि में रखे जा सकते हैं। रीतिकाल के अनेक मुक्तककार तथा आक्रोश एवं विद्रोह के अधिवक्ता अनेक समकालीन हिंदी-कवि इसी कोटि के अधिकारी हैं। दूसरे, कोई कृति चलती हुई परंपरा में प्रस्थान-भेद उपस्थित कर रही हो। कथाकारों में प्रेमचंद, नाटककारों में मोहन राकेश, निबंधकारों में शुक्लजी का नाम इसीलिए अविस्मरणीय हो गया है कि उन्होंने परंपरानुमोदन नहीं किया, अपितु परंपरा को नयी दिशा दी, एक नयी परंपरा का आरंभ कर दिया। यहाँ तुलना पूर्वागत रचनाओं तथा समकालीन कृतियों से होती है, यह कहने की आवश्यकता नहीं। तीसरे, कोई रचना अतीत में प्रत्यावर्तन कर रही हो। आजकल लिखी जानेवाली ब्रजभाषा की रीतिशैली वाली कविता, भक्तिभावना की कविता, छायावादी गीतों की

सर्जना, प्रेमचंदीय संवेदना और शिल्प का कथा-साहित्य इसी अनुक्रम में आयेगा और इसकी प्रशंसा नहीं की जा सकेगी। इस प्रकार यह मूल्यांकन अपने आपमें आद्यंत एक तुलनात्मक अध्ययन ही हो जाता है।

तुलनात्मक साहित्य की तरह समीक्षा की तुलनात्मक प्रकृति अंतरराष्ट्रीयता और राष्ट्रीय समग्रता की सिद्धि तो नहीं कर सकती, किंतु समीक्षा के द्वारा साहित्य की बहुकोणीय समझ अवश्य ही उत्पन्न कर सकती है। तुलनात्मक साहित्य की अवधारणा का अमरीका में जन्म जिन परिस्थितियों और जिस लक्ष्य के लिए हुआ था, उसकी चर्चा इस आलेख में अवांछित होगी। यहाँ केवल इतना ही कहना पर्याप्त होगा कि अमरीका में आगत और पल्लवित बहुदेशीय एवं बहुजातीय संस्कृतियों से उद्भूत बहुभाषिक साहित्य के माध्यम से एक राष्ट्रीय एवं एकल सांस्कृतिक चरित्र के विकास की मानसिकता का मनोरथ इसके पीछे प्रेरक शक्ति के रूप में कार्य कर रहा था। भारत की बहुप्रादेशिकता, बहुभाषिकता तथा बहुजातीयता की विद्यमानता के कारण एक अखिल भारतीय साहित्यिक चरित्र के विकसित होने की आवश्यकता बहुत साफ है। समीक्षा के क्षेत्र में अनेक भाषाओं के साहित्य के तुलनात्मक परिप्रेक्ष्य को प्रस्तुत कर समीक्षक इस लक्ष्य की पूर्ति कर सकते हैं। इससे एक काल-बिंदु पर संपूर्ण भारत की अस्मिता की पहचान बनेगी और विघटनकारी शक्तियों को पराजित करने में साहित्यकाल और समीक्षक महत्त्वपूर्ण भूमिका निभा सकेंगे। समीक्षा की साहित्यिक समझ के अतिरिक्त अन्य कोई भी उपलब्धि इससे अधिक ग्रहणीय नहीं हो सकती।

तुलनात्मक अध्ययन : अनुवाद

□ डॉ. गणेश अष्टेकर

एक सहज मानवीय प्रवृत्ति : तुलना

तुलना करना मानव की एक सहज प्रवृत्ति है। इसके दो परिणाम सामने आये हैं। एक है–तुलना करने से दुःख बढ़ा है। महात्मा गौतम बुद्ध ने कहा था कि आसक्ति ही दुःख का मूल है। यही आसक्ति मनुष्य में जब तुलना करने की वृत्ति को उपजाती है तो दुःख का कारण बनती है। हम अनायास ही भला-बुरा और श्रेष्ठ-कनिष्ठ होने का फतवा देते हैं और जीवन के हर पहलू पर इन भावों को घटित करते हैं। 'अ' 'ब' से अधिक सुंदर है। 'क' से 'ज' कनिष्ठ है। 'इ' से 'उ' भला आदि कहते रहते हैं। ऐसा करते समय हम कभी स्थूल भावों को, कभी सूक्ष्म को आधार बनाते रहते हैं। सौंदर्य एक सूक्ष्म तत्त्व है। उसी के आधार पर किसी को अधिक और किसी को कम कहना हमारे लिए विवाद का विषय बनता है, परंतु फिर भी हम इसकी चर्चा करते हैं। निष्कर्ष यही निकलता है–हो सकता है यह तुम्हारी दृष्टि में अधिक सुंदर हो परंतु मेरी दृष्टि में नहीं! व्यक्तिसापेक्षता पर बात आकर टिकती है। कहते हैं 'मेंढकी से हुआ प्यार तो पद्मिनी क्या चीज है?' किसी को श्रेष्ठ और कनिष्ठ कहना हो तो उसके लिए आधारभूत बातें तय करनी होती हैं। बल में, बुद्धि में श्रेष्ठ-कनिष्ठ का फैसला करने के लिए उसकी कसौटियाँ बनानी होती हैं। योग्यता के लिए कई सारे मानदंडों का निर्धारण करना होता है; तब कहीं जाकर हम श्रेष्ठ अथवा कनिष्ठ होने का दावा कर सकते हैं। यहाँ पर भी तुलना ही करनी होती है। किसी को किसी और से भला सिद्ध करने के लिए एक को बुरा और दूजे को भला सिद्ध करना होता है। इसी का अर्थ है हम दो की तुलना करके देखते हैं। यदि तुलना में केवल तौलने का भाव होता तो बड़ा आसान काम था। हम एक किलो वजन को पाँच किलो की तुलना में कम समझते हैं, इसी तरह का सीधा-सादा काम होता परंतु ऐसा नहीं है।

तुलना करते हुए अगणित तत्त्व हमारे सामने आ जाते हैं। रंग-रूप और गुणों में उन तत्त्वों का अंतर्भाव होता है और रंग-रूप तथा गुणों की कोई गिनती ही नहीं होती। असंख्य होते हैं रंग-रूप और गुण। असंख्य वस्तुओं से संबद्ध होते हैं वे और अगणित प्रकार से मनुष्य को आकर्षित करते हैं अथवा अपकर्षित करते हैं। यह तभी संभव होता है जब मनुष्य का उनसे अधिकाधिक संपर्क हो जाता है। मनुष्य-मनुष्य के संपर्क से यह वृत्ति अत्यंत बढ़ जाती है।

मानवीय सभ्यता का विकास और तुलना

तुलना करने से मानवीय सभ्यता का विकास ही संभव हुआ है—यह दूसरा मत है। आपसी स्पर्द्धा के मूल में भी तुलना ही होती है। इसके लिए काल का बंधन शिथिल हो जाता है। हम कहते हैं सम्राट अकबर महानता में सम्राट अशोक के बराबर था। तब दोनों की सहज ही तुलना करके देख लेते हैं और निष्कर्ष पर पहुँचते हैं। दोनों सम्राटों द्वारा लोकहित के किये गये कार्य, दोनों की प्रजाहित-दक्षता और दोनों का प्रजाप्रेम। बेशक एक-अनेक तुलना-तत्त्व ऐसे होते हैं कि जिनका आधार कल्पना मात्र होती है। यही तुलना भाव वर्तमान में, अपने समकालीन व्यक्तियों में होता है तो उसे स्पर्द्धा का रूप लेते देर नहीं लगती। स्पर्द्धा कभी अपनी आकांक्षा पूरी करने के लिए गलत मोड़ भी ले सकती है। जीवन के ये सारे के सारे भाव तुलनात्मक अध्ययन के अंतर्गत आ जाते हैं। जो जीवन में है वह तुलनात्मक साहित्य में है और जो जीवन में नहीं वह तुलनात्मक साहित्य में नहीं—ऐसी स्थिति उत्पन्न होनी चाहिए, क्योंकि तुलनात्मक अध्ययन एक साहित्य है और साहित्य में यह सभी अपेक्षित है! साहित्य में यह सब हो यह आवश्यक तो नहीं। फिर किस रचना में क्या नहीं है? क्या गलत है? क्या सही है? आदि का विचार समीक्षकों का काम होता है। तुलनात्मक अध्ययन के साहित्य के समीक्षक साधारण समीक्षक से आगे होता है। उसे दो भाषाओं, दो संस्कृतियों, दो सभ्यताओं की तुलना करनी होती है—इसलिए उनका ज्ञान भी अपेक्षित होता है। इसी आलोक में हम मराठी-हिंदी के परस्पर अनुवाद कार्य को देखने का प्रयास करेंगे।

विज्ञान और अनुवाद

'विज्ञान इस दुनिया को छोटी बना रहा है'—कहते आज का मनुष्य थकता नहीं। परंतु वह इसे भूल जाता है कि विज्ञान के आविष्कारों ने ही इस दुनिया में ऐसे-ऐसे वैविध्य भर दिये हैं जिनके आकलन के लिए मनुष्य को अनुवाद का सहारा लेना पड़ता है। कल्पना कीजिए कि दूरध्वनि का संदेश आकाश-स्थित उपग्रहों से आ-जा रहा है। दूरध्वनि के एक सिरहाने पर मराठी मात्र जाननेवाला व्यक्ति है और दूसरे सिरहाने पर किसी और भाषा को ही जाननेवाला बैठा है; इस स्थिति में उन दोनों

के बीच विचारों-भावों का आदान-प्रदान क्या संभव हो सकता है? घंटेभर में हजारों मील उड़नेवाला एक हवाई जहाज मुंबई से निकलकर पाँच-चार घंटों में ऐसे प्रदेश में पहुँच सकता है जहाँ की भाषा से पायलट बिल्कुल बेखबर हो, इस स्थिति में उसके सामने अनुवादक के अतिरिक्त और चारा भी क्या हो सकता है? विशाल जहाज पर लदी विभिन्न वस्तुएँ जब किसी अन्यभाषी क्षेत्र में पहुँचा दी जाती हैं तो उनको उतारने से लेकर ग्राहकों तक पहुँचाने के लिए अनुवाद का ही आश्रय अनिवार्य हो जाता है। दूरध्वनि, विमान, जहाज और जहाज पर लदी वस्तुओं में विज्ञान का ही योग्य रहता है और अनुवाद कार्य में भी विज्ञान की ही दखल रहती है—इसीलिए विज्ञान से प्रभावित अनुवाद भी अनुवाद शास्त्र बन जाता है! इसे अनुवाद 'कला' के रूप में मानने वाले अनुवाद कार्य से ठोस वस्तुओं से इसे संबद्ध करने के बजाय अमूर्त्त भावों से जोड़ देते हैं। जहाँ इस तरह के अमूर्त्त भावों का एक भाषा से दूसरी भाषा में संप्रेषणीय अनुवाद होता हो वहाँ अनुवाद 'कला' होती है शास्त्र नहीं। वैसे कला और शास्त्र के बीच का भेद बड़ा सूक्ष्म है। यह भेद अनुवाद के क्षेत्र में आकर और भी सूक्ष्म हो जाता है। इस पर जीवन का दायित्व आ पड़ता है और विज्ञान तथा वैज्ञानिक आविष्कारों का भी उद्देश्य वही होता है, इसीलिए शास्त्र से अनुवाद अलग हो भी नहीं सकता। कला और कला का अनुवाद तो मानवी जीवन के लिए परम आवश्यक होने से यह कला से अपना नाता तोड़ भी नहीं सकता। यही कारण है कि हमारी प्राचीन कथाएँ अरब से होकर यूरोप में जाती हैं और यूरोप से विदेशी होकर लौटती हैं। यही कारण है कि आज अग्निबाण, प्रक्षेपास्त्र आदि का अविष्कार जर्मनी में होता है तो अविष्कार के मूल में संस्कृत भाषा होने का रहस्य खोजा जाता है। अनुवाद की प्रक्रिया बड़ी नाजुक और बेधड़क दोनों प्रकार की होती है। इसीलिए मूल का अन्वेषण कठिन होकर रह जाता है। उस अन्वेषण से बचने के लिए हम एक सिद्धांत ही गढ़ लेते हैं—'कोई भी आविष्कार, कल्पना किसी एक व्यक्ति की हो ही नहीं सकती। उस पर एक से अधिक लोगों का अधिकार होता है।' और हम लंबे समय तक प्रभावी कहने वाले वेदों को अपौरुषेय कह देते हैं। हवाई जहाज के आविष्कार का श्रेय हम भले ही राइट बंधुओं को देते हैं, परंतु इससे यह तो सिद्ध नहीं होता कि उसके पीछे निहित सिद्धांत उन्हीं को और केवल उन्हीं को सूझे थे। हम इस सूझ के लिए 'पहले' कहकर काल का तत्त्व उसमें जोड़ देते हैं। वस्तुतः काल भी एक कल्पना मात्र का ही खेल होता है—इससे दार्शनिक स्तर पर अस्वीकार करने का कोई कारण नहीं होता।

भावुकता और अनुवाद

अनुवाद की आवश्कता हमारे भावुक विश्व के लिए होती है। भावुक विश्व बड़ा ही

विचित्र और कल्पनातीत होता है। हमें यहाँ 'पुनर्मूषको भव' वाले अभिशाप की कथा का स्मरण हो आता है। 'प्राचीनकाल में कोई एक ऋषि थे। वन में रहते थे—पत्नी के साथ। उन्हें कोई संतान नहीं थी। एक दिन उन्होंने एक चंचल-नटखट, छोटी-सी चुहिया देखी। बड़े प्रसन्न होकर उस चूहिया पर अभिमंत्रित जल छिड़का और उसे मानवी कन्या का रूप दिया। वह कन्या उनके घर में ही रही, बढ़ी और विवाह योग्य अवस्था की हुई। महर्षि उसके लिए एक शक्तिशाली और प्रतिभासंपन्न वर की तलाश में थे। वे सबसे पहले सूर्यदेव के पास पहुँचे। सूर्य ने कहा—'महाराज, मैं शक्तिशाली एवं तेजस्वी जरूर हूँ परंतु बादल मुझे क्षण में परास्त करता है। मेरे सारे तेज को, किरणों को वह रोक देता है। आप उसी के पास पहुँच जाइए।' वे ऋषि बादल के पास अपनी कन्या का प्रस्ताव और अपनी इच्छा लेकर पहुँचे। बादल ने कहा—'ऋषिराज, इसमें कोई शक नहीं है कि मैं सूर्य के प्रखर प्रताप को रोकता हूँ; परंतु मुझे दुःख इसी बात का है कि वायुदेव अपनी मर्जी से मुझे हाँकता रहता है। अतः आप यदि वायुदेव के पास पहुँच जाएँगे तो ठीक होगा।' महर्षि वायुदेव के पास पहुँचे और उन्होंने उससे आने का प्रयोजन बताया। वायुदेव ने बड़े विनम्र भाव से कहा—'हे ऋषिश्रेष्ठ, मैं अपनी इच्छा के अनुरूप मेघों को अवश्य उड़ा सकता हूँ, परंतु मेरी इच्छा भी बाधित हो जाती है। और इसे बाधित करने वाले ये पहाड़ हैं। अटल बनकर मेरे मार्ग में खड़े हो जाते हैं तो मुझे ही अपना मार्ग मजबूर होकर बदलना पड़ता है। आप पर्वतदेव के पास जाइए। आपके हेतु सफल हो जाएँगे।' महर्षि पर्वत के पास पहुँचे। उनके साथ उनकी लाड़ली कन्या भी थी। अपना प्रस्ताव रखा। इस पर पर्वतदेव कुछ कहने ही जा रहे थे कि सहसा वहीं पर एक छोटा-सा, चंचल, नटखट चूहा दिखायी दिया। उसके उछलने-कूदने को उनकी सुपुत्री एक टक देखती हुई बोली—'पिताजी, मैं तो इसी चूहे के साथ शादी करूँगी। देखिए तो कितना अच्छा, कितना प्यारा-प्यारा है।' इस पर उस ऋषि ने उस लड़की को 'पुनर्मूषको भव' का अभिशाप दिया।" इस कथा से चाहे जो निष्कर्ष निकाल लीजिए। कह दीजिए की जन्मजात स्वभाव में कोई अंतर नहीं आता—चाहे कितने भी प्रयास क्यों न किया जायें। अथवा कह दीजिए कि दुनिया में एक से बढ़कर दूसरा शक्तिशाली है। अथवा कहिए कि दुनिया में सब कुछ संभव है परंतु अंतःकरण को पहचान पाना असंभव है। और इसीलिए अंतःकरण को अतर्क्य, अकल्पनीय और जिसकी थाह पाना कठिन है—कहा गया है। बेशक उपर्युक्त कथा काल्पनिक है और कल्पना तथा साहित्य एक ही सिक्के के दो पहलू हैं । यहाँ साहित्य से मेरा तात्पर्य जिसे ललित साहित्य कहते हैं, उससे है। किंतु मेरा संपर्क तो एक ऐसी घटना से हुआ था जिसमें एक अपरिचित युवती को मेरे मित्र ने सिनेमा देखने के लिए थियेटर चलने पर राजी कर लिया था। उससे इस कला का रहस्य पूछ लिया तो बोला—'तू आँखों की भाषा को नहीं जानता। वह लड़की है ही कुछ अजीब। उसकी आँखों ने बता दिया था कि वह मेरे साथ कहीं

पर भी जा सकती है, बस।' इस पर मैं खुद हैरान था। आँखों की भाषा पर विचार करता रहा और इसी निष्कर्ष पर पहुँचा था कि इसका भी अनुवाद हो सकता है? उत्तर था 'नहीं। कभी नहीं।' क्योंकि इसका मूल भाषा में नहीं, आँखों में था।

भाषा की सीमाएँ

और एक उदाहरण देता हूँ अंतःकरण की गहराई और भाषा में उसकी अभिव्यक्ति का। सन् उन्नीस सौ पैसठ की भारत-पाक लड़ाई में पाकिस्तान को करारी हार खानी पड़ी; तब ताशकंद समझौते पर दोनों देशों के प्रतिनिधियों ने हस्ताक्षर किये। और कुछ ही घंटों के बाद खबर आयी कि भारत के प्रधानमंत्री और समझौते पर स्वाक्षरी करने वाले लालबहादुर शास्त्री नहीं रहे! भारत में सभी ओर दुःख की गहरी छाँव मँडराने लगी। लालबहादुर का प्रेत लेकर स्वयं सोवियत संघ के प्रधानमंत्री निकिता क्रुश्चेव आये। हवाई अड्डे पर लालबहादुर शास्त्री की वृद्धा माँ पहुँच गयी थी। शास्त्री जी के शव को देखकर रोते हुए उस वृद्धा ने 'कहाँ है मेरा लाल?' पूछा। निकिता क्रुश्चेव तो हिंदी नहीं जानते थे। तब उन्होंने क्या समझा होगा उस प्रश्न का अर्थ? क्या उस समूचे प्रसंग की गहराई, गंभीरता, व्यथा, दुःख को अभिव्यक्त करने की सामर्थ्य-शक्ति किसी भाषा में हो सकती है? किसी अनुवाद की भाषा में हो सकती है? नहीं, कदापि नहीं। मानवीय अंतःकरण की भावनाओं को शब्दबद्ध करने का प्रयास मात्र हम करते हैं, उन्हें उनकी गहराई तक थाह पाने की शक्ति साहित्य की किसी भी विधा में नहीं होती। जब मूल भाषा में ही ऐसी अभाव की स्थिति हो तो अनुवाद की भाषा से वह अपेक्षित ही नहीं होता। कि वह भावों की गहराई तक पहुँचे। वास्तव में साहित्य का सृजन ही एक अत्यंत जटिल प्रक्रिया है। हम समाज में रहकर जो अनुभव प्राप्त करते है उन्हें अपनी भाषा में शब्दबद्ध करना चाहते हैं। किंतु वह कार्य कितना कठिन है यह हमारे अंतःकरण की विविधता, विचित्रता, उच्छृंखलता, चंचलता से तो पता चलता ही है परंतु एक और कारण से उसकी कठिनाई बढ़ जाती है—भाषा के समृद्ध न होने से। एक सच्चाई को हम सभी जानते और मानते भी हैं कि दुनिया की कोई भाषा इस कदर विकसित नहीं है कि जिसमें मानवीय अंतःकरण की भावनाओं को यथावत् रखा जा सके। हम यहाँ अंतःकरण शब्द पारंपरिक अर्थ में प्रयुक्त करते है। बुद्धि शब्द के लिए भी प्रयोग की परंपरा मानते हैं। हालाँकि दोनों का अस्तित्व, शरीरशास्त्र से अलग-अलग सिद्ध कर पाना आज तक तो असंभव हुआ है।

वैसे आज की भाषाओं में कई शब्द अपनी निरर्थकता अथवा अर्थसंक्षेप सिद्ध करते रहे हैं। इस लेख के चर्चा-प्रसंग में प्रयुक्त होने वाले चंद शब्दों के उदाहरण यहाँ देने होंगे। लोग और जनता में चाहे जो संबंध रहा हो, परंतु साहित्य के आस्वादन के प्रसंग में दोनों का प्रयोग सीमित और व्यापक दोनों अर्थ में होता है। काल को

कल्पना विलास सिद्ध कर लेने पर भी अल्पजीवी, दीर्घजीवी, अमर आदि का प्रयोग धड़ल्ले से होता रहा है। इसका मतलब है, शब्द विषय के अनुसार अर्थ देते हैं। एक ही शब्द का अर्थ कथा-कहानी-नाटक-उपन्यास-काव्य में अलग होता है और दर्शनशास्त्र में उसी शब्द का अलग अर्थ होता है। इन शब्द और अर्थ के भेदाभेदों को हमें अनुवद और मूल भाषा के प्रसंगों की चर्चा में ध्यान में रखना होगा। हिंदी से मराठी और मराठी से हिंदी भाषा में अनुवाद की चर्चा करनी होगी तो आइए हम हिंदी और मराठी के परस्पर अनुवाद की प्रवृत्ति, प्रकृति, आवश्यकता और संभावनाओं पर सोच लें।

मराठी से हिंदी में अनुवाद

हिंदी से मराठी और मराठी से हिंदी में अनुवाद आज एक सामयिक आवश्कता हो चुकी है। प्रगत भाषा का अप्रगत भाषा में अनुवाद होने की मान्यता आज झूठी सिद्ध हुई है। और फिर हिंदी और मराठी में कौन-सी भाषा प्रगत है और कौन-सी भाषा अप्रगत? इसका निश्चय भी असंभव होता है। जैसे किसी भाषा का विकसित-अविकसित, प्रगत-अप्रगत होने का विचार अनुवाद करने के लिए आवश्यक हुआ है, ठीक उसी प्रकार अनुवादों की तुलनात्मक दृष्टि से भी एक अनुवाद को बड़ा एक को छोटा, एक को श्रेष्ठ दूसरे को कनिष्ठ, एक को अच्छा दूसरे को बुरा और एक को बढ़िया और दूसरे को घटिया करार देने की रीति का भी बहिष्कार होना चाहिए। इस शब्दावली से न कोई हित हुआ है न कल्याण। अब मराठी से हिंदी में अथवा हिंदी से मराठी में किसी रचना का अनुवाद हो तो न मराठी न हिंदी भाषा श्रेष्ठ-कनिष्ठ होती है। क्योंकि हम अनुवाद अपने लाभ के लिए ही करते हैं। किसी का लाभ छोटा या बड़ा हो सकता है। अनुवाद के लिए लाभ का विशेषण जोड़ना अनुपयुक्त है। इस समय मराठी से हिंदी में रचनाओं के अनुवाद होना आवश्यक है, परंतु उस आवश्यकता की पूर्ति बड़ी धीमी गति से हो रही है। इसके कई कारण हैं जिनमें से प्रमुख कारणों की चर्चा करनी हो तो कह सकते हैं :

(1) प्रकाशन व्यवसाय में व्यावसायिकता का प्रभाव बढ़ गया है जिससे मराठी से हिंदी अनुवाद की कोई खास माँग न होने से वह अनूदित साहित्य छपता नहीं। बेशक मराठी की तुलना में हिंदी के पाठक ज्यादा हैं।

(2) मराठी का साहित्य ही एक ऐसे चौराहे पर खड़ा है जहाँ से एक रास्ता मध्यवर्ग और बुद्धिजीवियों के साहित्य का, दूसरा रास्ता निम्नवर्ग के बुद्धिजीवियों का, तीसरा रास्ता कृषकों के बुद्धिजीवियों का और चौथा रास्ता मिले-जुले व्यावसायिकों के बुद्धिजीवियों का है। चारों में यदि कुछ समान गुण है तो वह है तथाकथित साहित्यिकों का बुद्धिजीवी होना! बुद्धिजीवी से तात्पर्य ऐसे व्यवसाय से न जुड़ना है जिसके कारण शारीरिक कष्ट करने पड़ते हों और कष्ट से अधिक कपड़ों में

मिट्टी-मैल जमता हो। यह यहाँ की प्राचीन परंपरा रही है कि चार शब्द लिखने की योग्यता आयी नहीं कि उसका परिश्रम से नाता टूटता है। शारीरिक कष्ट के बिना जीने की राहें निकाल ली जाती है। यह तो भारतीय संस्कृति की देन ही समझनी होगी। इस स्थिति में मराठी भाषाभाषियों का प्रतिनिधित्व करनेवाला कोई एक नहीं होता। और मजे की बात यह है कि उपर्युक्त भिन्न-भिन्न सामाजिक वर्ग एक-दूसरे पर कीचड़ उछालने में लगे हैं। ऐसी स्थिति में मराठी से हिंदी में अनुवाद करने के लिए किसकी रचना चुन लें? बड़ा सवाल होता है। परिणामतः अनुवाद कार्य अपेक्षाकृत धीमी गति से ही आगे बढ़ पाता है।

(3) रचना की श्रेष्ठता के आधार पर अनुवाद करना हो तो सबसे मूलभूत सवाल 'कौन-सी रचना श्रेष्ठ है?' होता है। उस प्रश्न का हल सहज संभव नहीं होता। हर किसी को लगता है उसी की रचना अनुवाद योग्य है। इस स्थिति में जिस रचना को येनकेन प्रकारेण अनुवाद का अवसर मिल जाता है, वही अपनी रचना को श्रेष्ठ समझने की भूल कर बैठता है।

(4) मराठी से हिंदी में जिन रचनाओं के अनुवाद होते हैं और छपते हैं उन्हें येनकेन प्रकारेण होनेवाले अनुवाद इसीलिए कहा गया है कि अनुवाद के लिए रचना का चयन कई कारणों से होता है; जिनमें उदारता का विचार बहुत कम झाँकता है। उदारता से हटकर किये जानेवाले विचारों में अनुदान का हिस्सा बड़ा बलवान होता है। और अनुवाद ऐसी रचनाओं को ही मिल जाता है जो **सत्ता के पास** होते हैं या **नौकरशाहों के पास** होते हैं। भाई-भतीजवाद इसमें खुलकर बोलने लगता है। मराठी रचना हिंदी में अनूदित होकर छपने से दोहरा लाभ मिलता है। एक तो अनायास ही उस रचना की श्रेष्ठता की धाक जम जाती है। दूसरे आर्थिक लाभ भी संभव होता है लेखकों को।

(5) अनुदान के बिना भी अनूदित रचनाएँ छपती हैं जिसका कारण यह माना जाता है कि प्रकाशक को लेखक-**अनुवादक को चंद प्रतियाँ**, अनुवाद की, देनी भर होती हैं। रायल्टी का और कोई चक्कर नहीं होता। ऐसी स्थिति में वे लेखक ही अपनी पुस्तकों के अनुवाद छापते हैं जिन्हें प्रसिद्धि का खिंचाव बहा ले जाता है। अतः ऐसी पुस्तकों में मानक पुस्तकों के चयन की बहुत कम आशा होती है। यह **प्रसिद्धि की प्यास** कुछ लेखकों में इस हद तक बढ़ जाती है कि वे अनुवाद छापने की पूरी की पूरी या आंशिक लागत का भुगतान करते हैं। प्रकाशक तो व्यावसायिक होता ही है। वह हिंदी में अनुवाद छाप देने मात्र से घाटे में नहीं रहता तो छपाई का भुगतान तो उसके लिए विशुद्ध लाभ हो जाता है। स्तर की उसे चिंता नहीं होती।

(6) कुछ मराठी लेखक अपनी अच्छी कृति, अनुवादक से **मधुर** रिश्ते के मोह में फँसकर, अनूदित करा लेते हैं। इस प्रकार का अनुवाद केवल हिंदी में ही होता हो ऐसी बात नहीं; अनुवादक जिस भी भाषा का जानकार हो उसमें हो जाता है।

और विशेष बात यह है कि ऐसे अनुवादों में फ्रेंच, अंग्रेजी, इतालवी आदि भाषाएँ आती हैं। शर्त केवल यही होती हे कि अनुवादक/अनुवादिका का लेखिका/लेखक से रिश्ता घनिष्ठ हो। विज्ञान ने दुनिया छोटी बनायी, जिसका यह परिणाम है कि ऐसे रिश्ते स्थापित हुए हैं।

(7) मराठी कोश-साहित्य के अनुवाद की आवश्यकता को रेखांकित किया जाता रहा है। दलील यह दी जाती है कि मराठी भाषिकों ने जितनी लगन से कोश-लेखन का काम किया है, हिंदीभाषी लेखकों को वही काम बड़ी निष्ठा के साथ करने में समय नहीं गँवाना चाहिए, तुरंत अनुवाद किया जाना चाहिए। ऐसे अनुवाद हुए हैं और हो रहे हैं। इसके लिए प्रेरणा मात्र आर्थिक हो सकती है। आर्थिक सहायता प्राप्त होने पर **सुयोग्य अनुवादकों** की नियुक्ति एक कठिन काम होता है। यही हमारी भूल होने की संभावना होती है। यह सच है कि भारत जैसे विकासशील बहुभाषी देश में प्रादेशिक भाषाओं का उपयुक्त साहित्य जिस गति से अनूदित होकर राष्ट्रभाषा हिंदी में छपना आवश्यक है वह गति नहीं रही है; जिसके लिए आर्थिक हित की कमी ही कारण बनी हुई है।

(8) मराठी का हिंदी में अनुवाद जब तक मूल मराठी लेखकों, अनुवाद के प्रकाशकों के ही लिए विशुद्ध व्यावसायिक लाभ वाला बना रहेगा तब तक उसमें गतिशीलता आने की संभावना कम ही होगी। जिस दिन यह कार्य हिंदी जानने वाले के हित में होगा, उस दिन इसमें गतिशीलता आयेगी। अतः हम देखें कि क्या हिंदीवालों के लिए इस अनुवाद-कार्य में कोई दिलचस्पी है? उत्तर 'नहीं' में देना पड़ता है, यह खेदजनक स्थिति है। स्वाधीनता से पूर्व या तुरंत बाद महाराष्ट्र के मानस को जानने की जो उत्सुकता तत्कालीन नेताओं में थी वह अब नहीं बची। इसलिए जो अनुवाद कार्य उस समय हुआ सो हुआ। उन दिनों देश के संचालन में महाराष्ट्र का बहुत बड़ा हिस्सा था। यह एक अजीब-सी विडंबना है कि आज का युग अर्थप्रधन युग कहा जाता है और मुंबई इस विशाल देश की आर्थिक राजधानी मानी जाती है, वही मुंबई महाराष्ट्र प्रदेश में होकर भी महाराष्ट्र की आवाज मंद पड़ी है। इसके लिए दो कारण हैं। एक तो यहाँ की अर्थनीति को संचालित करने की शक्ति राजनीति में है और राजनीति हिंदीभाषी प्रदेशों के हाथ में है। दूसरा कारण यह हो सकता है कि महाराष्ट्र में मुंबई को रखा भर गया है, प्रत्यक्ष नियंत्रित होती गैर-मराठी लोगों से! इसीलिए कभी-कभी सवाल उछल जाता है कि 'मुंबई में राज किसका? शरद पवार का या तस्करों का?'

(9) मराठी से हिंदी में अनुवाद न होने का एक और कारण प्रबल हो सकता है। हिंदी भाषाभाषी प्रदेशों की जनता में मराठी भाषा के साहित्य को जान लेने के प्रति उदासीनता। इस उदासीनता के भी दो कारण हैं। एक है आत्माभिमुखी होकर सोचा हुआ। इसके अनुसार कह सकते हैं कि हिंदी भाषाभाषी मराठी भाषाभाषी समाज

को जानने के लिए 'चतुर्दिक् मार्गगामी' रचनाओं में से किसको चुनें? भाषा की दृष्टि से प्रतिनिष्ठित मध्यवर्ग की भाषा, दलितवर्ग की प्रदेश सापेक्ष अव्याकृत भाषा, घुमक्कड़ों की अन्य भाषा-मिश्रित मराठी भाषा, ग्रामीण-साहित्य की आँचल-सापेक्ष भाषा आदि, अनेकानेक भाषाओं में किसे तरजीह दे और किसे प्रादेशिक प्रतिनिध्त्वि बहाल करे? दूसरा है बहिर्मुखी होकर सोचा हुआ। जिसके अनुसार हिंदीवालों की उदासीनता का जन्म उन प्रदेशों के अत्यन्त शिक्षित होने, सांस्कृतिक दृष्टि से पिछड़े होने आदि के कारण मान सकते हैं। परंतु यह कारण बहुत सबल नहीं कहा जा सकता। क्योंकि प्राचीन काल से हम भारत की एक-सी संस्कृति का गुणगान करते आये हैं और धर्म को उस एकता के निर्माण का आधार कहते रहे हैं। शिक्षित होने के प्रतिशत का जहाँ तक प्रश्न है—उन्नीस-बीस का अंतर हो सकता है हिंदी-प्रदेशों में और मराठी-प्रदेशों में।

(10) यहाँ इस बात का स्मरण रखना होगा कि हिंदी भाषाभाषी प्रदेशों में जनता की भाषाएँ बोलियों से आक्रांत हैं। उत्तरप्रदेश, मध्यप्रदेश, हरियाणा और हिमाचल प्रदेश तो हिंदी प्रदेश हैं ही, उनके साथ-साथ उड़िया, राजस्थान, बिहार, असम और पंजाब, जम्मू-कश्मीर को भी मिलाकर हिंदी भाषा का प्रदेश कहना होगा। परंतु क्या इन सारे प्रदेशों में वही हिंदी बोली जाती है जिसे खड़ी बोली कहते हैं? नहीं। खड़ी बोली का अपना रूप अलग है। इसका प्रयोग तो हरियाणा तक में नहीं होता, तब और प्रांतों की बात ही अलग है। कहना नहीं होगा कि संविधान द्वारा स्वीकृत राष्ट्रभाषा अलग है किंतु है सभी की समझ की वस्तु, किंतु इस पर भी मराठी के साहित्य का इसमें अनुवाद न होने का कारण है जनसाधारण की और हिंदी साहित्य की जानकारी रखनेवालों की प्रवृत्ति में अंतर। जनसाधारण हिंदीतर प्रदेशों की भाषाओं की उत्कृष्ट रचनाओं का आस्वादक हो यह संभव ही नहीं, परंतु हिंदी भाषा का साहित्य जाननेवाले, समझनेवाले और निर्माण करनेवाले की प्रवृत्ति भी वही हो यह आश्चर्य की, किंतु अस्वाभाविक बात नहीं लगती।

(11) हिंदी और मराठी भाषाओं की तुलना में महाराष्ट्र की स्थिति एकदम विशिष्ट रही है। हिंदी के मानक रूप को राष्ट्रभाषा बनाने की सबसे पहले इस प्रदेश के नागपुर विभाग ने ही पहल की। महाराष्ट्र को एक प्रांत के रूप में सोचने की अपेक्षा इसे यदि विभागों के रूप में सोचा जाये तो स्थिति अधिक स्पष्ट हो जाती है। जिसे आज महाराष्ट्र कहते हैं, उसे कभी संयुक्त महाराष्ट्र कहा जाता था। संयुक्त होने से पहले वह कई विभागों में बँटा हुआ था। विदर्भ, मराठवाड़ा और मैसूर का उत्तरी भाग—कर्नाटक का कुछ हिस्सा मिलाकर संयुक्त महाराष्ट्र बना। विदर्भ की हद हिंदीभाषी मध्यप्रदेश से जुड़ी है। मराठवाड़े में, स्वर्गीय निज़ाम का शासन और शासन तथा शिक्षा के लिए देशी भाषा उर्दू का प्रयोग होता था इसीलिए, हिंदी का संविधान स्वीकृत रूप अपनाना अपेक्षाकृत सरल हुआ। महाराष्ट्र में ही गुजरात की सीमाएँ

मिली थीं। और संयुक्त महाराष्ट्र में एक और भाषा का जोड़ हुआ—सिंधी भाषा का। कहना नहीं होगा कि आज का महाराष्ट्र दो दाक्षिणात्य और दो उत्तर की भाषाओं वाले प्रदेश की सीमाओं पर आता है। एक आर्य भाषा 'सिंधी' आप्रवासियों की, अब महाराष्ट्र में निवास करनेवालों की, बढ़ गयी है। और सबसे अधिक ध्यान देने योग्य बात यह है कि निज़ाम की राजकाज और शिक्षा-दीक्षा के लिए प्रयुक्त भाषा 'उर्दू' भी यहाँ खूब बढ़ रही है। हिंदी के लिए इससे अच्छी स्थिति क्या हो सकती है? परंतु दुर्भाग्य से ऐसी प्रतिभाएँ बहुत कम उत्पन्न हुई हैं जो इस प्रदेश की जनता की, साहित्य का निर्माण करनेवाले और समझनेवाले वर्ग की, भावनाओं को हिंदी भाषा में उल्था कर दें। इसे या तो इस प्रांत के मनीषियों के प्रति उदासीनता कहें या फिर हिंदी भाषाभाषी जनों की प्रांतीय भाषा सीखने की अक्षमता का नाम दें! जो भी हो, यह सच है कि महाराष्ट्र में मराठी से हिंदी में अनुवाद करनेवाला वर्ग, खुद हिंदी भाषाभाषी वर्ग से उत्पन्न हो सकता है परंतु वह नहीं के बराबर हुआ। हिंदीतर भाषाभाषियों ने इस कमी को पूरा कर लिया है और आज जो भी और जैसा भी कार्य हो रहा है, उन्हीं के बूते पर। वैसे अनुवाद कार्य में, जिस भाषा में वह करना होता हो, मातृभाषा का बहुत कम असर होता है पर होता है अवश्य। चाहे जितनी दक्षता प्राप्त कर ली जाये उस अनुवाद की भाषा में परंतु वह बात आती-जाती रह जाती है जो मूल रचना में होती है।

(12) वैसे एक और वजह से मराठी से हिंदी में अनुवाद कम होते हैं, जिसका संबंध रचनाओं के सांस्कृतिक से अधिक सभ्यता पक्ष से होता है। हम यह मानकर चलते हैं कि हमारी आसेतुहिमाचल सांस्कृतिक एकता है और वह है धर्म के कारण। परंतु सभ्यता-विषयक बहुविधता एक जीवंत सच्चाई है। संस्कृति पढ़े-लिखे, विचार कर सकने वाले लोगों की जीवंत सच्चाई है। संस्कृति पढ़े-लिखे, विचार कर सकने वाले लोगों की होती है, परंतु सभ्यता पर अपढ़ गँवारों का अधिकार होता है। संस्कृति और सभ्यता में चोली-दामन का साथ होना चाहिए। इन्हें मनुष्य का चितनपक्ष और क्रियापक्ष कहा जाता है। क्या कारण है कि भारत की संस्कृति एक रूप रही परंतु सभ्यता बहुरूपी हो गयी? शिक्षा-दीक्षा इसका कारण है? शायद नहीं! धर्म इसका प्रमुख कारण लगता है। चिंतन के स्तर पर सारे देश को एकता में बाँध तो दिया धर्म ने, परंतु कर्म के क्षेत्र में सहस्र खंड किये! वैसे धर्म का और अपढ़ का संबंध नहीं होता। वह अपढ़-गँवार शिक्षित व्यक्ति को ही धार्मिक मानकर उसके आचरण का अनुकरण निष्ठापूर्वक करता है। यदि यही सच है तो फिर अपढ़-गँवारों के व्यवहार में आनेवाले अंतर का ही नहीं बल्कि पतन का जिम्मा पढ़े-लिखे और मनीषी समझे जानेवाले धर्ममार्तंडों का होता है। और यह इसीलिए युक्तियुक्त लगता है कि उन्होंने धर्माज्ञा के रूप में जो आचरण-संहिता बनायी, वे स्वयं ही उसका पालन न कर सके! अपने संहिता-मुक्त आचरण को भी जब वे धर्मसम्मत ठहराने लगे तभी

समाज में अराजक उत्पन्न हुआ! तभी आचरण के एक-अनेक रूप अस्तित्व में आये। मैं यह इसलिए कह रहा हूँ कि मराठी में इन दिनों जो साहित्य प्रकाशित हो रहा है उसका स्वर सभ्यता-प्रधान है। दलितों, शोषितों, का साहित्य है। उसमें वैचारिक एकता की अपेक्षा कर्मगत विभिन्नता का वर्णन है। अंधविश्वास, जादू-टोना, करनी आदि उसमें उभरती है। वैचारिक स्तर पर केवल एक ही बात में सभी सहमत हैं कि उच्च वर्ण ने उन्हें प्रताड़ित, अपमानित, शोषित किया है। वैचारिक बातों का अनुवाद तो सहज हो सकता है हिंदी में, परंतु कर्मगत विभिन्नता का कैसे होगा? यह प्रश्न मराठी से हिंदी में अनुवाद करनेवालों के सामने खड़े रहते हैं। इसलिए भी अनुवाद कार्य पर मर्यादाएँ आ जाती हैं।

(13) उपर्युक्त मर्यादा को दो तरह से दूर करते रहे हैं लेखक-अनुवादक। ऐसे सभ्यता-मूलक शब्द, जिनका अनुवाद उन्हें असंभव लगने लगता है, ज्यों-के-त्यों रख देते हैं और टिप्पणियाँ लिख देते हैं, स्पष्टीकरण देते हैं। दूसरे उन शब्दों की व्याख्याएँ देने लगते हैं। दोनों मार्ग बोझिल और दुरूह हो जाते हैं। अनूदित साहित्य पढ़ने की इच्छा कम होने लगती है। इस संकट से बचने के लिए अनुवादक एक काम कर लेता है—वह सभ्य भाषा में लिखी हुई किसी सुसंस्कृत रचना का अनुवाद, जो अपेक्षा से कहीं अधिक सुकर होता है, कर लेता है। ऐसा करने पर नयी बाढ़ के साहित्यकार सामन्वित स्वर से शिकायत करते हैं—'अनुवाद भी ऊँचे वर्णवालों की रचनाओं के ही होते हैं।' माँग करते हैं—'हमारी रचनाएँ अनूदित हों।' परिणामतः मराठी से हिंदी में साहित्य कम मात्रा में आता रहता है।

(14) मराठी से हिंदी में कम मात्रा में साहित्य आने का स्वर तीन कारणों से सुनायी देता है। पहले तो मराठी में उत्पन्न होने वाले साहित्य का अनुपात शिक्षा के प्रचार-प्रसार के साथ बढ़ गया है। जिसे भी लिखना, शुद्ध लिखने से कोई मतलब नहीं, आया वह लेखक बन गया और जो कुछ, चाहे किसी प्रियपात्र को पत्र ही क्यों न लिखे, लिख गया साहित्य का नया आकार-प्रकार हो गया। साहित्य के पुराने मानदंडों को चुनौती उनके अज्ञान के बलबूते पर मिली है और नये समीक्षाशास्त्र की गुहार उसके विदेशीपन के कारणों को सामने रखकर लगायी गयी है। इस बढ़े हुए अनुपात की तुलना में हिंदी में इसका आयातित अनुपात अत्यंत तुच्छ है। मराठी भाषाभाषी सामाजिक 'वर्ग-विशेष' का साहित्य कहकर आज तक सवर्णों का तिरस्कार हुआ और अब उसी तिरस्कारकर्त्ता वर्ग की चेतना ने ही समूचे भारत में अपने वर्ग को जगाना चाहा है। इसके लिए मराठी में आयी उनकी भावनाओं का भारत की अन्य प्रांतीय और राष्ट्रीय भाषा में अनुवाद आवश्यक लगता रहा है। यह अनुवाद हो भी रहा है परंतु उस मात्रा में नहीं जिस मात्रा में मराठी में लिखने वाला चाहता है। और अंततः समाज का एक ऐसा लेखक वर्ग है मराठी में, जो हिंदी के अनुवाद से परहेज करता है। और मजे की बात यह है कि खुद ही हिंदी सीखकर हिंदी में लिखना चाहता

है। कुछ लेखक सफल भी होते हैं, परंतु विफल होनेवालों का अनुपात बड़ा है।

(15) यह स्थिति तो हुई समकालीन साहित्य की, जिसमें मूल मराठी में लिखने वाला और हिंदी में उसका अनुवाद कर देनेवाला, दोनों जीवित माने जाते हैं। यदि इनमें से लेखक जीवित न हों और अनुवादक ही जीवित हों तो स्थिति कुछ बदलेगी। यदि अनुवाद कार्य को बिना शर्त अनुदान मिलता है तो अनुवादक अपनी जाति, अपना वर्ग, अपना खेमा आदि का विचार कर अनुवाद के लिए रचना चुनेगा। उसमें लोक-कल्याण की भावना बहुत कम होगी। यह प्रवृत्ति विश्वविद्यालय में होनेवाली संगोष्ठियों में दिखायी देती है। चाहे विषय जो भी रहे, वक्ता तो अपने संप्रदाय का डिंडिम पीट लेगा! इस दुराग्रह तक पहुँचनेवाले आग्रह की वजह से भी मराठी साहित्य बहुत कम मात्रा में हिंदी में आता है, और जो आता है उसी को लोकोपकारक माना जाता है। फिर वह संप्रदाय, जाति-पाँतिगत हो सकता है, राजनीतिक हो सकता है अथवा विशुद्ध दार्शनिक हो सकता है। यह प्रवृत्ति है बहुत कम, परंतु मूल मराठी साहित्य से संबंधित होने से महत्त्वपूर्ण है। इससे बहुत कम रचनाएँ अनूदित होती हैं और अनूदित रचनाओं की कमी का ही विचार कर रहे हैं।

(16) और अंत में उन मराठी रचनाओं का विचार जो बहुतायत से हिंदी में अनूदित होकर छपती हैं परंतु जिनका साहित्यिक मोल नहीं होता। इसका कारण उन रचनाओं में प्रकट होनेवाले विचार और छपाई का अप्रगत मंत्र-तंत्र है। ये रचनाएँ अक्सर आर्थिक दृष्टि से पिछड़े हुए और अपने विचारों में संकुचित समाज के अंग की होती हैं। यह अंग-विशेष अपने जातीय संगठन के लिए सभाएँ लेता है, सम्मेलन करवाता है, वर-वधुओं के मेले आयोजित करवाता है और सामुदायिक विवाह भी करवाता है। ऐसे कार्यों में मराठी में लिखे मूल साहित्य का हिंदी में अनुवाद होता है, छपता है और वितरित होता है। परंतु इसकी अविकसित छपाई-तकनीक और चिंतन-धारा, इसकी सूचना भी नहीं देता। इसके विपरीत अगर छपाई-सफाई का बहुत प्रगत तकनीक–चाहे सीधा आयात किया हुआ कागज, सीधी आयात की गयी स्याही और सीधे आयात की हुई मशीन पर ही छपता हो–अपनानेवाला साहित्य सांप्रदायिक संकीर्णता के बावजूद चर्चा का विषय होता है; इसलिए कि उस समाज में पढ़े-लिखों का अनुपात अधिक होता है और उसके समीक्षक उस कालबाह्य चिंतन को भी मानवता के लिए परम हितकारी सिद्ध करनेवाले लेख छाप सकते हैं। यही एक साहित्य (?) है जो हिंदी से मराठी में अधिक और मराठी से हिंदी में कम अनूदित होता रहता है।

हाँका लगाने की नीति

मराठी साहित्य का हिंदी में अनुवाद कम होने के संभावित कारणों की चर्चा के बाद आइए, हम देखते हैं कि इस स्थिति को सुधारा कैसे जा सकता है! और क्या

सुधार संभव भी हैं? अक्सर सुनने में आता है कि हिंदी एक बड़े राष्ट्र की भाषा है, उस राष्ट्र की कई प्रगत-अप्रगत प्रांतीय भाषाएँ हैं। और जब तक उन भाषाओं को साथ लेकर चलती नहीं, हिंदी सच्चे अर्थ में राष्ट्रभाषा होने योग्य नहीं बनती। देश की एकता और अखंडता के लिए राष्ट्रभाषा का एक होना आवश्यक है—इसमें कोई शक नहीं, परंतु वह एक भाषा अनेक प्रांतीय भाषाओं को साथ लेकर कैसे चले? यही एक बड़ी समस्या है। कुछ लोग बड़ी आसान दलील देते हैं—हिंदी को प्रांतीय भाषाओं से बहुप्रचलित शब्द लेकर अपने को समृद्ध करना चाहिए। यह दलील जितनी संजीदगी से दी जाती रही है, परिणाम इसके विपरीत देखा जा रहा है। आज मराठी में तो यह स्थिति है कि पिछले दिनों से हाँका लगता रहा है—'मराठी को हिंदी के आक्रमण से बचा लो!' यह क्यों हो रहा है? इसमें कोई विवाद नहीं रहा है कि मराठी पर हिंदी के शब्द, वाक्प्रचार, कहावतें, मुहावरे आदि का असर और गहरा असर पड़ रहा है इसीलिए यह मराठी को बचाने का हाँका लग रहा है। परंतु एक सरल गणित है—'हिंदी को मराठी, गुजराती, तमिल, तेलुगू, मलयालम आदि भाषा के शब्दों से बचाओ' की अपेक्षा 'मराठी को हिंदी से बचाओ', 'गुजराती को हिंदी से बचाओ', 'तमिल को हिंदी से बचाओ', 'तेलुगू से हिंदी को बचाओ' और 'मलयालम से हिंदी को बचाओ' आदि कहना बड़ा आसान लगता है, परंतु करना बहुत ही कठिन। और विशेषतः एक ओर तो वैज्ञानिक प्रगति का दामन थामकर चलते हुए किसी व्यापक प्रभाव के विरोध में जाना नितांत अप्रिय, अनावश्यक और अकार्य लगता है। भाषा कभी जाति की अस्मिता थी, स्वत्व था और अभिमान की वस्तु थी। परंतु वह थी संकीर्ण। और विज्ञान इस विशाल विश्व को ज्यों-ज्यों छोटा बनाता रहा त्यों-त्यों भाषागत संकीर्णता उजागर होती गयी। आज स्थिति बड़ी विचित्र है—कहते हैं हम विज्ञान-दत्त सुविधाओंवाले विश्व में और सोचते हैं भाषा, अपनी भाषा के अभिमान की संकीर्ण बात को लेकर! एक ही भाषा को कई भाषाओं के प्रभाव से लादना और कई भाषाओं पर एक ही भाषा के प्रभाव को स्वीकारने में आसानी किस बात में होगी? सभी समझते हैं। सभी मानते हैं कि हिंदी का प्रभाव यदि भारतीय भाषाओं पर पड़ेगा तो देर-सवेर एक प्रांत की भाषा दूसरे प्रांत में भी आसानी से समझ में आयेगी। परंतु यहाँ भय उससे आगे की स्थिति की कल्पना से है। हर किसी प्रांतिक भाषाभाषी को लगता है कि हिंदी इसी तरह प्रभावी होती गयी तो अपनी मातृभाषा का अस्तित्व ही खतरे में पड़ जायेगा। और तब वह भावुक हो उठता है और 'हिंदी से अपनी मातृभाषा को बचाने की गुहार लगाता है। वैसे उनके इस सोच को गलत करार नहीं दिया जा सकता, क्योंकि भाषा एक 'मानव-निर्मित वस्तु है।' मानव-निर्मित वस्तु में निर्मिति के साथ विकास और विलय की स्थितियाँ अवश्य होती ही हैं। आज हम 'राष्ट्र' की संकल्पना को जीवन में उतारना चाहते हैं। विशाल राष्ट्र की कोई एक ही भाषा होगी—यह मान लेते हैं। तब या तो फिर हमें अपनी मातृभाषा का मोह छोड़ना होगा

या फिर अपनी मातृभूमि का सीमा-संकोच करना होगा। एक व्यापक राष्ट्र की संकल्पना के साथ एक सीमित प्रांतिक भाषा का मोह पालना आज की दुनिया में व्यवहार्य नहीं लगता। हो सकता है आनेवाले कल की दुनिया में राष्ट्र की संकल्पना बदल जाये और भाषा को अनन्य साधारण महत्त्व प्राप्त हो जाये, परंतु यह आज की राजनीतिक और शैक्षिक स्थितियों को देखते हुए असंभव लगता है। हाँ, राष्ट्र की सीमाएँ व्यापक हो सकती हैं, परंतु भाषाओं के साथ उसके टकराव में उन विस्तृत-व्यापक सीमाओं की ही विजय होगी न कि भाषाओं की। और उन भाषाओं के जीतने की तो कल्पना भी नहीं की जा सकती, जिसको समझनेवाले कम हों। आज तक भाषाओं की व्यापकता की कसौटी उनके बोलने-समझने से ही ली जाती रही है, लिखने-पढ़ने से नहीं। इसे तो एक भारी दुर्भाग्य कहना होगा कि क्या हमारी प्रांतीय भाषाएँ और क्या राष्ट्रभाषा, किसी में भी लिखने-पढ़ने-वालों का प्रतिशत इतना ऊँचा नहीं कि हममें अभिमान उत्पन्न करें, बल्कि इसके विपरीत इतना नीचा अवश्य है कि जिसके कारण शर्म से गर्दन झुक जाती है। जो भी हो परंतु यह निश्चित है कि बोलने-समझने की कसौटी पर ही सही, हिंदी हमारी राष्ट्रभाषा, संपर्कभाषा है और उसके शब्दों के कोश को प्रांत की भाषाओं के शब्दों से भरने की भूल हमें नहीं करनी चाहिए। इसके लिए हिंदी जिस आधार पर अपना अलग अस्तित्व उर्दू से सिद्ध कर चुकी है, वहीं संस्कृत का सहारा लेना चाहिए। नये-नये शब्दों का निर्माण और प्रचलन बड़ी निष्ठा के साथ होना चाहिए। संस्कृत के मूल शब्दों को नये परिवेशगत अर्थ देने के लिए किसी समय आज के विशाल भारत के भूभाग पर फैली हुई महाराष्ट्री प्राकृत भाषा के व्याकरण का संबल हो तो सोने में सुहागा! नहीं तो और किसी भी भारतीय भाषा के सरल व्याकरण-नियमों के अधीन यह काम हो तो भी कोई हर्ज नहीं। परंतु आग्रह मूल संस्कृत शब्दों का रहेगा।

हिंदी और दूरदर्शन

आज सर्वाधिक प्रचार माध्यमों के रूप में दूरदर्शन का नाम लिया जाता है। परंतु उस पर हिंदी का अप्रत्यक्ष प्रचार भी नहीं होता। मात्र राष्ट्रीय कार्यक्रमों को विकल्पहीन बनाकर प्रस्तुत करना ही प्रसार का कारण नहीं बनता। कार्यक्रमों में आनेवाले चुने हुए विशिष्ट शब्दों के अर्थ दूरदर्शन के पर्दे पर लिखित रूप में और उच्चारण में भी दिखाने होंगे। हिंदी के विशिष्ट शब्दों के अर्थ प्रादेशिक भाषाओं में, प्रादेशिक लिपियों में हों, साथ-साथ यह भी अत्यंत लाभप्रद होगा कि उन अर्थों के उच्चारण देवनागरी में भी लिखे हुए बतायें। इससे होगा यह कि कठिन उच्चारण देवनागरी में लिखने की योग्यता बढ़ेगी और लिपि का आग्रह भी कुछ मंदा पड़ जायेगा। इसमें कोई शक नहीं कि शासन की ओर से हिंदी का प्रचार, कुछ ही मिनटों तक सही, रेडियो पर और वह भी प्रादेशिक भाषा के माध्यम से होता है और बड़ा ही अच्छा काम होता

है। परंतु रेडियो से अधिक शक्तिशाली दूरदर्शन का भी विचार इस काम के लिए होना आवश्यक है। आज प्रातःकालीन कार्यक्रमों में खिचड़ी हिंदी का प्रयोग करके उन कार्यक्रमों को केवल उच्चशिक्षितों तक की मर्यादाएँ बाँध दी जा रही हैं। वैसे अंग्रेजी से दुश्मनी नहीं, परंतु हिंदी भाषा में अंग्रेजी सह्य भी नहीं होती। यह तो भारत देश ही है जहाँ हिंदी के साथ अंग्रेजी भी राष्ट्रभाषा के रूप में स्वीकृत है। इस स्वीकृति को यहाँ की जनता की उदार भावना कहने की अपेक्षा शासनकर्ता वर्ग की मजबूरी कहना अधिक ठीक होगा। खैर, यह प्रसंग कुछ अलग है। इसे यहीं छोड़ देना होगा।

हिंदी से मराठी

मराठी से हिंदी में होने वाले अनुवाद की मात्रा अल्प है, इसे हमने देखा है। प्रश्न यह भी हो सकता है कि हिंदी से मराठी में कितनी रचनाएँ अनुवादित होती हैं? उसकी मात्रा भी अपेक्षा से बहुत अल्प है। परंतु इसको बढ़ाने की आवश्यकता भी नहीं होती। इसके कुछ कारण हैं—सबसे पहला और महत्त्वपूर्ण कारण तो यही है कि जो हिंदी-साहित्य पढ़ना चाहता है वह मूल में ही पढ़ने की योग्यता बड़ी आसानी के साथ अर्जित कर ले सकता है। मराठी साहित्य के पाठक के लिए हिंदी-साहित्य में रुचि होने पर थोड़ी-सी कठिनाई को झेलते हुए हिंदी की साहित्यिक रचनाएँ पढ़ लेता है। और कुछ दिनों के बाद तो वह कठिनाई भी नहीं आती, हिंदी-साहित्य-कृतियों के आस्वादन में। यहाँ चाह सर्वोपरि होती है। यदि चाह ही न हो तो हिंदी की उत्तमोत्तम रचनाओं को वह नींद लाने वाली दवा की जगह प्रयुक्त कर लेता है। इससे हिंदी की रचनाएँ मराठी में अनुवाद करने का व्यावसायिक पक्ष हल होता है। परिणामतः उस कार्य की ओर किसी का ध्यान भी नहीं जाता। इसका मतलब यह नहीं कि यह कार्य बिल्कुल ही उपेक्षित रहा है, परंतु यह सच है कि जिसने भी यह अनुवाद कार्य किया, विशेष सफलता नहीं मिली।

हिंदी भाषाभाषी समाज की जीवन को जानने की ललक हिंदी की श्रेष्ठ रचनाओं को पढ़ने पर विवश कर देती है। परंतु वह ललक अन्य प्रचार-प्रसार माध्यमों द्वारा पूरी होती है इसलिए भी हिंदी रचनाओं का मराठी में अनुवाद नहीं होता। एक और कारण है—हिंदी भाषा के साहित्य को दुर्लक्षित करने का। यहाँ का तथाकथित बुद्धिवादी वर्ग अपने मराठीपन के अभिमान को गर्व तक खींचता है और हिंदी साहित्य की मूल्यवत्ता नकारता है। सच देखा जाये तो यही प्रवृत्ति हमारे देश की हर भाषिक जनता में विद्यमान है। जहाँ तक मैं इसका कारण समझा हूँ, वह है हमारी जाति-पाँतिगत विभाजन शैली का समाज और हर छोटी-बड़ी जाति में अपनी ही जाति के सर्वोच्च होने का मिथ्या अहंकार। इसी वृत्ति से आज तक हम विभाजित रहे हैं और संभवतः आगामी कल-परसों भी रहेंगे। नहीं तो हिंदी में क्या नाटक हैं? क्या कविता हैं? क्या उपन्यास हैं? आदि पूछने का अधिकार उन मराठी-साहित्यिकों

को तो पहुँचता ही नहीं जिन्होंने आज तक एक महाकाव्य लिखकर साहित्य की श्रीवृद्धि की नहीं! आज तक एक प्रेमचंद पैदा किया नहीं! दोष हर भाषा में होता है परंतु वह जानने के लिए गुणों को जानने की आवश्यकता होती है—इसे मराठी साहित्यिक समझते ही नहीं। केवल इंकारात्मक भूमिका पर खड़े होकर हिंदी-साहित्य का मूल्यांकन करने से हिंदी से मराठी में अनुवाद करने योग्य उन्हें कुछ दीखता ही नहीं। हाँ, हिंदी में छपी पुस्तकों का बाह्य रूप देखकर अवश्य ललचाता है और लंबी साँसें भरकर रह जाता है। सोचता है—काश, यह छपाई की सुंदरता, मूल्यवान कागज, कलात्मक सजावट और खूबसूरत बाइंडिंग मराठी वालों के नसीब में होती! परंतु इसे हिंदी साहित्यकार की उपलब्धि नहीं कह सकते। यह इंकार की भूमिका तथाकथित लब्धप्रतिष्ठ लेखकों की, ऊँचे वर्ग के लोगों की अहंभावना का परिणाम होती है। जो सर्वहारा वर्ग से आया है, श्रमजीवियों का जीवनक्रम जिसने भोगा है, उसमें इस तरह की दुर्भावना होती नहीं, यह विशेष यहाँ याद रखने योग्य है!

वस्तुतः हिंदी से मराठी में अनुवाद को शासन प्रोत्साहित करे तो यह काम कुछ सीमा तक आगे बढ़ सकता है। परंतु सरकार के पास वक्त और अर्थ की कमी होने से यह संभावना नहीं है। इधर प्रांतों में स्थापित हुई हिंदी अकादेमियाँ इस काम को कर रही हैं और उनसे बड़ी आशाएँ हैं। परंतु मूलतः स्थानीय जनता में ही हिंदी-साहित्य के प्रति लगाव उत्पन्न हो, यही महत्त्वपूर्ण है। जहाँ तक हिंदी से मराठी में आनेवाली रचनाओं के प्रति पाठकों में उत्सुकता और लगाव उत्पन्न करना हो, कई रास्ते हैं इसके। उनमें से एक रास्ता रचनाओं के आकर्षण विज्ञापन का भी है। विज्ञापन के बलबूते पर क्या-क्या नहीं होता! मिट्टी भी सोने के भाव बेचने का चमत्कार विज्ञापन से ही होता दिखायी देता है। इसके लिए मानसशास्त्र—मनोविज्ञान—का एक सिद्धांत प्रयोग में आता है—बार-बार कहने से झूठ भी सच में परिवर्तित हो सकता है और फिर साहित्य तो दूसरे दर्जे का ही क्यों न हो, साहित्य है। उसमें समाज के हित की कामना आंशिक ही क्यों न हो, होती है। आये दिन नवोदित लेखकों को छोटे-मोटे पुरस्कारों से सम्मानित करने की अपेक्षा यदि उनकी अनूदित रचनाओं के प्रकाशन के दायित्व को शासन सँभाल लेता है तो बहुत बड़ी बात हो जाती है।

अंग्रेजी और हिंदी भाषाभाषी प्रदेश

साहित्य के अनुवाद और प्रकाशन की हम बार-बार बात करते हैं तो उसमें वैज्ञानिक और तकनीकी साहित्य का भी अंतर्भाव हो जाता है। यह तो एक दुर्भाग्यपूर्ण बात है कि हमारे पास अंग्रेजी भाषा में उक्त विषयों की पढ़ाई होती है और अंग्रेजी को जिस मनोयोग से हिंदी भाषाभाषी प्रदेशों ने स्वीकार किया है उस गहरी मानसिकता को हिंदीतर प्रदेशों में देख पाना मुश्किल है। वैज्ञानिक और तकनीकी विषय की एक

विशेषता को याद रखेंगे तो हमारी समझ में आयेगा कि ऐसा क्यों है। यह तो एक माना हुआ तथ्य है कि इस विषय की भाषा की शब्दावली अधिकतर वस्तुपरक होती है। वैज्ञानिक खोजें उन समाजों में ही होती हैं जो समाज वस्तुओं से समृद्ध हों और जिनमें आवश्यकता की पूर्ति की धुन हो। वस्तुतः हिंदी भाषाभाषी समाज इन दोनों से रहित लगता है। उसके पास कोई ऐसी समर्थ भाषा नहीं है जो विज्ञान की शिक्षा का दायित्व निभा सके। रही अपनी आवश्यकता की पूर्ति के लिए खोज करने की बात—सो तो आवश्यकता ही नहीं है तो खोज काहे की? अंग्रेजी-सी समृद्ध भाषा का दामन थामकर चलनेवाला वह समाज है। हिंदी भाषाभाषी प्रदेशों की तुलना में अहिंदी भाषाभाषियों की स्थिति कुछ भिन्न परिलक्षित होती है। उन प्रदेशों में अंग्रेजी को त्यागने की तैयारी और नयी-नयी वस्तुओं के आविष्कार की ललक, थोड़ी-सी ही सही, है तो। उनकी गाड़ी भाषा, समृद्ध भाषा, पर आकर अड़ जाती है। वे हिंदी, राष्ट्रभाषा की ओर जब दृष्टिपात करते हैं तब निराशा के सिवा कुछ हाथ नहीं लगता। इसी निराशा ने हिंदी पर पिछड़ेपन की फब्तियाँ कसने पर अहिंदीभाषियों को मजबूर किया। और हिंदी के पिछड़ेपन के दोष को लेकर भाववादी अहिंदी साहित्यिक उड़े, जिनके मतों का खंडन संभव हुआ। वैसे यह गर्वोक्ति नहीं है परंतु सच है कि महाराष्ट्र, बंगाल, गुजरात, आंध्रप्रदेश और तमिलनाडु की उद्योगप्रियता किसी एक तो हिंदी प्रदेश में दिखायी दे! पंजाब की प्रगति उसकी उपजाऊ मिट्टी के कारण है। इससे यह समझा जाता है कि विज्ञान एवं तकनीक के संप्रेषण का दायित्व खुद हिंदी भाषाभाषी समझे जानेवाले प्रदेशों में ही अंग्रेजी ने सँभाल लिया तो अहिंदी भाषाभाषी क्षेत्र में ही हिंदी का आग्रह क्यों? कोई दलील नहीं होती। कोई तर्क नहीं होता, चुप्पी होती है और हम भाववादी साहित्य की बातें करने लगते हैं। भाववादी साहित्य के निर्माण के लिए समृद्धि का होना किसी भी भाषा के लिए आवश्यक होता है परंतु उसकी अपेक्षा स्थितिसापेक्ष होती है। आज की स्थिति में हिंदी भाषा भावसाहित्य के प्रांतीय भाषाओं के अनुवाद के लिए सक्षम हो सकती है और है। आज का हिंदी का अपना भावसाहित्य प्रांतीय भाषाओं में अनुवाद-योग्य हो सकता है और है। आनेवाले कल की बात कुछ और हो सकती है, जिसे हम छोड़ देते हैं।

विश्वविद्यालय और अनुवाद

आज अगर हिंदी से मराठी में अनुवाद का काम कुछ अधिक विस्तार से करना हो तो विश्वविद्यालयों में अनुवाद के पाठ्यक्रम चलाये जाने चाहिए। इन दिनों हिंदी विभागों में चलनेवाले पाठ्यक्रमों में मराठी से हिंदी अनुवाद पर बल दिया जाता रहा है। मराठी विभागों में हिंदी से मराठी अनुवाद कराये जायें, अथवा ऐसे स्वतंत्र विभाग स्थापित हों जिनमें हिंदी और मराठी में एम.ए., पी-एच. डी. लोग भर्ती किये जायें और वे केवल अनुवाद-कला की— अनुवाद-शास्त्र की, जो भी कहें—शिक्षा दें। आज

के अनुवादों के पाठ्यक्रम में नमूने के तौर पर होनेवाले अनुवाद केवल परीक्षक तक ही सीमित रहते हैं। यदि उन्हें पाठकों के सामने रखें तो निश्चय ही अनुवाद भी सुधरेंगे! और स्थितियाँ भी सुधरेंगी!! बहुत बड़ी संभावना इस बात में यह है कि किसी एक ही मराठी या हिंदी रचना के कई अनुवाद हों। तो क्या एक ही रचना के कई अनुवाद ग्राह्य और स्वीकार्य होंगे? अवश्य होंगे, शर्त यह है कि ईमानदारी से किये जायें। समय, स्थितियाँ और शब्दों के बदलते अर्थ देखते हुए एक ही रचना के कई अनुवाद होने चाहिए। यदि मूल रचना में काल की छलनी की कसौटी पर उतरने की क्षमता हो तो वह सिद्ध हो सकेगी। यदि एक ही रचना का अनुवाद अनेक छात्र, एक ही स्थान पर रहते हुए करें तो उनमें भीतर तक भाव का अंतर हो सकता है और उत्तम अनुवाद को छापा जा सकता है। अच्छे अनुवाद विश्वविद्यालय का नाम बढ़ायेंगे।

शासन और पाठक

प्रादेशिक हिंदी अकादेमी से हो, चाहे विश्वविद्यालय से हो, हिंदी साहित्य अनूदित होकर यदि मराठी में आने लगा तो यहाँ के बुद्धिजीवियों की बहुत अनुकूल प्रतिक्रिया होगी ऐसा मानकर चलना होगा। संभव है, वे इस कार्य को देख बौखलायेंगे। किंतु उनकी परवाह किये बिना भी शासन को आगे बढ़ना पड़ेगा। इससे 'सामान्य पाठक' की सुविधा बढ़ सकेगी। सामान्य पाठक वह होगा जो हिंदी को पढ़ नहीं पाता। शिक्षा के प्रसार-प्रचार के साथ बेशक ऐसे पाठकों का वर्ग बढ़ता रहेगा। ये लोग हिंदी की उत्तमोत्तम रचनाएँ मातृभाषा मराठी में पढ़ पायेंगे। इनकी शिकायत भी नहीं होगी कि इस क्रिया से हिंदी का साम्राज्यवाद बढ़ रहा है। इसके विपरीत अपने प्रदेश से बाहर कदम नहीं धर सकने के कारण आयी उनकी चिंतन की मर्यादा को भंग करनेवाला एक और कदम होगा शासन का, एक और माध्यम होगा जनता का। हिंदी फिल्मों में और टी.वी. पर दिखायी देनेवाले एक समाज का वास्तववादी दर्शन वह कर सकेगा। उनकी सुख-दुःख की भावनाओं से जुड़ सकेगा। और इस तरह मराठी पाठकों का हिंदी समाज की भावनाओं से या फिर हिंदी पाठकों का मराठी समाज की भावनाओं से जुड़ जाना आज के समय की माँग है। वैसे इसमें उत्तम स्थिति यही है कि दोनों परस्पर की भावनाओं से जुड़ जायें और उसके लिए अनुवाद की आवश्यकता है। हर कदम पर अनुवाद की आवश्यकता है। जिसमें केवल साहित्यिक अनुवाद के बारे में ही सोचा गया है।

रूपांतर, भाषांतर, भावानुवाद

अनुवाद का मराठी रूप, रूपांतर, भावानुवाद और भाषांतर भी होता है। मराठी और हिंदी को छोड़ किसी भाषा से मराठी या हिंदी में यदि कोई रचना अनुवादित,

रूपांतरित अथवा भाषांतरित होकर आती है तो उसको हिंदी अथवा मराठी में पुनः अनुवादित, रूपांतरित अथवा भाषांतरित किया जाता रहा है। इसमें एक झाँसे की बात भी हो सकती है। अंग्रेजी जाननेवाला यदि कोई रूपांतर, भाषांतरकार हो तो अंग्रेजी की एकाध रचना मराठी अथवा हिंदी में अनूदित कर लेता है। उसे पढ़कर हिंदी अथवा मराठी का रूपांतर, भाषांतरकार अपनी भाषा में ले आता है, परंतु इस रचना को मूल से भाषांतर, रूपांतर, अनुवाद करने का दम भरता है। उसे पहले हुए, देशी भाषा में हुए, अनुवाद से अपनी भाषा में अनुवाद करने की बात स्वीकारते हुए संकोच, लज्जा होती है। ऐसे अनुवादकों की संख्या है बहुत कम, परंतु है अवश्य, इससे इंकार नहीं किया जा सकता। इसमें विदेशी भाषा को अनुवाद के स्तर पर न जानने की असलियत छिपाने का प्रयास होता है और अनुवाद से अनुवाद का कर्म वह दूसरे दर्जे का समझता है।

अनुवाद से अनुवाद

वस्तुतः अनुवाद से अनुवाद कर्म दूसरे दर्जे का नहीं होता, परंतु आशंका उठती है कि उस मूल रचना का भाव उसमें, उस अनुवाद से अनुवाद में, कहाँ तक सुरक्षित रह पाता है। इसी से बचने के लिए मराठीवालों ने रूपांतर, भावानुवाद जैसी शैलियों का विकास किया है, जिसमें रचना के मूल लेखक, रूप आदि की जानकारी अनावश्यक होती है। और रचना के कथ्य को अपने परिवेश के साथ प्रस्तुत किया जाता है। ऐसा करना कई कारणों से अनिवार्य बन जाता है। और कारणों की चर्चा तो नहीं की जा सकती परंतु मूल रचना के 'नामों' 'संज्ञाओं' को ही देखना पर्याप्त होगा। यदि कोई मूल रचना चीनी, जापानी, तुर्की केनियन है तो उसके नाम–संज्ञाएँ–बड़े ही अजीब-व-गरीब लगेंगे। फिर उस रचना में घटित प्रसंगों के उपकरण भी हमारे उपकरण से मेल नहीं खाते। ऐसी स्थिति में उन नामों, प्रसंगों, उपकरणों को हमारी अनुवाद की भाषा में रंगना होता है तब जाकर वे आस्वाद्य बनते हैं। आस्वाद्य उनसे ध्वनित होने वाले मानवी अंतःकरण की प्रवृत्तियाँ होती हैं, नाम और प्रसंग, उपकरण नहीं होते। इस बारे में मराठी-हिंदी के परस्पर अनुवाद कार्य में यदि अड़चन आती हो तो केवल नामों-संज्ञाओं की आ सकती है। घटनाएँ, घटनाओं में सहायक उपकरणों का लगभग एक-सा होना वरदानस्वरूप है। वैसे नामों-संज्ञाओं का आग्रह भी कम होता जा रहा है भारतीय भाषाओं के समाज में, अपवाद केवल दाक्षिणात्य भाषाएँ हो सकती हैं। हाँ, नामों-संज्ञाओं को सांप्रदायिकता से अभी तक छुटकारा नहीं मिल सका है। हिंदू-मुसलमानों के नाम भिन्न-भिन्न हैं। नाम से उसका संप्रदाय जानने की पद्धति आज तक बरकरार है। जिस दिन यह पद्धति समाप्त होगी वह दिन सारी दुनिया के इतिहास में स्वर्णाक्षरों में लिखा जायेगा। इन नामों के संबंध में चर्चा करने का यह उचित प्रसंग न होने से उस चर्चा को यहीं समाप्त किया जाता है।

राष्ट्रीय एकता और अनुवाद

इस तरह हिंदी-मराठी में परस्पर अनुवाद कार्य से दोहरा कार्य सिद्ध होगा। एक तो भावनिक स्तर पर एक-दूसरे को जानने, समझने, परखने का मौका मिलेगा। दूसरे, आज हमारी एक राष्ट्रीयत्व की भावना में जो शिथिलता दिखायी देती है वह नहीं रहेगी। दूसरा कार्य अत्यंत महत्त्व का है, जिसमें शासन द्वारा पहल होनी चाहिए। शासन को हिंदी-मराठी में उदार-उदात्त भावों वाली रचनाएँ चुनकर उनके अनुवाद प्रकाशित करने चाहिये। केवल प्रकाशन ही पर्याप्त नहीं होगा, उन रचनाओं के प्रचार-प्रसार में भी हाथ बँटाना चाहिये। यह काम है बड़ा व्यापक-विस्तृत और जटिल परंतु फिर भी तुरंत फल न देनेवाला। इससे मिलनेवाला लाभ कोई आँकड़ों में आँक नहीं सकता परंतु इससे कालांतर में होनेवाला प्रभाव बड़ा सुखद हो सकता है। साहित्य में अनुवाद कार्य इस तेजी से बढ़ सकता है कि इसका मूल्यांकन करने के लिए तौलनिक विचारों का सहारा लेना आवश्यक हो सकता है। तुलनात्मक आलोचना के लेखकों को भी कम-से-कम दो या अधिक भाषाओं को जानना परमावश्यक हो सकता है। उन भाषाओं के साहित्य को समझना आवश्यक हो सकता है और आवश्यक हो सकता है दो भिन्न-से लगनेवाले समाज की प्रवृत्तियों को समझना। ये गुण पहले अनुवादकों के लिए आवश्यक होंगे, बाद में आलोचकों को। तुलनात्मक आलोचना हो या और कोई आलोचना प्रकार, आलोचक को मानवी स्वभाव-प्रकृति जान लेना परम आवश्यक होता है। खास कर तुलनात्मक आलोचना करनेवाले आलोचक का ज्ञान गहरा और विशाल-व्यापक होना चाहिए, क्योंकि उस पर आनेवाली जिम्मेदारी बहुत अलग तरह की चुनौतियों से भरी होती है।

तुलनात्मक अध्ययन : अनुसंधान

□ डॉ. राजमल बोरा

रेने बेलेक तुलनात्मक साहित्य का गुण बतलाते हुए लिखता है—'तुलनात्मक साहित्य का अपार गुण यह है कि राष्ट्रीय साहित्य के इतिहासों के झूठे अलगाव के खिलाफ लड़ता है।'[1]—इस गुण के कारण हिंदी भाषा में इस समय 'तुलनात्मक अनुसंधान' की ओर अधिक ध्यान है। अहिंदीभाषी प्रदेशों में हिंदी पढ़नेवाले छात्र अपने-अपने प्रदेश की भाषा और साहित्य से परिचित होते हैं। इस नाते हिंदी साहित्य की विशेषताओं के साथ वे अपनी भाषा के साहित्य की विशेषताओं के साथ तुलना करते हैं। इस नाते से हिंदी भाषा में अहिंदी भाषाओं का साहित्यिक परिचय दिया जा रहा है। हिंदी भाषा इससे समृद्ध हो रही है। इस प्रकार का अनुसंधान राष्ट्रीय एकता को बल देने में सहायक प्रमाणित होगा।

2

'तुलनात्मक अनुसंधान'—राष्ट्रीय भावना की पहचान में सहायक है और इससे राष्ट्र की संकल्पना दृढ़ होती है। भारतीय साहित्य के अंतर्गत भारत में बोली जानेवाली सभी भारतीय भाषाओं का साहित्य समाहित है। हिंदी-मराठी-गुजराती-तेलुगु-तमिल कन्नड़-मलयालम-उडिया-बंगला-असमी-कश्मीरी-पंजाबी आदि सभी भाषाओं का साहित्य भारतीय साहित्य है। इनमें से किसी भी भाषा के साहित्य का इतिहास लिखना हो तो उक्त इतिहास लिखते समय अन्य भाषाओं के साहित्य से उसके संबंधों पर ध्यान देना आवश्यक हो गया है। मूल बात यह है कि भारत की किसी भी भाषा के साहित्य का इतिहास 'तुलनात्मक अनुसंधान' को आधार बनाकर ही लिखा जा सकता है। ऐसा इतिहास अखिल भारतीय परिप्रेक्ष्य में लिखा हुआ इतिहास होगा।

3

डॉ. रामविलास शर्मा की दो पुस्तकें 1986 ई. में प्रकाशित हुई हैं। पुस्तकों के नाम हैं—'भारतीय साहित्य के इतिहास की समस्याएँ' और 'हिंदी जाति का साहित्य।' दोनों ही पुस्तकों के मूल में 'तुलनात्मक अनुसंधान' है। इस प्रकार की पुस्तकें लिखकर डॉ. रामविलास शर्मा ने 'तुलनात्मक अनुसंधान' को गति प्रदान की है। वे लिखते हैं :

"किसी भी भाषा के साहित्य का निर्माण अन्य भाषाओं के साहित्य से नितांत अलगाव की अवस्था में नहीं होता। लोग यूरोपियन साहित्य की बात करते हैं, भारतीय साहित्य की भी बात करते हैं। यूरोप राष्ट्र नहीं है, भारत राष्ट्र है। लोग भारत के राष्ट्रीय आंदोलन की बात करते हैं, यूरोप के स्वाधीनता आंदोलन की बात नहीं करते; शायद उन्हें ऐसे आंदोलन की जरूरत नहीं पड़ी। यूरोप में साझा मंडी है, पर यूरोप का कोई राष्ट्रीय अर्थतंत्र नहीं है। यूरोपियन साहित्य यूरोप का राष्ट्रीय साहित्य नहीं है। भारतीय साहित्य भारत का राष्ट्रीय साहित्य है।"[2]

आचार्य रामचंद्र शुक्ल ने 'हिंदी साहित्य का इतिहास' लिखा है। इस इतिहास की अपनी निजी विशेषता है। हिंदी में यह इतिहास अपनी परंपरा स्थापित कर चुका है। आचार्य हजारी प्रसाद द्विवेदी ने भी इतिहास-लेखन का कार्य किया है। इन दोनें आचार्यों द्वारा लिखित इतिहास की तुलना डॉ. रामविलास शर्मा ने 'हिंदी जाति का साहित्य' पुस्तक में की है। वे लिखते हैं :

"यूरोप में जब इतालवी, फ्रांसीसी, जर्मन आदि भाषाएँ बोलनेवाली जातियों का गठन होता है तब उनके साहित्य का आधुनिक काल आरंभ होता है। इस आधुनिक काल के अनेक चरण हैं पर उसकी शुरूआत जातीय गठन के समय होती है। यही स्थिति हिंदी तथा अन्य अनेक भाषाओं के साहित्य की भी है। जातीय गठन के संदर्भ में हिंदी साहित्य का विवेचन करते समय हमारे सामने अनेक समस्याएँ आती हैं, इनका उल्लेख मैंने पुस्तक के आरंभ में कर दिया है। समस्याओं के विवेचन के लिए मैंने आचार्य रामचंद्र शुक्ल और आचार्य हजारी प्रसाद द्विवेदी के इतिहास-लेखन को आधार बनाया है। इन दोनों आचार्यों की स्थापनाओं के तुलनात्मक अध्ययन से समस्याओं के विवेचन में सुविधा होती है।"[3]

दोनों आचार्यों की तुलना करते समय डॉ. रामविलास शर्मा ने 'हिंदी साहित्य के इतिहास' को अखिल भारतीय परिप्रेक्ष्य में प्रस्तुत करने का प्रयत्न किया है। रूसी विद्वान् ई. पी. चेलीशेव ने 'भारतीय साहित्य की समस्याएँ'—पुस्तक लिखी है। भारतीय साहित्य के बहुराष्ट्रीय ढाँचे को स्वीकार करते हुए भारतीय साहित्य की समस्याओं पर लेखक ने विचार किया है। पुस्तक में भारतीय पुनर्जागरण काल से लेकर बीसवीं शताब्दी के सातवें दशक तक की समस्याओं का तुलनात्मक

अध्ययन-विश्लेषण प्रस्तुत किया गया है।

4

भारतीय साहित्य बहुभाषीय साहित्य है। और भारतवर्ष की आधुनिक भाषाओं का इतिहास लगभग एक हजार वर्षों का है। परंपरा के रूप में भारतीय साहित्य संस्कृत साहित्य रहा है, और है। भारतीय भाषाओं का इतिहास लिखते समय संस्कृत भाषा की परंपरा को स्वीकार किया जाता है। इस रूप में भाषाओं की तुलना की जाती है। तुलनात्मक अध्ययन से परंपरा दृढ़ होती है और अलगाव के कारणों पर प्रकाश पड़ता है। यही नहीं, अलगाव के कारण स्पष्ट हो जाने पर एकता के सूत्रों का अनुसंधान होता है।

5

तुलना करना मानवीय स्वभाव है। तुलना किये बिना चयन कैसे हो? और चयन करने में सौंदर्य-वृत्ति कार्य करती रहती है। सब जगह घूमकर और चक्कर खाने के बाद मानवीय वृत्ति स्थिर होती है। और तब उस वृत्ति में मूल्य का संधान होता है। प्रश्न यह है कि तुलना करने के लिए क्षेत्र का फलक कितना व्यापक और बृहत् है। सीमित क्षेत्र में तुलना करना और व्यापक क्षेत्र में तुलना करना—दोनों में काफी अंतर है। तुलनात्मक अनुसंधान के लिए क्षेत्र का व्यापक होना आवश्यक है।

6

'तुलनात्मक अध्ययन'—स्थूल रूप में सर्वेक्षण का कार्य प्रतीत हो सकता है। है भी यह। किंतु इसे खानापूर्ति मात्र तक सीमित नहीं माना जा सकता है। क्या समान है और क्या समान नहीं है, यह सब देखना और तालिकाएँ बनाकर तथ्यों को तुलनात्मक क्रम में रख देना, यह सब तो आरंभ बिंदु है। तथ्य तो ढेर सारे मिलते हैं और उन तथ्यों को मात्र क्रम देने से सामग्री तो मिल जाती है किंतु उससे कार्य तो पूरा नहीं होता। तुलना का जब तक निर्णय न हो तब तक तुलनात्मक अध्ययन का परिणाम कैसे बतलायें। तुलना उत्तम चयन के लिए होती है और चयन के लिए वैकल्पिक रूप (प्रकार आदि) हमारे सामने होते हैं। विकल्पों से संकल्प की ओर आना चयन का काम है। चयन में सबको स्वीकार नहीं किया जा सकता। चयन की सीमाएँ बनी हुई हैं। इन सीमाओं में ही मूल्य का संधान होता है।

7

'तुलनात्मक अध्ययन'—के अपने दोष भी हैं। इन्हें पहचानने की आवश्यकता है।

'तुलनात्मक समीक्षा'—को अच्छा नहीं माना गया। हिंदी समीक्षा के इतिहास में एक दौर बिहारी और देव की तुलना करने का दौर था। 'सूर सूर तुलसी ससी...'वाली उक्तियाँ 'तुलनात्मक समीक्षा' संबंधी उक्तियाँ ही हैं। सूर और तुलसी के सामने बिहारी को कैसे प्रस्तुत किया जाये? तब कहा गया कि सूरदास सूर्य हैं, और तुलसीदास चंद्र है, तो बिहारी पीयूषवर्षी मेघ हैं जिनके आच्छादित हो जाने पर सूर्य और चंद्र दोनों ही छिप जाते हैं और तब तो अमृत की वर्षा होने लगती है। मिश्रबंधुओं की 'हिंदी नवरत्न' पुस्तक—तुलनात्मक अध्ययन का परिणाम है। पंचक से सप्तक और सप्तक से 'नव' तक संख्या बढ़ गयी। यद्यपि नव पर भी मिश्रबंधु सीमित नहीं रह सके तथापि उन्होंने 'नवरत्न' नाम स्वीकार किया है। भूषण के साथ उन्हें मतिराम रखना पड़ा है और इस तरह संख्या नौ से दस तक पहुँच जाती है। रीतिकालीन काव्य प्रतिमानों को अपनाकर मिश्र-बंधुओं ने कवियों की समीक्षा की और तदनुसार तुलना की है। ऐतिहासिक परिप्रेक्ष्य की ओर मिश्रबंधुओं का ध्यान नहीं था। इस नाते उनके तुलनात्मक अध्ययन को सीमित परिप्रेक्ष्य में ही ग्रहण किया जा सका है।

8

तुलनात्मक साहित्य के अध्ययन की अपनी सीमाएँ भी हैं। उन सीमाओं पर रेनेवेलेक ने विस्तार से विचार किया है। वह लिखता है :

"मुझे संदेह है कि **तुलनात्मक** और **सामान्य** को अलगाने में जो यत्न Van Tieghem ने किया है वह सफल हो सकता है। Van Tieghem के अनुसार, **तुलनात्मक** साहित्य दो साहित्यों के आपसी संबंधों के अध्ययन तक सीमित है, जबकि **सामान्य** साहित्य का संबंध उन आंदोलनों और फैशनों से है जो अनेक साहित्यों में बहते हैं। निश्चित ही यह अंतर आयुक्तियुक्त और अव्यावहारिक है। **तुलनात्मक** साहित्य को साहित्यों के **विदेशी व्यवसाय** के अध्ययन तक सीमित करने का यत्न निश्चित रूप में एक दुर्भाग्य है। विषय-वस्तु में तुलनात्मक साहित्य असंबद्ध टुकड़ों का अव्यवस्थित समूह बन जायेगा। संबंधों का एक जाल जिन्हें सार्थक समग्रताओं को झकझोरा और तोड़ा गया है। इस सीमित अर्थ में **तुलनात्मक** बनाम **तुलनात्मक** स्रोतों और प्रभावों, कारणों और परिणामों का मात्र अध्ययन कर सकता है और इसे एक कलाकृति की समग्र जाँच-पड़ताल से रोका जा सकता है। यह इसलिए कि किसी कृति को पूरी तरह विदेशी प्रभावों में घटाया नहीं जा सकता या इसे विदेशी प्रभाव को आलोकित कर बिंदु के रूप में माना जा सकता है।"[4]

रेने वेलेक ने इस तरह 'तुलनात्मक साहित्य' के अध्ययन को एक छोटे अनुशासन के रूप में भी पहचाना है। आगे वे लिखते हैं :

"तुलनात्मक और सामान्य साहित्य में बनावटी जंगलों को खड़ा करने का यत्न

इसलिए असफल होगा कि साहित्यिक इतिहास और साहित्यिक पांडित्य का एक विषय है : साहित्य। दो साहित्यों के विदेशी व्यवसाय के अध्ययन में तुलनात्मक साहित्य को बंद करना, इसे बाह्यों, दूसरी श्रेणी के लेखकों, अनुवादों, यात्रा-पुस्तकों, मध्यस्थों से संबंध तक सीमित कर देगा। संक्षेप में यह **'तुलनात्मक साहित्य'** को केवल एक छोटे अनुशासन बना देगा, जो विदेशी स्रोतों और लेखकों की ख्यातियों के बारे में सामग्री की पड़ताल करेगा।"[5]

इस तरह रेनेवेलेक ने 'तुलनात्मक अध्ययन' के संकट की ओर ध्यान आकर्षित किया है।

9

भाषाओं का पारिवारिक स्वरूप पहचानने में 'तुलनात्मक पद्धति' का उपयोग हुआ है। इसी आधार पर तथ्य एकत्र किये गये हैं और उनका वैज्ञानिक अध्ययन किया गया है। ऐतिहासिक भाषाविज्ञान–तुलनात्मक पद्धति के आधार पर ही लिखा जा सका है। भाषाओं का इतिहास–तुलनात्मक पद्धति के अभाव में लिखा नहीं जा सकता। ब्लूमफील्ड ने लिखा है :

"तुलनात्मक पद्धति, प्रागू-ऐतिहासिक भाषाओं के पुनर्रचन की केवल एकमात्र पद्धति पूर्णतया एक रूप भाषण समुदायों और अचानक सुस्पष्ट बिदरणों के स्थलों पर यथार्थता से काम करती है। चूँकि ये पूर्वमान्यताएँ कभी भी पूरी नहीं होती हैं, तुलनात्मक पद्धति कभी भी यह दावा नहीं कर सकती कि वह पूर्व ऐतिहासिक प्रक्रिया को चित्रित कर रही है। जहाँ पुनर्रचन कार्य सरलता से चल निकलता है जैसे **'धिता'** के लिए प्रयुक्त भारतयूरोपीय शब्द में अथवा कम विस्तृत पर्यवेक्षणों में (जैसे आदिम रोमांस अथवा आदिम जर्मनीय के पुनर्रचना में) पूर्वज भाषा में विद्यमान भाषण रूपों के संघटनात्मक लक्षणों के संबंध में निश्चित रहते हैं। जहाँ कहीं, चाहे काल को लेकर, चाहे स्थान को लेकर, विस्तृत पैमाने पर तुलना होती है, यह ऐसे अनेकानेक रूप और आंशिक समानताओं को प्रकट करती है जो वंशवृक्ष आरेख से संगत नहीं है। तुलनात्मक पद्धति केवल इस पूर्वकल्पना पर काम कर सकती है कि पूर्वज भाषा एक रूप है। तुलनात्मक पद्धति यह पहले से मानकर चलती है कि उत्तरोत्तर शाखाओं में सुस्पष्ट बिदरण हुआ है किंतु असंगत आंशिक समानताएँ यह दिखलाती हैं कि परवर्ती परिवर्तन पूर्ववर्ती परिवर्तनों द्वारा छोड़े समभाषांश रेखाओं के आगे भी फैले हैं, पड़ोसी भाषाओं में सादृश्य मध्यवर्ती बोलियों (तरंग सिद्धांत) के विलोपन से उत्पन्न हुआ है और किसी विशिष्ट दृष्टि से विभेदीकृत भाषाएँ एक-से परिवर्तन कर सकती हैं।"[6]

10

तुलनात्मक अध्ययन के गुण भी हैं और दोष भी हैं। यह तो अध्ययन करनेवाले पर निर्भर है कि वह इस प्रकार के अध्ययन का उपयोग किस रूप में करता है। मुख्य बात दृष्टिकोण की है। तुलना में चयन की वृत्ति विद्यमान रहती है। चयन सदैव उत्तम मूल्यों के लिए हो, यह अपेक्षित है। 'तुलनात्मक अध्ययन' से संबंधित सामग्री की जाँच-पड़ताल के समय सामग्री प्रस्तुत करनेवाले व्यक्ति के प्रयोजन को पहचाना आवश्यक है। तुलना अंततः व्यक्ति ही करता है। 'तुलनात्मक अध्ययन' के निष्कर्ष प्रायः व्यक्तिमूलक होते हैं। इस प्रकार के निष्कर्षों को पूर्वाग्रहों से मुक्त नहीं माना जा सकता। हमारे पूर्वाग्रह तथ्यों को ठीक वस्तुमूलक रूप में प्रस्तुत कर ही देंगे, ऐसा संभव नहीं लगता। इस नाते तुलनात्मक अध्ययन की सीमाओं को पहचानकर ही उसके विपरीत पक्ष पर भी विचार करना ठीक हो सकता है। 'तुलनात्मक अध्ययन' में तटस्थ रहने की आवश्यकता है। पूरी तरह से तटस्थ रहना कठिन है किंतु प्रयत्न तो किया जा सकता है। किसी देश का इतिहास उसी देश के व्यक्ति से लिखवाना और विदेशी से लिखवाने में अंतर है। विदेशी व्यक्ति के लेखन में देशी व्यक्ति की तुलना में अधिक तटस्थता होगी। तुलनात्मक अध्ययन में रागात्मक प्रवृत्तियों को पहचानकर वस्तुमूलक प्रवृत्तियों को अलगाना सीखना आवश्यक है। ऐसी पहचान लगातार अध्ययन में प्रवृत्त रहने पर ही बढ़ सकती है।

11

तुलनात्मक अध्ययन—से परिचय क्षेत्र का विस्तार होता है। अपरिचित और अजनबी क्षेत्रों के संबंध में हम जानने लगते हैं और तब इसका परिणाम यह होता है कि हम पूर्वाग्रहों से मुक्त होना सीखते हैं। होता यह है कि हमने जो कुछ देखा है, उसी के आधार पर तो हम निर्णय लेते हैं। चयन का सिद्धांत उसी समय लाभप्रद हो सकता है जब हमें उत्तम चयन के लिए विस्तृत सामग्री हमारे समान हो। दो में से एक का चयन करने में और दस में से एक का चयन करने में अंतर है। चयन में अवसर-बाहुल्य, वैकल्पिक रूपों का बाहुल्य और क्षेत्र के विस्तार की अपेक्षा रहती है। ऐसी स्थिति में चयन करते समय हमारी मनोवृत्ति जहाँ आकर स्थिर हो जाती है, वहीं पर फिर मूल्य का संधान हो जाता है और उसी को प्रतिमान मानकर अन्य रूपों का मूल्यांकन किया जाता है। मूल्यांकन के प्रतिमान सदैव वैयक्तिक होते हैं और वे चयन के सिद्धांतों का अनुसरण करते हैं। इस पर भी ये प्रतिमान सामाजिक रूप में वस्तुमूलक प्रतिमानों का रूप ग्रहण करते जाते हैं। हमारा प्रयत्न यह रहना चाहिए कि वैयक्तिक प्रतिमानों को सामाजिक प्रतिमानों के रूप में प्रस्तुत कर सकें क्योंकि इसी से वैयक्तिक मूल्यों को सामाजिक स्वीकृति मिल सकती है। इस तरह मूल्यों

के संधान में अनायास ही 'तुलनात्मक पद्धति' कार्य करती रहती है।

12

तुलनात्मक अध्ययन—बहुआयामी होता है। इसके माध्यम से दृष्टिकोण में विस्तार आता है, संकुचित मनोवृत्ति से मुक्ति होती है। यही नहीं, हम औरों के महत्त्व को स्वीकारने लगते हैं और उनसे रागात्मक संबंध स्थापित करते हैं। सांस्कृतिक आदान-प्रदान इसी आधार पर संभव है। सरकार इस बात को जान गयी है और वह भी इस प्रकार के अध्ययन को प्रोत्साहन दे रही है। राष्ट्रों के सांस्कृतिक संबंध इसी आधार पर स्थापित हो रहे हैं। विश्व-संस्कृति को एक मंच पर लाने का प्रयास इस रूप में हो रहा है।

संदर्भ

1. आलोचना की धारणाएँ, रेने बेलेक, अनुवादक : इंद्रनाथ मदान, हरियाणा हिंदी ग्रंथ अकादमी, चंडीगढ़, प्रथम संस्करण 1978 ई., पृ. 156
2. भारतीय साहित्य के इतिहास की समस्याएँ, डॉ. रामविलास शर्मा, वाणी प्रकाशन, 21 दरियागंज, नयी दिल्ली-2, प्रथम संस्करण, 1986 ई., पृ. 6 तथा 7
3. हिंदी जाति का साहित्य डॉ. रामविलास शर्मा, राजपाल एंड संस, कश्मीरी गेट, दिल्ली-6, प्रथम संस्करण, 1986 ई. पृ. 5 (भूमिका)
4. आलोचना की धारणाएँ, रेने बेलेक, अनुवादक : इंद्रनाथ मदान, हरियाणा हिंदी ग्रंथ अकादमी, चंडीगढ़, प्रथम संस्करण, 1978 ई., पृ. 156-157
5. वही, पृ. 157
6. भाषा, ब्लूमफील्ड, अनुवादक : डॉ. विश्वनाथ प्रसाद, मोतीलाल बनारसीदास, दिल्ली-7, प्रथम संस्करण, 1968, पृ. 384

तुलनात्मक अध्ययन : साहित्य और राजनीति

□ प्रो. रवींद्र किंबहुणे

'तुलनात्मक साहित्य' विद्याशाखीय नाम के रूप में यद्यपि प्रचलित हो गया है फिर भी चिकित्सक आलोचक 'साहित्य का तुलनात्मक अध्ययन' प्रकार का नामकरण अधिक उचित मानते हैं। भाषिक सीमाओं के परे जाकर तुलनात्मक पद्धति से जो अध्ययन किया जाता है, उसे 'तुलनात्मक साहित्य' प्रकार का गलत शीर्षक पाश्चात्य देशों में रूढ़ हो गया है। परंतु आवश्यक स्पष्टीकरण पर गौर करने से गलतफहमियाँ टाली जा सकती हैं।

पाश्चात्य देशों में किस काल और किस ऐतिहासिक, सामाजिक, सांस्कृतिक आवश्यकता के कारण इस क्षेत्र का निर्माण हुआ, इस विचार को थोड़ी देर अलग रखकर अपने देश में बहुभाषिक, बहुजाति, बहुधार्मिक इस प्रकार उलझे हुए साहित्यिक-सांस्कृतिक संदर्भ में साहित्य के तुलनात्मक अध्ययन के अनन्य साधारण महत्त्व को नकारा नहीं जा सकता। भारतीय साहित्य की संकल्पना अथवा भौगोलिक साहित्य के कारण भाषा और उपसंस्कृति के परस्पर संबंध अथवा प्रदीर्घ ऐतिहासिक अनुभवों के विविध भाषिक स्तरों पर कलात्मक अविष्कार अथवा अपनी सांस्कृतिक विरासत का ग्रहण अथवा राष्ट्रीय स्तर पर नवीन संस्कृति के निर्माण की प्रक्रिया के लिए हमें तुलनात्मक अध्ययन के बिना दूसरा पर्याय दिखायी नहीं देता, भाषा अध्ययन की वैज्ञानिक पद्धति विकसित रूप में उलब्ध है और जीवन-व्यवहार में भाषा का स्थान निर्णायक होने के कारण विविध भाषाओं का तुलनात्मक अध्ययन सहज रूप से सुविधा के साथ किया जा सकता है। लेकिन केवल साहित्य के तुलनात्मक अध्ययन को प्रधानता दी जाय, इसलिए सैद्धांतिक अथवा तर्कशास्त्रीय समर्थन ढूँढ़ना वस्तुतः कठिन है।

तुलनात्मक साहित्य के अध्ययन में प्रभाव मीमांसा यह बड़े अनुसंधान का विषय है। भारत की विविध भाषाओं के साहित्य के संदर्भ में इस प्रकार के

अनुसंधान की अत्यंत आवश्यकता है। इसके लिए भाषावार प्रांत-रचना से पहले की स्थिति का सूक्ष्मता के साथ अध्ययन करना जरूरी है। 'चार कोस पर पानी बदले, बारा कोस पर बानी' यह कहावत वैज्ञानिक कसौटी पर सही उतरती है। इस कहावत के अनुसार अगर सोचा जाय तो भारतीय भाषाओं का किसी एक समय में अक्षुण्ण दिखायी देनेवाले क्षेत्र को हम खो बैठे हैं, यह हमारे ध्यान में आता है। आधुनिक काल में यातायात के साधनों के कारण हमारे समय की बचत तो होती है, लेकिन उसके साथ मानवीय संबंध और संप्रेषणीयता की हानि भी होती है। आज भी हम पैदल यात्रा करते रहें यह कोई नहीं कहेगा। औद्योगिक-तांत्रिक युग में ये सब बातें अनिवार्य हो गयी हैं। उनकी अधिसत्ता को नकारने की स्वतंत्रता भी हमें नहीं है। दुर्भाग्य से आधुनिक काल के तांत्रिकता के एकांगी विकास के परिप्रेक्ष्य में कई मानों में निकटवर्ती होनेवाली भाषाओं को आत्मसात् करने की प्रतिभा का न तो हमने विकास किया और न हम उसे परिष्कृत कर पाये। जिस प्रदेश से हिंदी भाषा का विरोध किया जाता है, उस प्रदेश के भाषा समूह के आर्थिक और राजकीय हित संबंध ही रुकावट बन गये हैं। इस सत्य का हमें साक्षात्कार करना होगा। भाषावार प्रांत-रचना आज मानसिक और संवेदनशीलता का विभाजन करनेवाली घटना बन बैठी है। इसमें हमारे बौद्धिक जगत् का दिवालियापन सिद्ध होता है। इसलिए विविध भाषाओं में लिखा गया लेकिन एक ताल-सुर में बँधा हुआ 'मिले सुर मेरा तुम्हारा' यह गीत भी प्रचार मात्र बनकर रह जाता है और मानसिक रूप से हम उससे जुड़ नहीं पाते। यह सब इसलिए लिख रहा हूँ कि भारतीय भाषाओं के 'तुलनात्मक अध्ययन' का जितना बड़ा हौवा खड़ा किया जाता है, उतना बड़ा यह प्रश्न नहीं है और जितना प्रचार किया जाता है। प्रत्यक्ष में इतना कार्य नहीं किया जाता। यह अपने आप में खेदजनक स्थिति है। कई विश्वविद्यालयों में विदेशी भाषा के अध्ययन के लिए स्वतंत्र विभाग है, लेकिन भारतीय भाषा विभागों की आवश्यकता हम नहीं समझ पाते। विदेशी भाषाओं का अध्ययन न हो, ऐसी बात तो कोई नहीं कहेगा, लेकिन भारतीय भाषाओं का अध्ययन हम न करें, यह हमारी दुर्भाग्यपूर्ण शोचनीय स्थिति है। जिस देश में अमीर खुसरो, कबीर, नामदेव, चैतन्य महाप्रभु, नानक और बसवेश्वर जैसे संतों की प्राचीन परंपरा है और रवींद्रनाथ ठाकुर, सुब्रह्मण्यम भारती, राहुल सांकृत्यायन और विनोबा जैसे विचारकों की आधुनिक परंपरा है, उस देश से सेक्यूलरिज़्म और तुलनात्मक साहित्य के अध्ययन के प्रतिमान पाश्चात्य देशों से आयात करने पड़ते हैं। इस जैसी लांछनास्पद स्थिति दूसरी नहीं होगी। अंग्रेजी भाषा और साहित्य से प्राप्त साहित्य का जबर्दस्त प्रभाव हम पर है। इससे हमारे अपने देश की भाषाओं में उपलब्ध श्रेष्ठ साहित्यिक कृतियों का मूल्यांकन हम सही मानों में कर नहीं सकते। यात्रा-वर्णन लिखकर अपने निरीक्षण की पूँजी के आधार पर वी.एन. नॉयपॉल जैसे लोगों के व्यक्त पूर्वाग्रहों को हम समझ सकते हैं, क्योंकि उन्हें महाराष्ट्र

से विजय तेंडुलकर और कन्नड़ के अनंतमूर्ति जैसे गिने-चुने साहित्यकारों की रचना ही पढ़ने को मिलती है। लेकिन विविध भाषाओं के समीक्षक भी इन्हीं किताबों को श्रेष्ठ मानकर चलें, यह केवल अंग्रेजी भाषा अथवा साहित्य का प्रभाव मात्र है, ऐसा नहीं कहा जा सकता, क्योंकि इसके मूल में पाश्चात्य मूल्यव्यवस्था और उपनिवेशवादी, दास्यमूलक प्रवृत्ति दिखायी देती है। कन्नड़ के रावबहादुर का 'ग्रामायण', मराठी के उद्धव शेळके का 'धग' और बाबूराव बागुल का 'मरण स्वस्त होत आहे', हिंदी के फणीश्वरनाथ रेणु या नागार्जुन अथवा बंगाली के आशापूर्ण देवी के उपन्यास और ताराशंकर वंद्योपाध्याय का 'गणदेवता' अथवा ताकाझी पिल्ले का 'चैम्मीन' जैसे कई उदाहरण दिये जा सकते हैं जिनकी श्रेष्ठता विश्वसाहित्य के मानदंडों पर भी खरी उतर सकती है। लेकिन ऐसी साहित्यक कृतियाँ अंग्रेजी में अथवा भारतीय भाषाओं में भी अनूदित नहीं होतीं। शासकीय स्तर पर विविध संस्थान आर्थिक वर्ष की समाप्ति पर इकतीस मार्च के पहले पैसे खर्च करने में धन्यता मानकर अपने सांस्कृतिक दायित्व को पूरा करने का परितोष प्राप्त कर लेते हैं। जिम्मेदारी अथवा दायित्वबोध के साथ सांस्कृतिक आत्मीयता जब तक क्रियाशील नहीं होगी तब तक इस प्रकार की समस्याओं का समाधान नहीं होगा। और हम अपने साहित्य का इतिहास भी सही ढंग से लिख नहीं पायेंगे। हमारा इतिहास उज्जवल जरूर है लेकिन ऐतिहासिक दृष्टि की उज्ज्वल परंपरा नहीं रही है। इस यथार्थ को भी मानना जरूरी है। हमारा इतिहासबोध पौराणिकता के पार गया नहीं है। ऐसा कहना साहसपूर्ण लग सकता है, मगर सत्य से दूर नहीं है।

इस विवेचन के संदर्भ में तुलनात्मक अध्ययन में प्रभाव की भूमिका, इस विषय की हम चर्चा करेंगे। चर्चा करते समय मैं मराठी साहित्य से ही उदाहरण दूँगा। अन्य भाषाओं के उदाहरण शायद मैं पूरे आत्मविश्वास के साथ दे नहीं पाऊँगा। अंग्रेजी भाषा, साहित्य और शिक्षा का प्रभाव और प्रचार सभी भारतीय भाषाओं में स्थूल रूप में एक-सा है।

किसी भी भाषा के साहित्य-इतिहास में तुलनात्मक पद्धति से अध्ययन किया जाता है। पूर्व सूरियों की संवेदनशीलता और उनके तंत्र के प्रभाव का मूल्यांकन किया जाता है। लेकिन साहित्य की आलोचना करते समय अथवा साहित्येतिहास की रचना करते समय, किसी एक कलाकृति के कारण किसी दूसरी कलाकृति का निर्माण हुआ ऐसा नहीं कहा जा सकता। जैसे एक्स कांजूड़ वाय ($x \longrightarrow y$) इस प्रकार का संबंध साहित्य के क्षेत्र में संभव नहीं है। लेकिन साथ ही साथ एक्स इस साहित्य कृति की निर्मिति यदि न होती तो वाय कृति का स्वरूप 'वाय' जैसा नहीं होता, यह बताया जा सकता है। अर्थात् कलाकृति के अस्तित्व के कारण तथा कुल साहित्यक-सांस्कृतिक प्रभाव के कारण जो जमीन उर्वर होती है उससे नितनूतन कलाकृतियों के निर्माण की संभावना उसमें अनुस्यूत होती है। अधिक स्पष्टता से

अगर कहा जाय तो अंग्रेजी शासन भारत में स्थिर होने के पश्चात जो सांस्कृतिक परिवर्तन हुआ वह केवल अंग्रेजी साहित्य के प्रभाव के कारण हुआ ऐसा कहना यद्यपि तर्कसंगत नहीं है, फिर भी आज भी भारतीय भाषाओं का साहित्य जिस स्वरूप में हमारे सामने है, वह स्वरूप इस प्रभाव के अभाव में निश्चित रूप से कुछ अलग होता, यह बात भी सत्य है। अंग्रेजी शासन और अंग्रेजी शिक्षा पद्धति के स्थिर होने पर इस देश के अभिजात वर्ग की प्रतिक्रिया दो रूपों में प्रकट हुई। मराठी साहित्य में इस प्रतिक्रिया के फलस्वरूप अनुवाद की एक लहर निर्माण हुई। पाश्चात्य अभिजात कृतियों के अनुवाद कर पाश्चात्य संस्कृति का ज्ञान प्राप्त करना यह प्रमुख उद्देश्य इस आंदोलन के पीछे था। उदाहरणार्थ 19वीं शताब्दी में शेक्सपीयर के जिन नाटकों के अनुवाद हुए वे नाटक मराठी में लाकर मराठी साहित्य को समृद्ध करने के साथ-साथ इन अनुवादों के अभ्यास-क्रम में उपादेयता का हिस्सा भी बड़ा था। बेलसरे जी के किये हुए अनुवाद और उनकी प्रस्तावनाओं से यह बात स्पष्ट होती है। लेकिन अपनी भाषा में स्वतंत्र रूप से सृजन करने के लिए नाटकादि साहित्य प्रकार के प्रतिमान (मॉडेल्स) सामने हों वह उद्देश्य भी उसमें था। कोलटकर का ऑथेलो का अनुवाद उदाहरण के लिए दिया जा सकता है। ऐसे अनुवाद ही संस्कृति और साहित्य के बीच मध्यस्थ की भूमिका निभाते हैं। यह तुलात्मक अध्ययन में गृहित कृत्य के रूप में स्थापित हो चुका है। इस अनुवाद के कारण मराठी रंगमंच पर देवल का 'झुंझारराव' अथवा देवल जिसे ऑथेलो की 'रंगवृत्ती' कहते हैं वह संभव हो सकी। और इस सब वातावरण का परिणाम किर्तने का नाटक 'सवाई माधवरावांचा मृत्यु' इस स्वतंत्र ऐतिहासिक त्रासदी के लिखने में हुआ। किर्तने के नाटकों की गइराई में जाकर अगर अध्ययन करें तो यह बात ध्यान में आती है कि नाट्य रचना के स्थापत्य को उन्होंने पूर्ण रूप से शेक्सपीयर से ही लिया है। इसी काल में दूसरी प्रतिक्रिया यह हुई कि अपनी भाषा और संस्कृति के गौरव का पालन किया जाय। भारतीय परंपरा में संस्कृत साहित्य के अनुवाद प्रचुर मात्रा में इसी काल में हुए। इन अनुवादों के पीछे सांस्कृतिक अभिमान हो सकता है। फिर भी अंग्रेजी शिक्षा के कारण ही विशिष्ट वर्ग तक सीमित साहित्य अब सर्वसामान्य मराठी वाचक के लिए भी उपलब्ध होने लगा जिसको संस्कृत ही नहीं अन्य किसी प्रकार की ज्ञान-साधना से आज तक वंचित रखा गया था। इन घटनाओं का ऐतिहासिक और समाजशास्त्री महत्त्व अनन्यासाधारण ही माना जाएगा।

इसी काल में अनुवादों के कारण लिखित नाटकों की परंपरा का प्रारंभ हुआ। इस परंपरा को मराठी साहित्य में बुकिश नाटकों की परंपरा में माना जाता है। दूसरी बात पाश्चात्य नाटकों के प्रामणिक अनुवाद कराते हुए उन नाटकों का मंचीकरण कठिन होने लगा। इन कलाकृतियों में व्यक्त पाश्चात्य संस्कृति की विरासत अपनी संस्कृति का अभिमान रखनेवालों के लिए असुविधाजनक सिद्ध होने लगी। इसलिए

बड़े पैमाने पर परिवर्तन करते हुए मंचीयता के लिए रूपांतरों का प्रारंभ हुआ। रूपांतरों का इतिहास अगर देखा जाए तो मूल नाट्यकृति का अर्थग्रंथ उसमें से विलुप्त हो गया है। इतना ही नहीं वह विकृत भी हो गया है यह बात स्पष्ट होती है। काल्पनिकता क्षोभनाट्य के घटक, संगीत के आधार पर की जानेवाली रचनाएँ और पात्रों की मूल जटिल स्वभाव रेखाओं का सरलीकरण ऐसे कई दोष उसमें निर्माण हुए। इसलिए रंचमंच पर प्रस्तुत किये जा सके ऐसे नाटकों का निर्माण संभव हो सका। यह बात सच हो तो भी इस प्रभाव के कारण और रंगभूमि के साथ किये गये समझौते के कारण नाटक की रचना और रंगभूमि के प्रयोग में कुछ घटकों का हमेशा के लिए समावेश किया गया। मराठी नाटकों को लोकाश्रय होते हुए भी स्तरीय नाटकों का निर्माण क्यों नहीं होता, इसकी कारण मीमांसा इसमें पायी जा सकती है। 19वीं शताब्दी के पारसी रंगभूमि का इतिहास इस घटक के साथ जोड़ने पर मराठी रंगभूमि को मात्र व्यावसायिकता के दास्यत्व की खाई में कैसे ढकेल दिया गया यह स्पष्ट होता है।

इस घटना का तुलनात्मक साहित्य की दृष्टि से विचार करने पर मराठी नाटक के इतिहास की पनुर्रचना की जा सकती है। इस दृष्टि से अनुसंधान का यह क्षेत्र अभी भी खुला पड़ा है। इस दृष्टि से एक बात कह करके इस विवेचन को मैं यहीं रोकना चाहूँगा। मराठी नाटकों के इतिहास में विष्णुदास भावे को आद्यनाटककार माना जाता है। अथवा किर्तने जी ने पहली स्वतंत्र नाट्यसंहिता लिखी, ऐसा कहा जाता है। मंचीकरण के संदर्भ में विष्णुदास भावे को आद्यनाटककार मानने पर एक सीधा-सा सवाल निर्माण होता है। क्या उसके पहले नाटकों का मंचीकरण नहीं होता था? उदाहरणार्थ ज्ञानेश्वरी में 'साई खेड्याचा खेल' ऐसा कठपुतली के खेल का उल्लेख आता है अथवा परंपरागत लोककलाओं में कुछ प्रयोग न नाट्यमय पद्धति से दिखाने की प्रथा थी। इन प्रयोगों को हम अपनी परंपरा में कहाँ रखनेवाले हैं? यह सब मैं इसलिए कह रहा हूँ कि आधुनिक नाटकों के मंचीकरण को देखने पर ऐसे कई तत्त्वों का सृजनशील उपयोग करते हुए रंगभूमि की स्थिरता को शह देने का प्रयास किया गया है। एक तरफ नष्टप्राय होती हुई लोककला की परंपरा और दूसरी ओर से परिवर्तन से संलग्न होने की इच्छा इसकी कशमकश में श्रेष्ठ नाट्यकृतियाँ सामने नहीं आती हैं। अंग्रेजी साहित्य के प्रभाव के कारण जो नाट्यपरंपरा स्थापित हुई थी वह श्रेष्ठ नाट्यनिर्मिति के लिए पोषक नहीं थी यह बात नाट्यांदोलन से संबंधित रंगकर्मियों के ध्यान में अब आ चुकी है। इसलिए स्वत्व की खोज में अपनी जड़ों को ढूँढ़कर नयी रचना करने का आग्रह बड़े पैमाने पर दिखायी दे रहा है। लिखित नाटकों के संबंध में दो बातें आपके सामने रखना चाहूँगा। उदाहरणार्थ ज्योतिराव फुले जी ने 'तृतीय रत्न' 1856 में लिखा। मराठी के विद्वान् इसे नाटक मानने को तैयार हैं या नहीं? अथवा तंजाऊर के भोसलों ने लिखे हुए संगीत नृत्य

प्रधान नाटकों की लिखित संहिताएँ हम नाटकों के इतिहास में वस्तुनिष्ठ पद्धति से रखनेवाले हैं या नहीं? इस विवेचन का हेतु तुलनात्मक साहित्य के अध्ययन की ओर से अनुसंधान के लिए कितनी बड़ी संभावनाएँ हमारे सामने हैं यह दिखाना है।

नाटकों के संदर्भ में हमने विस्तार से बात की। अब मराठी कविता के संदर्भ में एक मुद्दा आपके सामने रखता हूँ। साधारण रूप से मराठी निर्भरशील (रोमांटिक) कविता प्रारंभ केशवसुत जी से माना जाता है। उन पर अंग्रेजी की रोमांटिक कविता का प्रभाव था, ऐसा कहा जाता है। उसका जितना विस्तार के साथ अध्ययन होना चाहिए उतना हुआ नहीं है। केशवसुत जी अथवा उनके बाद के कवियों ने कौन-से अंग्रेज कवियों की रचनायें पढ़ी थी? उनके अध्ययन का स्तर कौन-सा था? अधिकतर पालग्रेव (Palgrave) के गोल्डन ट्रेझेरी के अलावा उन्होंने कुछ पढ़ा होगा ऐसा नहीं लगता। दिलिप चित्रे के अनुसार गोल्डन ट्रेझेरी का मात्र चतुर्थ खंड ही इन कवियों के पढ़ने में आया होगा। ऐसे अध्ययन के अभाव में मराठी कविता के इतिहास की रचना ही ढंग से हो नहीं पाती। शाहिरों की कविता को आप कविता मानते हैं या नहीं? उनकी कविता में ठेठ देहाती और देहलवी शृंगार अभिव्यक्त हुआ है, क्या उसे आप देशी रोमंटिसिज़्म नहीं कहेंगे? इसके अलावा शाहिरों की कविता में ऐच्छिक स्तर के उत्सव के साथ एक पारंपरिक आध्यात्मिक चिंतन का हिस्सा भी है। इन दोनों में तालमेल कैसे बिठाया जाय? केशवसुत जी की 'हरपले श्रेय' 'झूपूर्झा' बी कवि की 'चाफा' अथवा बालकवि जी की सारी निसर्ग कविता और उसमें व्यक्त सहजता किस अर्थ में अंग्रेजी अथवा पाश्चात्य रोमंटिजिज़्म् से प्रभावित है? अंग्रेजी अथवा पाश्चात्य साहित्य का भारतीय भाषाओं के साहित्य पर प्रभाव का रोमांटिसिज्म के संदर्भ में सोचते हुए प्रचलित अनुसंधान से कुछ अलग ही दृष्टि से अनुसंधान करना जरूरी है। अंग्रेज कवि और समीक्षक कोलरिज इस अनुसंधान के केंद्र-स्थान में आकर बैठ जाते हैं। रेने बेलेक ने, कोलरिज पर जिस जर्मन आदर्शवादी दर्शन का प्रभाव हुआ उसका विस्तार से विवेचन किया है। उनके अनुसार कोलरिज का गद्य-लेखन जर्मन दर्शनशास्त्र की पाद टिप्पणियों के स्वरूप का है। जर्मन दर्शनशास्त्र पर पारंपरिक भारतीय दर्शनशास्त्र का बड़ा व जबरदस्त प्रभाव है। अर्थात् जर्मन आदर्शवाद की दर्शन परंपरा भारतीय दर्शन से प्रभावित थी। अभिव्यक्ति का खतरा उठाकर मैं कहना चाहूँगा कि पाश्चात्य साहित्य के माध्यम से आया हुआ रोमांटिसिज्म वस्तुतः जर्मन दर्शनशास्त्र के जरिये हम तक पहुँचा। इस दर्शनशास्त्र का मूलाधार उसी पारंपरिक दर्शनशास्त्र की भारतीय परंपरा है। इस अनुमान को लेकर अगर अनुसंधान करने निकलें तो कई धाँधलियाँ टालकर रोमांटिसिज्म की पुनर्रचना की जा सकती है। प्रभाव-मीमांसा के इस प्रकार के अनुसंधान क्षेत्रों का और उनकी संभावनाओं का हम विचार कर सकते हैं।

तुलनात्मक साहित्य के अध्ययन क्षेत्र में प्रभाव-मीमांसा पर पाश्चात्य मनीषियों

ने मूलगामी स्वरूप का कार्य किया है। रेने बेलेक, रिनाटो पंजिओली, प्रावर, डिमेटझ ऐसे कुछ महत्त्वपूर्ण नाम लिये जा सकते हैं। क्लांडियों गिलन ने प्रभाव के सौंदर्यशास्त्र की रचना करने का मौलिक प्रयास किया है। जांधवपुर विश्वविद्यालय के भूतपूर्व विभागप्रमुख डॉ. अमियदेवजी ने भारतीय साहित्य के अध्ययन के लिए की हुई प्रभाव-मीमांसा की रचना मुझे अधिक उचित और संतोषजनक लगती है। उनके अनुसार 'अ' का प्रभाव 'ब' पर अथवा अ-1, अ-2, का प्रभाव 'ब' पर अथवा अ-1, का प्रभाव ब-1, ब-2, ब-3 पर इस प्रकार का अध्ययन तो हम हमेशा करते ही हैं लेकिन उसमें से भारतीय भाषा पर जो पाश्चात्य प्रभाव है उसकी कल्पना हम कर नहीं सकते। यहाँ पर भौगोलिक सामीप्य से अधिक सांस्कृतिक संपर्क का भाषा संपर्क का विचार महत्त्व रखता है। इसलिए एक लेखक अथवा दो, तीन लेखक इनका प्रभाव जाँचने के स्थान पर संपूर्ण समूह का दूसरे अनेक समूहों पर प्रभाव जाँचना आवश्यक है। इसका ऐतिहासिक परिप्रेक्ष्य में विचार करने पर कुछ महत्त्वपूर्ण निष्कर्ष पाये जा सकते हैं और हमारी मानसिकता और संवेदनशीलता की पहचान की जा सकती है। उन्होंने इंपैक्ट (Impact) अर्थात् संघात और 'इंफ्लूऐंस' (Influence) अर्थात् प्रभाव इस प्रकार का अत्यंत मूलगामी फर्क दर्शाया है। भारतीय साहित्य का विचार करते समय संघात-विचार ज्यादा मूलगामी लगता है जितना प्रभाव-विचार नहीं। यह तर्कसंगत विवेचन उन्होंने किया है। मुझे यह बात महत्त्वपूर्ण लगती है क्योंकि इससे साहित्य के विचार को क्षेत्र, व्यक्ति अथवा कलाकृति इस प्रकार से मर्यादित न रहते हुए वह अधिक इतिहाससाक्षी बन जाता है। उसमें अधिक विस्तार आता है। इन्हीं विचारों के कारण संस्कृति संपर्क के परिप्रेक्ष्य में हमें अपनी भाषा की संवेदनशीलता और आधुनिक समय की बनावट को समझने में सुविधा होती है। तुलनात्मक साहित्य के अनुसंधान का क्षेत्र विस्तृत होकर अपनी भाषाओं के साहित्य के सत्व की पहचान अधिक सत्यान्वेषी हो सकेगी, ऐसा विश्वास निर्माण होता है।

तुलनात्मक अध्ययन : माध्यम समीक्षा

□ डॉ. वि. ल. धारूरकर

1. उपक्रम

पत्रकारिता, आकाशवाणी एवं दूरदर्शन तथा चित्रपट आदि माध्यमों का नाता लेखन एवं संपादन के माध्यमों से अटूट है, और शब्द-शक्ति दोनों क्षेत्रों की एक सम-समान धारा होती है। माध्यम दर्पण में जो साहित्य प्रतिबिंबित होता है, उसका साधारण नागरिक के मन पर गहरा असर होता है। आम जनता, इन्हें देखकर, समझकर उसे 'लोकसाहित्य' समझती है और उसे अपनी संस्कृति की प्रतिमा मानने लगती है। इस उपलक्ष्य में यदि माध्यमों की विविधता और साहित्य के अनेकविध अंगों का उसमें होनेवाला परावर्तन वस्तुनिष्ठ रूप से मूल्यांकित हो जाये तो दोनों में गुणात्मक परिवर्तन हो सकता है। 'Communication is a process which increases communalty but also requires one element of communaly require at all levels.'

2. परिप्रेक्ष्य

माध्यमों की और साहित्य की आलोचना एक-दूसरे से जुड़ी है। साहित्य एवं जन-माध्यम दोनों समाज से किसी तरह अलग नहीं हो सकते। साधारणतः साहित्य का रूपवेध मूल्यात्मक दृष्टि से प्रकट होना है, और माध्यमों का आकृतिबंध उनकी आलोचनात्मक जाँच से प्रतिबिंबित होना है। जनमाध्यम और साहित्य दोनो मनुष्य की बौद्धिक क्षमता में नया प्रकाश लाते हैं। 'The search for signs of intellegent life in the Universe is the common objective of both–literature and media'[1]

यदि सर्वकष दृष्टि से इन दोनों का अध्ययन किया जाये तो भारतीय जीवनस्तर

में काफी सुधार हो सकता है। इस शोध-पत्रिका में भारतीय जनमाध्यमों का हिंदी साहित्य के फलस्वरूप परस्पर संबंध स्पष्ट किया है।

जनमाध्यम और साहित्य का परस्पर संबंध सुस्पष्ट नहीं होने के कारण आम तौर पर माध्यमों को गलत समझा जा रहा है।

ज्ञान की क्रांति यदि सहेतुक न हो तो विफल होने का धोखा होता है। आधुनिक संचार क्रांति के गलत प्रभाव को स्पष्ट करते हुए विन्स्टन ब्रायन लिखते हैं–'It is an illusion a rhetorical gambit, an expression of Profund historical ignorance and a movement dedicated to purveying misunderstanding and disseminating disinformation'[2] अर्थात् यदि जनसंचार साधनों का सही इस्तेमाल नहीं हुआ तो वे भ्रम पैदा करते हैं, 'सत्य' को दुर्लक्षित करते हैं और गलत ज्ञान एवं जानकारी को गलत ढंग से प्रस्तुत करते हैं।

नये संचार का जिस तरह समाज-रचना और पद्धति पर विपरीत प्रभाव पड़ रहा है उसी तरह साहित्य भी उस पथ का अनुगमन कर रहा है। यदि साहित्य और माध्यम विभाजित (Fragmented), परस्पर विरुद्ध (Alienated) और आत्मअणुकेंद्री (atomistic) रहें तो वे परस्पर पूरक विकास नहीं कर सकते।[3]

3. लोक संस्कृति

प्रोफेसर डेनिस मैक्वील ने लोक संस्कृति का सुबोध विश्लेषण किया है। वे 'मास कम्यूनिकेशन थिअरीज' ग्रंथ में कहते हैं–'जनमाध्यमों में समाज-परिवर्तन की यत्रशांति होती है।'[4] लेकिन यदि जनमाध्यमों ने लौक संस्कृति की सुकल्पना नहीं पहचानी तो वे परिवर्तन नहीं ला सकते। न समाज में, न ही साहित्य में। एक जनप्रिय संस्कृति जो माध्यमों द्वारा प्रकट होती है, वह क्षेत्रीय जनजीवन का एक मनोवेधक रंग-ढंग होती है। प्रोफेसर मैक्वील लिखते हैं :–

'लोक संस्कृति की संकल्पना में सर्वांगपरिपूर्ण कला-उपक्रम एवं कला प्रतीकों का समावेश होता है। मनोरंजक साहित्य प्रेक्षणीय कला संगीत, ग्रंथ, चित्र इसके साथ ही कथा, नाट्य एवं अन्य रंजनपरक साहित्य का इसमें समावेश होता है। पूरक रूप में इसका होना उचित होगा। इससे वह साहित्य को नया लोकानुवर्ती आयाम दे सकेगा। साहित्य के प्रतिमान यदि आम जनता के साथ न बदले तो वह लोकसाहित्य नहीं हो सकता। मुंशी प्रेमचंद का साहित्य अभी जिंदा है, इसका कारण यह है कि वह आम जनता की रुचि से बदलता आया है।'[5]

भारतीय दूरदर्शन से प्रस्तुत हिंदी साहित्य अभिजनवादी होता है। अभिजनवादी साहित्य को यदि 'आम' जनता के साथ जोड़ना है तो उसे लोक साहित्य की प्रकृति प्रदान करना आवश्यक है।[6]

4. नया प्रारूप

माध्यम और साहित्य का स्वस्थ रिश्ता किस प्रकार हो सकता है, इसके बारे में नया प्रारूप खोजने के लिए निम्न मुद्दों पर चर्चा होनी चाहिए :

मानवता श्रेष्ठ मूल्य–साहित्य को लोकप्रिय करने में माध्यमों का उत्तरदायित्व है, लेकिन साहित्य का दर्जा भी बने रहना आवश्यक है। मानवतावादी मूल्यों की रक्षा करना प्राथमिक आवश्यकता है।[7]

सास्कृतिक प्रतीकात्मकता–ऐसे सच्चे प्रतीक विकसित करने चाहिये जो निरंतर बने रहें। साहित्य और माध्यम के रूप से इन प्रतीकों का आदान-प्रदान आवश्यक है।

मूल्यों का अभियान–चार्लस राईट कहते हैं–माध्यम एक प्रक्रिया होती है, वह केवल श्राव्य या हकप्रतिमा नहीं होती।[8] यदि इसे माना जाये, तो यह बात स्पष्ट होनी चाहिये कि जनमाध्यमों द्वारा मूल्यों का सर्वंकष अभियान कराना अल्पकालीन नहीं तो दीर्घकालीन आवश्यकता है।

सर्वंकष दृष्टि से परावर्तन–साहित्य और माध्यम दोनों के प्रसारण में सम समान प्रश्न है–सांस्कृतिक एवं भाषा के बंध, मनोवैज्ञानिक दबाव, भ्रमित प्रस्तुतीकरण तथा ग्रहणकर्ता की मर्यादा। इन सब मुद्दों को ध्यान में रखते हुए जनजीवन का सर्वंकष दृष्टि में परिवर्तन करना प्रधान कर्तव्य है।

आम आदमी का रंजन–आम आदमी को श्रेयस् नहीं प्रेयस् पसंद होता है। आपटे कहते हैं–

The mass demand or its satisfaction and futher its stimulation is a question as academic as un-answerable.[9]

आम जनता की माँग और उनका समाधान कैसे किया जाय यह प्रश्न जैसा शैक्षिक है, वैसा अनुत्तरीय भी है। इस प्रश्न का उत्तर देने के लिए तुलनात्मक अध्ययन की और आशय सामग्री विश्लेषण तथा सर्वेक्षण की आवश्यकता होती है।

निष्कर्ष–जनसंचार सिद्धांत माध्यमों का प्रभाव बढ़ाने के लिए तथा उनका मूल्यांकन करने के लिए उपयुक्त होते हैं। मैक्सवेल मकाँब और बेकर लिखते हैं:

Audience members can erect barriers against upward communication but they have few other means of controlling the information itself.

पत्रकारों का माध्यमधुरिणों उत्तरदायित्व इस उपलक्ष्य में भारी है।

If Jouralist come to understand that process its potentials and limitations--they will be better able to prepare the message of mass communication.

यदि साहित्यिक पत्रकार इस संचार प्रक्रिया की समता एवं मर्यादा को सही ढंग से समझ लें तो वह इस प्रक्रिया को परिपूर्ण बना सकते हैं। इस चर्चा का फल यह है कि माध्यमों का सही ढंग से इस्तेमाल होने से सभी वर्गों में साहित्य का प्रसार हो सकता है।

साहित्य की निर्मिति एवं सृजनशील प्रस्तुतीकरण करने में गुणात्मक दृष्टि हो सकती है। उच्चतर, शैक्षिक जड़ साहित्य को माध्यमों के आसान आवेष्टन से आम लोगों तक लाया जा सकता है। इस तरह यदि हिंदी साहित्य को दूरदर्शन के माध्यम से प्रस्तुत किया जाये तो साहित्य के साथ-साथ माध्यमों का स्तर भी बदल सकता है। भारतीय जनजीवन में वर्तमान और वर्धिष्णु सांस्कृतिक विचारधारा रोपित करने में माध्यमों का अतीव योगदान हो सकता है। राष्ट्रीय एकात्मता, सांस्कृतिक अखंडता और कलात्मक विविधता प्रसृत करने के लिए जन माध्यम और साहित्य की वस्तुनिष्ठ आलोचना हो जाये तो समाज और संस्कृति का स्तर बढ़ सकता है। इस दिशा में पथदर्शक प्रयास करने के लिए यह एक विचारशलाका सामने रखी जा सकती है।

संदर्भ

1. Wagner Jane, The search for signs of intellegent life in the Universe, --Harper Row, 1986, P. 223
2. Winston Brian, Misunderstanding Media--Harward Lity press, 1966, P.419
3. Domely William The Confulgeneration Hot 1986, P.230
4. Mcquil Denis, Mass communication Theories, Sage Pub. London 1987, P.178
5. Mcquil Denis, Towards a Sociology of mass-communication, 1904, P.22
6. Linchter Robert, The media elite, 1986, P.242, See detailed description about elite media.
7. Mcquil, Communication, Orient Longman, 1975, P.1-2
8. Right Charles, Mass Communication, A sociological Perspective, 1959, P.1-2
9. Apte Mahadev, Mass Culture Language and Arts in India. Popula, Bombay, 1978, P.12

तुलनात्मक अध्ययन : सामग्री विश्लेषण

□ प्रो. सुधीर वामन गव्हाणे

अनुसंधान के क्षेत्र में विगत पाँच दशकों से नये प्रवाह एवं तंत्र सुस्थापित हुए हैं। इनमें सबसे प्रभावक्षम प्रवाह रहा है 'आंतरविषय अध्ययन का' जिसे हम 'Inter-disciplinary Research' के नाम से जानते हैं। इस अध्ययन प्रवाह का आगमन एक अटल अनिवार्यता थी। चूँकि अपने-अपने विषय क्षेत्र में अध्ययनरत अनुसंधानकत्ताओं को यह महसूस होने लगा था कि वे अपने विषयक्षेत्र से मर्यादित एवं सीमाबद्ध अनुसंधान समस्या (Research Problem) को सुलझाने में अंदरूनी दुर्बलता से असमर्थ हैं। इस प्रतीति का मूल कारण यह था कि, कोई भी अध्ययन-क्षेत्र (Discipline) किसी भी अनुसंधान समस्या का हल अपने विषयक्षेत्र के परिप्रेक्ष्य से ही करता है, और वास्तव में यह हल उस अनुसंधान समस्या की समग्रता का एवं जटिलता का संपूर्ण उत्तर नहीं होता, वह केवल उसके एक पहलू का सुलझना होता है। हम सब जानते हैं कि अनुसंधान का गंतव्य ही सत्य–संपूर्ण सत्य–का शोध होता है। गुनर मार्यडल जैसे अनुसंधान विशेषज्ञ ने अपने 'Objectivity in Social Research' जैसे महत्त्वपूर्ण ग्रंथ में कहा है :–

'Social Scientist seeks realism, a term which one of its meaning denotes an objective view of reality. The ethos of social science is the search for objective truth.'

'वास्त का, वस्तुनिष्ठ परिप्रेक्ष्य में (Perspective) वास्तववादी शोध का कार्य ही सामाजिक वैज्ञानिक करते हैं। वस्तुनिष्ठ सत्य का शोध ही समाज विज्ञान का आधार होता है।'

लेकिन वस्तुनिष्ठ सत्य के किसी एक पहलू को जानना और उसके आधार पर किसी निदान पर पहुँचना यह अपने आपमें एक मर्यादा होती है। नैसर्गिक शास्त्रों के अध्ययनों की तुलना में मानविकी एवं समाज विज्ञान विद्याशाखाओं के अध्ययनों

में हम यह कमी अधिक अनुभव करते हैं। ऐसा क्यों है? चूँकि विज्ञान या नैसर्गिक शास्त्र विषयों का (Natural Sciences) अध्ययन मानवीय अनुभव विश्व एवं जीवन से जुड़े नहीं होते, अतः उनका अध्ययन गणिती पद्धति से होता है, जबकि मानव्य (Humanities) एवं समाज विज्ञान अध्ययन मानवीय सर्जना एवं गतिविधियों से जुड़ा होता है; अतः उनका अध्ययन उतना ही जटिल होगा जितना आदमी नाम का प्राणी जटिल होगा। इसी कारणवश खासकर मानविकी एवं समाजविज्ञान विषयों में आंतरविषय अध्ययनों की अहमियत सिद्ध होती है। मानवीय अभिव्यक्ति की समग्रता का सच जानने के प्रयासों में आंतरविषय अध्ययन लाभदायक सिद्ध होता है। अर्थात् किसी भी अध्ययन क्षेत्र में नया क्षेत्र निर्माण होता है तो उसके साथ-साथ उस अध्ययन के लिए उपयुक्त अध्ययन साधन एवं तकनीक, जिन्हें हम Research tools or techniques कहते है, स्वयमेव पैदा होते हैं। सामग्री विश्लेषण या Content Analysis ऐसा ही आंतरविषय एवं बहुविषय अध्ययनों का लाभदायी एवं सुचारु ढंग का साधन या तकनीक है। विश्वविख्यात सामग्री विश्लेषणविद् जार्ज गर्बनर ने यही बात स्पष्ट शब्दों में कही है :–

'The Content analysis of message content, therefore, is not only a task of specialist working under the label of communication research, although theirs may be the main responsibility for theoretical and methodological development. The activity itself is relevant to all those concerned with symbolic output in art, music, literature, history, psychiatry, psychology, sociology, anthropology, and the mass media' (Tee Analysis of Communication Content, George Gerbner pp.x)

सामग्री विश्लेषण क्या है?

इतिहासकार ऐतिहासिक दस्तावेजों का विश्लेषण कर तत्कालीन समाज एवं सांस्कृतिक जीवन का अध्ययन करते आये हैं। कभी वे खबर का अध्ययन करते हैं, तो कभी पत्र या राजनैतिक आदेशों का। इन्हें वे विश्लेषित कर तत्कालीन सामाजिक ढाँचा जान लेते हैं। कभी शिलालेखों से या अजंता एलोरा जैसी गुफाओं से भी हम तत्कालीन समाज की अवस्थाओं से अवगत होते हैं, जैसे ऐतिहासिक दस्तावेज या अन्य सामग्री ऐतिहासिक समाज आईना होती है, वैसे ही समकालीन माध्यमों से या अन्य स्रोतों से प्रसारित हुई सामग्री समाजदर्शन कराती है। जनसंचार माध्यमों से प्रसृत सामग्री का अध्ययन करना ही सामग्री विश्लेषण है। इस सामग्री विश्लेषण से हम विविध विषयों के परिप्रेक्ष्य से या आंतरविषय परिप्रेक्ष्य से एक सामाजिक वास्तव

का, सत्य का अनुसंधान कर सकते हैं। सामग्री विश्लेषण की व्याख्या देते हुए होलस्टी ने कहा है :–

The content analysis is the application of scientific methods to documentary evidence. (Research Methods in Social Relations, Seltiz, Cook and Rightsman)

वैज्ञानिक एवं सुचारु प्रणाली से, दस्तावेजों का अध्ययन या उपयोग करना ही सामग्री विश्लेषण है।

इस क्षेत्र के विशेषज्ञ कँप्लन का मंतव्य है :–

The technique know as content analysis attempts to characterize the meanings in a given body of discourse in a systematic and quantitative fashion. (Content Analysis in Communication Research, Berelson Bernard, New york, 1952)

सामग्री विश्लेषण संप्रेषण का सुचारु एवं संख्यात्म शैली से अर्थबोध कर उनके अर्थों की विशेषताओं का विश्लेषण करने का प्रयास करता है।

सामग्री विश्लेषण–मानविकी अध्ययनों के क्षेत्र में

सामग्री विश्लेषण मूलतः समाजविज्ञान की शोध तकनीक होते हुए भी उसकी उपयोगिता समाजविज्ञान के साथ-साथ मानविकी अध्ययनों में काफी लाभदायक एवं अमूल्य सिद्ध हुई है। 1940 के उपरांत गये कुछ दशकों में मानविकी या वाङ्मयीन शोधकार्य में इस तकनीक का उपयोग किया गया। Content Analysis In Communication Research इस महत्त्वपूर्ण ग्रंथ में साहित्य अभ्यास के संबंध में चार विशेषीकृत शोध क्षेत्र बताये गये हैं। भाषाविद् एवं साहित्यशास्त्रों के अनुसंधानकर्ताओं को यह साधन लाभदायी सिद्ध हुआ है। यह चार क्षेत्र इस प्रकार के हैं :

1. संपूर्ण भाषा अध्ययन (Entire Language Study)

1940 में फ्रीस (Fries) नामक भाषाविद् ने अमेरिकन अंग्रेजी भाषा का व्याकरणिक आयाम से अध्ययन किया। इस शोधकार्य के लिए उन्होंने सामग्री विश्लेषण तकनीक का अवलंब किया। फ्रीस के साथ-साथ एक अन्य भाषाविद् शेरमन (Sherman) ने भाषाई सुबोधता का काव्य में हुआ प्रयोग किया। इस अनुसंधान कार्य के लिए सामग्री विश्लेषण तंत्र से ही लाभ उठाया। विशिष्ट काल में विशिष्ट शैली का उपयोग तथा भाषा के बदलाव का अध्ययन शेरमन ने किया। भाषाभ्यास के लिए सामग्री विश्लेषण का उपयोग भारतीय भाषाओं में बहुत ही कम मात्रा में

किया जाता है, यह दुर्भाग्य की बात है।

2. शैली-भिन्नता का अध्ययन (Stylistic Patterns)

अलग-अलग समय में साहित्य-सर्जना में भाषा का रूप बदलता है, उसका अध्ययन करने के लिए भी सामग्री विश्लेषण का उपयोग किया गया है। किसी विशिष्ट काल में भाषा की शैली का प्रयोग कैसा था, उसमें परिवर्तन कैसे-कैसे आते गये, उन प्रयुक्त शैलियों की विशेषताएँ क्या थीं, इस बारे में शोधकार्य के लिए सामग्री विश्लेषण तंत्र का इस्तेमाल किया गया। माईल्स (Miles) नाम के भाषाविद् ने 1942 से 1951 तक, 16वीं शताब्दी के साहित्य से बीसवीं शताब्दी के साहित्य तक की रचनाओं का शैलीगत अभ्यास इसी सामग्री विश्लेषण से किया। क्या भारतीय भाषाअभ्यासक का ऐसा शोध कार्य कर सकेंगे?

3. संप्रेषण की विधाएँ (Types of Discourse)

यह तीसरा अध्ययन क्षेत्र है। शब्दों का हम संचार (communication) के हेतु उपयोग करते हैं। शब्दों का यह उपयोग किस-किस क्षेत्र में और कैसे-कैसे किया गया, इसका जायजा लेने के लिए सामग्री विश्लेषण उपयुक्त साधन है। बॉडर (Boder) नाम के साहित्याभ्यासक ने 1940 में नाट्य, साहित्य एवं विज्ञान की रचनाओं में विशेषणों का 100 शब्दों में होनेवाले उपयोग का अनुपात ढूँढ़ा। इस शोध कार्य में उन्हें यह दिखायी दिया कि विज्ञान में 7.75% नाट्यरचना में 11.2% और साहित्य में 35% विशेष नामों का प्रयोग किया गया है।

हार्ट नाम के साहित्य अनुसंधानकर्त्ता ने 1934 में शेक्सपीयर, ख्रिस्त्रोफर मार्लो जैसे चोटी के रचनाकरों की रचनाओं में प्रयुक्त किये गये संयुक्त शब्दों (Compound Words) का अध्ययन इसी सामग्री विश्लेषण की तकनीक से किया। इसी तरह हर भारतीय भाषाओं के रचनाकारों की रचनाओं का अध्ययन किया जा सकता है।

4. एक रचनाकार अध्ययन एवं तुलनात्मक अध्ययन (Individual Author Analysis or Comparatives Analysis)

एक ही रचनाकार की रचनाओं का अध्ययन काफी मात्रा में सभी विश्वविद्यालयों में होता है। लेकिन इस प्रकार के शोधकार्य के लिए सामग्री विश्लेषण तंत्र का प्रयोग नहीं होता है। जो ढाँचा दशकों से चला आ रहा है, वही ढाँचा आज भी ज्यों-का त्यों कायम है। किसी लेखक की रचना विशेषताओं तथा शैली विशेषताओं के अध्ययन हेतु सामग्री विश्लेषण लाभदायक है। समकालीन रचनाकारों का तुलनात्मक अध्ययन

भी सामग्री विश्लेषण की तकनीक से किया जा सकता है। दो भाषाओं के भिन्न रचनाकारों का भी तुलनात्मक अध्ययन इस तकनीक से संभव है। इस प्रकार के शोधकार्य में सामग्री विश्लेषण के उपयोग से अधिक सशक्तता आयेगी, इसमें कोई संदेह नहीं।

Content Analysis And Study of Poetry इस शोध आलेख में जोसेफ रबेन (Joseph Raben) ने शोधकार्य में सामग्री विश्लेषण के महत्त्व को बताते हुए कहा है :–

The operations of the human brain are presumably alike in kind if not in degree-in any creative activity, the composing of diplomatic correspondance and political acceptance speeches as well as poetry.

There is universal significance in the choice of one word over its synonyms, of one combination of sounds, of one syntactic structure. (The Analysis of Communication Content, Ed. Gerbner, pp. 186)

आंतरविषय का यह परिप्रेक्ष्य ही (Perspective) मानविकी अध्ययनों को नया मोड़ दे सकता है। (Interdisciplinary Approach) इस क्षेत्र में दो दशकों से काम करनेवाले सॅली सेडेलो (Sally Sedelow) एवं वाल्टर सेडेलो ज्यूनीयर (Walter Sedelow Junior) ने इसी आंतरविषय दृष्टिकोण का प्रतिपादन करते हुए कहा है :–

As part of an exploration of style in language, we have been concerned for several years with content analysis-not for humanities alone but also for the social sciences. Humanistically, we have been interested, among other things, in the specification and location of literary themes, in other texts, we have been concerned with what are sometimes called structuring idea. We undertook content analysis in this rather gereralized way because we suspected that the distinctions between themes and ideas were more minimal than is sometimes argued or suggested. (Categories and Procedures for content Analysis in the Humanities, in The Analysis of Communication content, edited by George Gerbner, 1969, pp. 487)

साहित्य एवं सर्जना के क्षेत्र में जो भी अनुसंधान भारत में इस समय हो रहा है, उसमें एवं आंतरविषय अध्ययनों में, तुलनात्मक अध्ययनों में सामग्री विश्लेषण को हम जिस मात्रा में अधिक से अधिक प्रयोग में लायेंगे, उसी मात्रा में साहित्य शास्त्र, भाषाशास्त्र, मानविकी, तुलनात्मक अध्ययन तथा आंतरविषय अध्ययन अनुसंधान कुछ महत्त्वपूर्ण उपलब्धियाँ पा सकता है। इस दिशा में सुनियोजित एवं भरसक प्रयासों की अनिवार्यता है।

तुलनात्मक अध्ययन : प्रायोगिक नाटक और रंगमंच

□ डॉ. लक्ष्मण देशपांडे

भारतीय रंगमंच का गत दो दशकों का इतिहास यदि हम देखें तो नाटक के क्षेत्र में किये गये नये-नये प्रयोग तथा शैलियों से हमारा परिचय होता है। इन नयी नाट्यशैलियों ने भारतीय रंगमंच को निश्चित रूप से समृद्ध किया है। प्रस्तुत निबंध में हिंदी तथा मराठी रंगमंच को इन नाट्यशैलियों ने जो योगदान दिया है उसकी चर्चा की गयी है।

वैसे तो प्रत्येक काल में रंगमंच पर नये-नये प्रयोग होते हैं। प्रत्येक नाटककार अपने काल में लिखा गया अपने नये नाटक का प्रयोग नया ही मानता है, परंतु हर नये नाटक को नवनाट्य अथवा प्रायोगिक नाट्य नहीं कहा जा सकता। नाटक मूलतः दृक्-श्राव्य विधा है। अतः नाटक के संदर्भ में विचार करते समय रंगमंच का तथा रंगमंच के संदर्भ में विचार करते समय इन दोनों माध्यमों का नाटक में ध्यान रखा गया है अथवा नहीं, ये देखना आवश्यक है। नाटक की सफलता उसके मंचित होने में है। अतः प्रत्येक नाटककार की यह स्वाभाविक अपेक्षा रहती है कि उसकी अनुभूति के अविष्कार को रंगमंच के माध्यम से जनसामान्य तक पहुँचाया जाये। साहित्य की अन्य विधाओं की भाँति नाटक का साहित्यिक मूल्य तो होता ही है साथ-साथ उसका प्रयोगमूल्य भी होता है, इसलिए नाटक साहित्य की अन्य विधाओं से भिन्न है।

प्रयोगिकता शैली है क्या?

पिछले दो दशक के प्र्योगिक नाटकों ने साहित्यिकों तथा रंगकर्मियों को इस चिंता में डाल रखा है कि अंततः हमारा रंगमंच कौन-सी दिशा की ओर उन्मुख हो

रहा है? मानवी जीवन तथा साहित्य के संदर्भ में हमारी संकल्पनाएँ स्पष्ट न होने के कारण हमारा चिंतित होना स्वाभाविक है। इन दो दशकों में रंगमंच पर जिन नाटकों का प्रस्तुतीकरण हुआ, उनमें से कुछ नाटकों को हमने नवनाट्य की संज्ञा से या असंगत नाट्य की संज्ञा से संबोधित किया। इसमें प्रयोग किये गये 'नव' शब्द का अर्थ समझना होगा। अंग्रेजी में कनवेंशनल तथा 'माडर्न' इन दो शब्दों का प्रयोग किया जाता है। कनवेंशनल का अर्थ है परंपरागत तथा मार्डन का अर्थ है परंपरा को छोड़कर नये रूप में अवतरित होने वाला प्रयोग। और असंगत (अब्सर्ड) का अर्थ है जिसमें संगति नहीं है, लेकिन फिर भी एक आंतरिक भाव या विचार की संगति अपेक्षित है। जिन नाटकों ने परंपरा को छोड़कर कथ्य तथा शिल्प के क्षेत्र में नये प्रयोग किये उन्हें प्रायोगिक नाटक कहा जा सकता है। प्रायोगिकता ये कोई शैली नहीं होती। प्रयोग किसी आशय या अभिव्यक्ति का होता है। जिस नाटक का आशय की अथवा अभिव्यक्ति की नवीनता का परिचय हो उसे प्रयोग कहा जा सकता है।

स्थूल से सूक्ष्म की ओर

दो महायुद्धों की विभीषिका ने मानवी जीवन और मूल्यों को तहस-नहस कर दिया था। इसके संहारक, भीषण अनुभवों के कारण प्रत्येक कलाकार को अपनी अनुभूति की अभिव्यक्ति के लिए नये रास्तों का चुनाव करने की आवश्यकता महसूस हुई जो अपरिहार्य भी थी। अभिव्यक्ति के नये माध्यमों को खोजने की छटपटाहट ने ही प्रायोगिक रंगमंच को जन्म दिया।

बीसवीं सदी के नाटकों में मानव की सामाजिक तथा व्यक्तिगत समस्याओं का चित्रण ही प्रायोगिक नाटक का विषय रहा। व्यष्टि और समष्टि के बदलते हुए संबंधों के परिप्रेक्ष्य नाटक का विषय रहा। व्यष्टि और समष्टि के बदलते हुए संबंधों के परिप्रेक्ष्य में व्यक्ति के भावजगत के उतार-चढ़ाव को व्यक्त करने का प्रयत्न प्रायोगिक नाटककारों ने किया है। आज के प्रायोगिक नाटकों में मानव की प्रवृत्ति तथा प्रकृति का चित्रण करने का प्रयत्न नाटककार कर रहे हैं। आज का नाटककार स्थूल से सूक्ष्म की ओर जाने का प्रयत्न करता हुआ दिखायी देता है।

साधनों की तोड़मोड़

पिछले दो दशकों में भारतीय रंगमंच पर जिन प्रायोगिक नाटकों का प्रस्तुतीकरण किया गया उन नाटकों को दो वर्गों में बाँटा जा सकता है। पाश्चात्यों के अनुकरण द्वारा किये गये प्रायोगिक नाटक तथा भारत के विविध प्रांतों के लोकरंगमंच के तत्त्वों का उपयोग कर किये गये प्रायोगिक नाटक। सन् 60 से 80 में अमरीका, फ्रांस, ब्रिटेन तथा अन्य पाश्चात्य राष्ट्रों में यूनिन आयनेस्को, सॅम्युएल बेकेट, हेरोल्ड पिंटर,

ऑर्थर मिलर, टेनिसी विलियम्स तथा अन्य नाष्टककारों के नाटकों पर हम यदि दृष्टिक्षेप डालें तो हमें पता चलता है कि इस काल के सभी नाटककारों की अनुभूति तथा नाट्याभिव्यक्ति परंपरागत मार्ग से चलनेवाली नहीं है। ये सभी नाटककार अपने नाट्यविष्कार में अस्वस्थ तथा प्रयोगशील दिखायी देते हैं। शब्द, वाक्य, भाषा, तंत्र, प्रस्तुतीकरण आदि को तोड़मरोड़कर उसके माध्यम से जीवन के नये अर्थ खोजने का तथा अपने अनुभवों को नवीन व्याख्या प्रस्तुत करने का प्रयत्न प्रत्येक नाटककार कर रहा है। इसी प्रक्रिया के माध्यम से नया नाटक, नये ढंग का प्रस्तुतीकरण तथा नये प्रयोग की कोशिश चल रही है। दूसरे महायुद्ध के कारण जीवन के सभी मूल्य नष्टप्राय हो गये हैं। अतः युद्धपूर्व जीवन-मूल्य तथा युद्धोत्तर जीवनमूल्यों का संघर्ष इस काल के नाटककारों ने अपने नाटकों में चित्रित करने का प्रयत्न किया है।

काँच की कोई सुंदर मूरत किसी आघात से टूट जाये और बिखरे हुए उन काँच के टुकड़ों को जोड़कर उनमें से सौंदर्य ढूँढने का प्रयत्न करना जैसा व्यर्थ है वैसा ही यह कार्य है। जीवन का अस्तित्व ही जहाँ शून्य में रह गया है वहाँ उस शून्य के अर्थ को लगाने के विविध प्रयोग इस प्रयोगशाला में जारी हैं। इन प्रयोगों के विविध परिणाम हम मराठी तथा हिंदी रंगमंच पर देख सकते हैं।

प्रायोगिकता की संकल्पना

परंतु इन सभी परिणामों तथा प्रयोगों की जानकारी यहाँ नहीं दी जा सकती क्योंकि पाश्चात्य रंगमंच के माध्यम से रंगमंच की जो संकल्पनाएँ आयी हैं वो अपने रंगमंच की संकल्पना से एकरूप नहीं हो पातीं ऐसा कहना गलत न होगा। भारत के शहरों में बसनेवाले लोग ये बात जानते हैं कि अपनी संस्कृति की मूलधारा देश के ग्रामीण प्रदेशों में ही प्रवाहित हो रही है। यही कारण है कि हमारे सांस्कृतिक जीवन में लोकसंगीत, लोकनृत्य, लोकनाट्य, रूढ़ी, परंपरा, बोली, भाषा, त्यौहार, धार्मिक अनुष्ठान इत्यादि को इस कलाविष्कार के माध्यम से प्रतिबिंबित किया जाये तो वह भारतीय मन को बहुत जल्द प्रभावित करता है। ये मेरा है, मेरे जीवन का ही एक ही हिस्सा है, इस बात का उसे अभिमान होता है। आधुनिक काल में भारतीय रंगमंच पर जहाँ कहीं भी इस प्रकार का प्रयत्न होता है, वो भले ही मेरी अपनी भाषा में न हो, वह मुझे भावात्मकता के एक सूत्र में पिरो देता है। इसलिए यहाँ यह कहना गलत न होगा कि पिछले दो दशकों में मराठी तथा हिंदी रंगमंच पर इस प्रकार के अनुभवों को लोक रंगमंच के तत्त्वों का प्रयोग कर जिन्होंने प्रायोगिक नाटक करने का प्रयत्न किया है एसे नाटककारों ने भारतीय जनमानस को जीत लिया है। जिन्होंने केवल फैशन के तौर पर या केवल मॉडर्निटी के नाम पर इन तत्त्वों का प्रयोग किया है उन्हें सफलता नहीं मिल पायी, इस बात को भी यहाँ स्पष्ट करना होगा।

मराठी रंगमंच पर लोक रंगमंच के तत्त्वों का प्रयोग कर जिन्होंने ईमानदारी से

कोशिश की है उनमें सर्वश्री सतीश आलेकर, विजय तेडुंलकर, व्यंकटेश माडगूलकर अशोक जी पराजंपे, रत्नाकर मतकरी, चि. त्र्यं खानोलकर, पुरुषोत्तम बेर्डे, दत्ता भगत आदि का समावेश किया जा सकता है। जबकि हिंदी रंगमंच पर डॉ. धर्मवीर भारती, डॉ. लक्ष्मीनारायण लाल, मणि मधुकर, सर्वेश्वरदयाल सक्सेना, मृणाल पांडे, मुद्राराक्षस, शरद जोशी, शंकर शेष आदि नाटककारों का समावेश होता है।

हमारे नाटककार

हिंदी रंगमंच के प्रसिद्ध नाटककार डॉ. लक्ष्मीनारायण लाल के 'एक सत्य हरिश्चंद्र' नाटक में कथा, गीत, संगीत, भाषा, मंचीय विधान आदि में प्राचीन लोकनाट्य का प्रभाव दिखायी देता है। प्रत्यक्ष अथवा अप्रत्यक्ष रूप में लोकनाट्य की परंपरा का प्रभाव स्पष्ट होता है। भाषा की दृष्टि से अनाकर्षक, कवि प्रतिभाओं का अभाव इन सब कारणों से ये नाटक प्रचार के लिए लिखे गये तथा कलात्मकता की दृष्टि से असफल नाटक कहे जा सकते हैं।

मणि मधुकर के नाटक 'दुलारीबाई' तथा 'रसगंधर्व' इसी लोकनाट्य के तत्त्वों से जुड़े हैं। राजस्थान के लोकनाट्य ख्याल का प्रभाव इन नाटकों पर स्पष्टतः दिखायी देता है। मणि मधुकर एक समर्थ नाटककार हैं। यद्यपि रसगंधर्व के संदर्भ में कहा जा सकता है कि लोकशैली में एब्सर्ड शैली का सम्मिश्रण होने के कारण ये नाटक न तो विशेष प्रभाव उत्पन्न करते हैं न ही रचनात्मक उपलब्धि का संकेत देते हैं। अपनी बात को अनेक स्तरों पर प्रस्तुत करने का प्रयत्न करने के कारण लेखक किसी एक फार्म में उसे बाँध नहीं पाता।

सर्वेश्वरदयाल सक्सेना के 'बकरी' नाटक की सफलता उसके लोकभाषा के माध्यम से जनसामान्य तक पहुँचने में है। आम आदमी की पीड़ा आम आदमी की जबान में आम आदमी तक पहुँचाने का महत्त्वपूर्ण कार्य इस नाटक ने किया है। मुंबई के पृथ्वी थियेटर में इसका सफलता से मंचन किया जाना तथा प्रेक्षकों की प्रशंसा का पात्र होना इस बात का प्रमाण है कि बोली भाषा का नाटक में किया गया प्रयोग शहरी जनता के हृदय को भी छू लेता है तथा अपने निरालेपन के कारण प्रभाव उत्पन्न करता है।

लोक शैली को लेकर चलनेवाले अन्य नाटकों में मुद्राराक्षस का 'आला अफसर', सुशीलकुमार सिंह का 'सिंहासन खाली है', शरद जोशी का 'एक था गधा उर्फ अलाददखाँ' तथा शंकर शेष के 'पोस्टर' का नाम लिया जा सकता है। पोस्टर साम्यवादी विचारधारा को प्रस्तुत करनेवाला नाटक होने के बावजूद भी कलात्मकता की दृष्टि से एक अच्छा नाटक कहा जा सकता है। पोस्टर में कीर्तन शैली का प्रयोग बड़ी कलात्मकता के साथ किया गया है।

उपर्युक्त नाटकों ने विविध लोक शैलियों का प्रयोग कर हिंदी के प्रायोगिक

रंगमंच को समृद्ध किया है। नौटंकी, भगत, स्वाँग, ख्याल आदि में विविध लोक-कलाओं का प्रयोग कर हिंदी रंगमंच को समृद्ध किया है। परंतु खेद के साथ कहना होगा कि ये नाटक राष्ट्रीय स्तर पर अपना प्रभाव स्थापित नहीं कर पाये।

मराठी नाटककार

मराठी के सतीश आलेकर का 'मिकी और मेमसाहब' इस प्रकार का नाटक है। इस नाटक में एक प्राध्यापक की शोकांतिका को लोक शैली का उपयोग करते हुए बतलाने का प्रयत्न लेखक ने किया है। आलेकर के 'महानिर्वाण' नाटक में मृत्यु की विडंबना मानवी हृदय को प्रभावित करती है। कीर्तन शैली का बहुत सुंदर प्रयोग करते हुए कबड्डी और अन्य खेल आदि के माध्यम से नाटक के कथ्य को समृद्ध करने का प्रयत्न प्रस्तुत नाटक के माध्यम से किया गया है।

रत्नाकर मतकरी के 'लोककथा-78' में पददलित तथा शोषित समाज पर होने वाले अन्याय को बड़ी प्रभावोत्पादक शैली में प्रस्तुत किया गया है। परंतु इस नाटक को देखकर ऐसा लगता है कि ये एक रिव्यूज की शृंखला है। इसके माध्यम से पूर्ण अनुभव व्यक्त नहीं हो पाता। अशोकजी परांजये के नाटक 'आतून कीर्तन वरून तमाशा' इस नाटक में कीर्तन तथा तमाशा इन दो लोक शैलियों का प्रयोग बड़ी खूबी से किया गया है। गिरीश कर्नाड़ का 'हयवदन' नाटक, जिसका चि. त्र्यं. खानोलकर ने अनुवाद किया है—हमें एक अलग तात्विक स्तर पर ले जाता है। चि. त्र्यं. खानोलकर के अनूदित नाटक 'अजब न्याय वर्तळाचा' माध्यम से कीर्तनकार तथा निवेदक की शैली के माध्यम से बच्चे को जन्म देनेवाली माता असली है या बच्चे का पालनपोषण करनेवाली माता! इस पर जोर देते हुए सत्ता-संघर्ष की समस्या पर नाटककार ने प्रकाश डाला है। इस नाटक में ब्रेख्त की एलिनैशन थिअरी का लाऊड प्रयोग किया गया है।

'घासीराम' और 'रसगंधर्व' के शक्तिस्थान प्रस्तुत आलेख में मैं यह बताना चाहता हूँ कि गत कुछ वर्षों में हिंदी तथा मराठी नाटकों में लोक साहित्य के तत्त्वों को लेकर नाटककारों ने जो प्रयोग किये हैं उनके कारण प्रायोगिक नाटकों की ओर रखने का दृष्टिकोण ही बदल-सा गया है। अब तक पाश्चात्यों की संकल्पनाओं को लेकर लिखे गये नाटकों को ही प्रायोगिक कहा जाता था। ऐसे नाटकों को लिखा तो हिंदी तथा मराठी भाषा में गया था परंतु अभिव्यक्ति के स्तर पर पाश्चात्यों के तंत्र का अनुकरण ही हुआ करता था, अतः हम अपने नाटकों की आत्मा को ही खो बैठे। इस संदर्भ में मराठी तथा हिंदी भाषा के जिन-जिन नाटककारों ने प्रयत्न किया है उनके संबंध में संक्षेप में उल्लेख किया गया है। इस संदर्भ में मराठी के विजय तेंडुलकर तथा हिंदी के मणि मधुकर के नाटकों को उदाहरण के रूप में लेकर इनके दो नाटकों की तुलना की गयी है।

श्री विजय तेंडुलकर ने अपने 'घासीराम कोतवाल' नाटक के कथ्य को सशक्त बनाने के लिए सम्मिश्र लोककलाओं का प्रयोग किया है तथा प्रस्तुत नाटक को अधिक प्रभावी बनाने का प्रयत्न किया है। घासीराम कोतवाल में 'ललित', 'गोंधळ', 'तमाशा', 'नमन', 'अभंग', 'कव्वाली' जैसे लोककला प्रकारों को कथ्य को प्रभावी तथा गतिमान करने के लिए कलात्मक रीति से गूँथा गया है। इसकी विशेषता यह है कि अनेकविध लोककला प्रकारों को एक साथ सँजोकर नाटक को दृश्य तथा श्राव्य दृष्टि से अधिक प्रभावात्मक बनाया गया है। नाटक का दृश्य भाग भी नाटक की भाषा का अविभाज्य अंग बन जाता है तो नाटक का श्राव्य रूप भी उसकी भाषा का अविभाज्य अंग है। अतःप्रस्तुत नाटक में शब्द नाटक का प्राण नहीं, अपितु नाटक के मंचीकरण की भाषा ही उसका प्राणतत्व बनती है, इसीलिए कहा जा सकता है कि घासीराम कोतवाल गत दो दशकों का एक महत्त्वपूर्ण प्रायोगिक नाटक है। प्रेक्षकों को मंत्रमुग्ध करनेवाली भाषा इस नाटक के लेखक तथा रंगकर्मियों को प्राप्त होने के कारण इस नाटक ने भारतीय नाट्य साहित्य को एक मौलिक योगदान दिया है।

प्रस्तुत नाटक एक दृश्यबंध को हमारे सामने रखकर धीरे-धीरे अर्थपूर्ण दृक्-श्राव्य भाषा के माध्यम से उसके पहलुओं का उद्घाटन करता चलता है इसीलिए वह अर्थपूर्ण तथा प्रभावोत्पादक बनता है।

इसके विपरीत मणि मधुकर अपने नाटकों के माध्यम से एक साथ अनेक स्तरों पर अनेक दृश्यबंधों को उद्घाटित करने का प्रयत्न करते हैं, जिसके कारण उनका नाटक जटिल समस्याओं की एक पहेली बनकर रह जाता है। रसगंधर्व के पात्र अ, ब, स, द आदि प्रतीकात्मक नामों को लेकर हमारे सम्मुख आते हैं। प्रारंभ में ये पात्र बोली भाषा में अपने इर्दगिर्द के जीवन पर, सामाजिक, राजकीय आर्थिक समस्याओं पर व्यंग्यात्मक भाषा में बोलते हैं। किसी भी एक विषय को न लेते हुए जब ये पात्र बोलने लगते हैं तो प्रेक्षागृह में बैठे हुए प्रेक्षकों को यह संभ्रम होता है कि अपना ध्यान कहाँ केंद्रित करें? परिणामतः नाटक के द्वारा प्रेक्षकों को रसनिष्पत्ति होने के बजाय जटिल समस्याओं का एक प्रश्नचिन्ह खड़ा हो जाता है। रसगंधर्व में नगाड़े की ध्वनियाँ, युद्ध का कोलाहल, बंदूक की आवाजें, रेडियों की खबरें, आक्रामक संगीत, कौओं की कर्कश ध्वनियाँ, बादलों की गड़गड़ाहट आदि ध्वनियों का प्रयोग किया गया है। इसी के साथ, भाषण, समाचार, कीर्तन, भजन आदि दृश्य स्तर पर भी प्रयोग किये गये हैं। कलाकार शारीरिक, वाचिक, आंगिक अभिनय तथा मुद्राभिनय आदि की उलझनों में पड़ जाते हैं। अतः दृश्यश्राव्य माध्यम का मिलाजुला परिणाम साध्य नहीं हो पाता। संदिग्ध, असंगत अनुभवों की एक शृंखला ही तैयार होती है जो प्रेक्षकों को संभ्रम में डाल देती है। इस प्रकार के नाटकों को व्यक्तिगत स्तर पर जब कोई पाठक पढ़ता है तो वह उसे अंतर्मुख करता है क्योंकि तब पाठक

निर्भ्रांत तथा शांतचित्त से नाटक का पठन करता है परंतु नाटक यह एक समूहकला तथा सम्मिश्र कला होने के कारण जब उसके कलाकार एक साथ अनेक स्तरों पर से अनुभव व्यक्त करने का प्रयत्न करते हैं तो कलाकार और प्रेक्षक दोनों भी संभ्रमावस्था में पहुँच जाते हैं। इसके विपरीत 'घासीराम कोतवाल' नाटक पढ़ते समय पाठक अंतर्मुख नहीं हो पाता जबकि उसकी प्रायोगिक क्षमता, उसका मंचन पाठक को अंतर्मुखी करता है। उपरोक्त दोनों नाटककारों के संदर्भ में जब हम तुलनात्मक दृष्टि से विचार करते हैं तो ये स्पष्ट होता है कि मणि मधुकर का रसगंधर्व आशय की दृष्टि से सशक्त है पर मंचीय दृष्टि से क्षीण है। घासीराम कोतवाल आशय की दृष्टि से क्षीण है पर उसकी प्रायोगिक क्षमता, उसका मंचन उसे सशक्त बनाता है यही इन दोनों कृतियों में मूलभूत अंतर है।

□

लेखक-परिचय

1. **डॉ. भ. ह. राजूरकर**
प्रोफेसर एवं अध्यक्ष
हिंदी विभाग
मराठवाड़ा विश्वविद्यालय
औरंगाबाद-431 004

2. **डॉ. विजेंद्रनारायण सिंह**
प्रोफेसर, हिंदी विभाग
केंद्रीय विश्वविद्यालय
हैदराबाद-500 134

3. **डॉ. सूर्यनारायण रणसुभे**
'शब्दछाया'
लक्ष्मी कालनी
लातूर-413 512

4. **डॉ. चंद्रभानु सोनवणे**
रीडर, हिंदी विभाग
मराठवाड़ा विश्वविद्यालय
औरंगाबाद-431 004

5. **डॉ. मनोरमा शर्मा**
प्राचार्या
महिला महाविद्यालय
औरंगाबाद-431 001

6. **डॉ. प्रेमशंकर**
प्रोफेसर एवं अध्यक्ष
हिंदी विभाग
डॉ. हरिसिंग गौर विश्वविद्यालय
सागर-470 003

7. **डॉ. नवलकिशोर**
हिंदी विभाग
सुखाड़िया विश्वविद्यालय
उदयपुर-313 0001

8. **डॉ. भगवानदास वर्मा**
'कामायनी'
श्रेयनगर
औरंगाबाद-431 001

9. **डॉ. चंद्रकांत बांदिवडेकर**
प्रोफेसर एवं अध्यक्ष, हिंदी विभाग
मुंबई विश्वविद्यालय
मुंबई-400 098

10. **डॉ. जयप्रकाश**
1205, सेक्टर 15-बी
चंडीगढ़ 160 015

11. **डॉ. गणेश अष्टेकर**
रीडर, हिंदी विभाग
मराठवाड़ा विश्वविद्यालय
औरंगाबाद-431 004

12. **डॉ. राजमल बोरा**
रीडर, हिंदी विभाग
मराठवाड़ा विश्वविद्यालय
औरंगाबाद-431 004

13. प्रो. रवींद्र किंबहणे
रीडर, अंग्रेजी विभाग
मराठवाड़ा विश्वविद्यालय
औरंगाबाद-431 004

14. डॉ. वि. लि. धारूरकर
पत्रकारिता विभाग
मराठवाड़ा विश्वविद्यालय
औरंगाबाद-431 004

15. प्रो. सुधीर वामन गव्हाणे
पत्रकारिता विभाग
मराठवाड़ा विश्वविद्यालय
औरंगाबाद-431 001

16. डॉ. लक्ष्मण देशपांडे
अध्यक्ष, नाट्यशास्त्र विभाग
मराठवाड़ा विश्वविद्यालय
औरंगाबाद-431 004